高校英语教学理论与方法

The Theory and Method of College English Teaching

刘晨雨 ◎ 著

辽宁人民出版社

图书在版编目(CIP)数据

高校英语教学理论与方法/刘晨雨著.—沈阳：辽宁人民出版社，2024.9

ISBN 978-7-205-11090-1

Ⅰ.①高… Ⅱ.①刘… Ⅲ.①英语—教学研究—高等学校 Ⅳ.①H319.3

中国国家版本馆CIP数据核字(2024)第065524号

出版发行：辽宁人民出版社

地址：沈阳市和平区十一纬路25号 邮编：110003

http://www.lnpph.com.cn

印　　刷：沈阳海世达印务有限公司

幅面尺寸：170mm×240mm

印　　张：14.25

字　　数：200千字

出版时间：2024年9月第1版

印刷时间：2024年9月第1次印刷

责任编辑：张天恒　王晓筱

版式设计：中知图印务

责任校对：刘再升

书　　号：ISBN 978-7-205-11090-1

定　　价：68.00元

前言
PREFACE

语言是人类最重要的交际工具，它反映了人类的思维和观念，是文化的载体。英语作为国际通用语言，在国际交流和合作中扮演着越来越重要的角色，同时也受到世界各国的高度重视，在中国也不例外。高校英语是高校教育的一个重要组成部分，是我国高等教育体系的重要构成因素，对于提升大学生的英语综合能力、提升全民的英语素质以及向社会主义经济发展输送高素质的人才等方面具有重要意义。随着社会的发展，国家对综合型、实用型英语人才的需求不断增加，同时对大学生英语的应用能力和实践能力提出更高的要求，高校英语教学模式的构建和改革迫在眉睫。传统英语课堂教学模式已无法适应新形势下教学的要求，需积极建构各种教学模式理论并应用于教学实践，以改善目前的高校英语课堂现状。

大学生是中国教育的主体，是国家对外交流的主力军。对大学生的英语基础理论与实践能力进行培养，是高校英语教学不可推卸的责任。高校英语教学是丰富大学生英语语言基础、增强大学生英语综合应用能力的主要渠道，同时也是向社会输送实用型英语人才的重要通道。可以说，高校英语教学对于大学生发展和社会发展都起着举足轻重的作用。自改革开放以来，中国的高校英语教学快速发展，取得了可喜的成绩，近年来，更是在不断地改革和发展。尽管如此，高校英语教学在具体的教学过程中仍然存在着一些需要完善的地方，所以如何培养和提高大学生的英语综合应用能力，成为当前高校英语教学研究的重点和难点。

高校学生在理论与实践相结合当中学习英语，能够切实提高对于英语这一语言的掌握力和感悟力，帮助自己将英语运用到实践中。为此，教师在教学中应该认识到理论与实践相结合是时代发展的需要，也是教学改革和学生成长的需要。教师应该重视理论的基础性作用，合理选择实践方法，科学地将理论与实践搭配起来，这样才能正确发挥理论结合实践对高校英语教学进步的促进作用。

目录

CONTENTS

第一章　高校英语教学概述

第一节　高校英语教学现状

一、高校英语教学现状综述

（一）教学目的缺乏有效性

师者，传道授业解惑也。教师作为英语教学的引路人，起着很重要的作用。在我国众多高校中，不难发现，英语教师经常会问一些通俗化的问题，或者学生直接能找到答案的问题。然而这些问题大多缺乏有效性和实证研究，以至于学生在盲目回答中空耗课堂教学时间。英语课堂上，教学目的缺乏有效性，题设不明确，会使得教学主体和教学对象思维固化，甚至出现无效思维、乱序思维的情况。

（二）教学方式固定化

高校教学方案往往根据本校教学培养方案来制订，然而我国部分高校的培养方案每年甚至多年不更新。一些老教师经常沿用以往的教案甚至PPT。固定的教学内容，能让教师自身发挥的地方少之又少。当然就学生而言，一方面，他们接受的教学内容是教师多年教学经验和知识精华的总结，只需要快速吸收即可掌握。另一方面，部分教学内容也与当今社会实际相脱节，学生不能明辨过时的糟粕，以至于不敢提出任何质疑。这种咀嚼式的教学看似对学生十分有利，但从长远来看，并无多大益处[①]。

（三）教学指令不清

在小组探究式学习中，常常看到很多学生不按照要求进行讨论，也不知道如何融入小组教学活动，导致个别学生无事可做，小组组长承担

①张博雅.对分课堂：大学英语课堂教学改革的新思路[J].科学与财富，2015(34)：397.

了小组探究的全部任务，成了探究的主体，其他学生则充当了教学的旁观者，造成课堂时间大量浪费，小组合作的学习方式没有真正做到高效、自主。

(四)教学互动不足

所谓高效教学课堂即教学主体和教学对象共同参与，这也是我们经常提到的教学相长型师生互动关系。但是在高校英语教学中，教师通常在课堂上先入为主，以自我为中心，使得教学对象找不到与教师的契合点或是互动点，达不到良好的互动效应。课堂教学中，英语教师经常向学生提问，然而学生一味地为了回答问题而回答问题，从而触碰不到师生良性互动的点，导致互动效应难以发挥。

(五)终身学习和兴趣培养不足

目前，大多数高校将英语教学安排在大一和大二两个年级（英语专业除外）。这样，很多大一、大二的学生学习英语仅为完成学业，大三、大四部分学有余力的学生，又无法继续深造，最终导致两极分化严重，学生兴趣难以培育和保持。

(六)师资力量参差不齐

不难发现，现在部分高校面临着英语教师稀缺，部分外籍英语教师和骨干教师引进困难且流失严重的问题，使得高校内部英语教师整体师资力量薄弱。此外，还有部分高校英语教师多为本科、研究生学历，获取博士学位的占比屈指可数，师资力量参差不齐，不利于教学质量的提高。

二、提高高校英语教学质量的举措

(一)转变教师的教学思想

在终身教育背景下，英语四、六级考试不是英语教学的终点，把分数作为衡量学生英语学习程度标准的思想是错误的。教师要处理好知识和素质两者之间的关系，注重夯实学生的基础，从而提高学生的综合素质。学校要注重学生英语应用能力的培养，最重要的是转变教师的教育理念，把英语听、说、读、写能力放到英语教学的关键位置，切实提高学生的综合运用能力。教师要不断更新教学思想和教学方法。从英语的应用程度来看，听、说的应用率要高于读、写的应用率，若在教学中单纯强调读写能力的培养，很容易造成学生知识的遗忘。因此，高校英语教学改革的重点必须放在提高学生英语听、说能力的培养上。

（二）授课方法力求多元化

高校要抓紧突破传统教学模式的瓶颈，采用多元化的授课方式，以提升学生的创新素质和创新能力。例如，采取小班教学，将班级人数控制在30人左右，从而让每一位教师都能根据学生的个人能力进行授课，同时辅之以灵活多变的教学手段。

（三）创造轻松的学习氛围

学生在相对轻松的学习环境中，更容易学到知识，从而提高学生的自尊心和学习积极性，而相对压抑、紧张的学习环境往往不利于学生进行语言学习。因此，在教学过程中，教师要营造积极的学习氛围。如在学生尚未准备好的情况下，不要求学生回答问题；对于学生陈述的各种意见不要一味地纠错和改正，要看到学生创新能力的一面；在口语练习中，应给予学生适时的帮助。

（四）推动英语教学信息化、现代化

在网络环境下开展高校英语教学，对于推动教学资源重新组合，改善英语教学现状具有非常显著的意义。英语教师可以通过网络授课、微课堂等方式实现教学内容与现代信息技术的融合，让英语课不再枯燥乏味。除此之外，教师要结合教学实际，选择不同的教学内容，满足学生多样化的学习需求，优化网络教学。高校教师还要不断学习新的知识，使教学内容在课件、微课制作上更有创意，从而促进英语教学质量的提升。

第二节　高校英语教学发展

一、高校英语教学发展

（一）大学英语四、六级教育的发展与探索

随着经济全球化的快速发展，整个社会对于英语人才的要求发生了改变，英语应用能力逐步成为人才考核的重要标准，而最直接、有效的体现就是英语等级考试。这几年，我国英语教学大胆改革创新，其中四、六级就是改革创新的重点。改革是为了更好地适应社会发展，突出教育的意义，适应人才的选拔要求，因此改革是发展的源动力，把握人才培养目标将是实现英语教学价值的根本途径。在英语四、六级等级考试还未改革前，英语教学质量难以得到有效提升，束缚了学生的创造、创新能力，难以发挥英语的实用价值①。而到了2006年，我国颁布了新的高校英语四、六级考试要求，对后续英语教学有了很大提升，并在社会上取得了良好反响与积极的评价。

总体来说，四、六级的改革主要体现在三方面：第一，评分机制的创新，由以往满分100分改为了满分710分。而考试结果也不再发放试卷，而是以成绩单的形式进行分数说明。第二，考试内容的创新，分数调整变化很大，相应的题型变动增多，并且难度也有所提升。第三，加大了英语听力题型的比重，还加入了短文听写的内容。听力部分相较而言增加了15%，而阅读部分的比重则有所下降。第四，试卷中额外增加了综合测试内容，不过写作部分没有发生变化，所占比例为15%。从中不难发现，英语四、六级的考试要求在不断提高，难度也在加大，并且更加侧重英语能力的综合性考核。而这次改革成为高校英语教学的重要参考依据，有助于进一步推动高校英语口语教学，强化学生对于英语的兴趣。

(二)英语教学辅助工具的创新

就目前来看，我国英语教学方式多种多样，并且多样化的教学方式伴随着多样化的教学辅助工具。这些辅助工具的出现也成为学生学习英语知识的重要突破口，越来越多的科研机构花费大量财力、物力去研发英语教育辅助工具，提高学生的学习效率。而当前最典型的英语教学辅助工具要数多媒体设备，它是信息化发展的产物，是众多英语教学思想、方式的融合体，因此多媒体教学也是当前英语教育中不可缺少的一环，随着信息化的到来，其地位越发凸显。

①张博雅.对分课堂:大学英语课堂教学改革的新思路[J].科学与财富,2015(34):397.

二、高校英语教学发展与融合要求分析

(一)需要专业化的师资力量

近几年，我国高等教育取得了突飞猛进的发展，同时高校招生规模也不断扩大，这给当前高校资源配置带来了严峻的考验，其中对高校英语师资力量和水平也提出了更高的要求。第一，高校教师数量必须满足学校教学要求；第二，教师应具备熟练的专业化水平，能够对学生进行科学合理的培养；第三，教师应能够适应现代化发展，不断提高自身教育水准，能够满足当前学生英语学习的各项需求。不过就目前的情况来看，很多高校并不能达到这些要求，不仅数量上不满足，在教学水平上，很多教师的专业素养也有待提高。因此，发展专业化的教师团队将成为英语教育改革发展的一个重点。

(二)满足社会经济发展需求

社会的发展对于人才的选拔有着直接性影响，而这将成为高校英语教育改革的重要参考依据。因此，高校在不断推进教育改革的同时，还要满足社会经济发展的需求。英语教学要与社会发展相联系，突出英语教学的重要功能，才可以促进学生全面化发展。透过当前的人才选拔市场发现，英语素质已经成为人才选拔的一个重要标准，越来越多的企业需要具备较高英语专业能力的人才来促进企业全球化发展战略的实现。因此，高校需要面对社会实际需求，适应社会发展趋势，并在英语教学方式、内容上进行创新，逐步实现高校英语教学的发展与融合。

三、高校英语教学发展与融合的新思路

(一)不断优化教学模式,并强化英语侧重点

在目前高等英语教育中，部分高校以培养学生的阅读能力为中心，而忽略了对学生英语综合能力的培养。不难发现，很多高校英语教学权重是根据英语四、六级标准而定的。在四、六级英语考试中，阅读能力的考核比重最大，很多教师就认为阅读能力决定考试的结果，所以越来越多的高校教师将重心放在阅读训练和阅读理解上，以提高学生的考试通过率。不过2006年以后，四、六级考试中阅读权重下降，听力比重大幅上升。因此新形势下，教师应该将综合能力训练放在首位，在日常教

学中对学生的听、说、读、写能力进行培养，并注重实践，通过日常语言交流来提高学生的听、说、读、写能力，促进学生更好地发展。

（二）优化教学环境并积极推广信息化教学

当下信息多媒体技术已经运用于教学的各个场景，因此在开展高等英语教育时，就需要利用多媒体资源，突出多媒体教育的优势，如利用多媒体技术，融合视频、声音、动画、测试等多个功能，为学生创造良好的学习环境，提高学生的学习兴趣，强化学生的学习效率。除此之外，很多高校开通了网络课堂等信息化平台，借助手机APP、电脑网站以及其他信息化设备，学生可以足不出户接受英语教育，提高英语学习效果。

（三）建立科学、标准化的师资教育团队

教师力量是高校教育改革发展的重点，只有在具备良好师资力量的条件下才可以充分发挥英语教学的功能，促进学生综合发展。在当前高校英语教育改革中，英语教师除了需要具备专业化的英语能力与经验，还需要具备综合性能力，包括信息化能力、创新创造能力等。教师在师德、政治理念上应该有出色的表现，具备良好的责任心，发挥积极的带头作用，不断吸取新的教育教学理念，扩充自身能力，提高自身教育水准。因此，高校在构建科学、优良的教师团队时，应该给教师创造更多提升自我的条件，如安排英语教师出席专业性讲座、会议，同时指定资深教师对年轻一代教师进行传、帮、带的指导，提高教师教学水平，发挥高校共同教育、共同发展的理念，进而提高整体师资力量水准，帮助学生更好地发展。

第三节　高校英语文化教学

一、英语教学中文化教学的重要性

对语言学习过程中文化教学重要性的探讨，历代语言学家的看法基本一致。20世纪20年代，美国语言学家Sapir指出：语言需要一个环境，

它不能脱离社会传承下来的传统和信念，不能脱离文化而存在。因此，如果想要语言表达适当，就一定要对文化背景知识有所了解，语言及其应用本身是无法脱离文化背景而独立存在的。语言是民族文化的表现与载体，其运用方式集中展现了本民族的文化特征，因而如果不了解该民族的文化，也就无法切实学好该民族的语言。我们应当充分意识到这一点，在英语教学中不仅要介绍语言知识及带领学生进行各项技能训练，而且要把这种训练植入文化教学的大背景，使学生能够真正掌握涵盖文化的语言语用能力。

（一）文化的一般内涵

文化的概念是比较广泛的，泛指在社会历史发展历程中一个国家和民族所创造的物质文明及其精神文明的总和。就英语教学的具体内容来说，文化可以具体指英语国家的风土人情、文学艺术、历史人文、传统习俗、生活方式、地理风貌、行为规范和价值观念，涵盖面很丰富。

（二）英语教学的本质

英语教学不应该是单纯语言知识的教授，它还应当包括文化知识的传播。越来越多的人已经意识到，交际能力不仅包括听、说、读、写能力，还应当包括和不同文化背景下的人进行得体交际的社会能力，这就要求学生真正了解所学语言的英语国家文化，这样才能更好地应用和理解语言所涉及的背景知识[①]。

（三）语言与文化的关系

学习语言的人都知道，语言和文化是分不开的，语言是文化的载体，文化是语言的根基，只有依托相应的文化背景知识才能够顺利地进行语言交流，才能更好地提升自身的语言应用能力。

二、英语教学中文化教学的内容

（一）文化因素

跨文化交际中的社会准则是指人们在交际过程中必须要遵循的规则及某些特定的风俗习惯，例如相互之间的称呼、初次见面打招呼、彼此

①蒋丽霞.文化视域下的高校英语教学研究[M].北京：北京工业大学出版社有限责任公司，2021：15.

问候、道歉及打电话等规范用语，还有中国人的整合思维与欧美人的归纳式思维等思维特征。如果能充分了解这些的差异和表达习惯，学习者的跨文化交际会变得更加顺畅、得体。

(二)文化知识

在了解西方文化时不应仅局限于文化因素方面的学习，还要不断扩大知识面，多层次、多角度了解目的语国家的经济、政治等内容。因此，教者应当在教学过程中打破常规，不拘泥于手中的教材，为学生补充大量的阅读素材或书目。学生应深入了解这些文化知识，扩大知识范围，这样不但能培养其辩证思维以及拓宽国际化视野，而且能有效地促进语言习得。英语教学过程中教师还可以指导学生多阅读和文化相关的通俗读物。

(三)词语的文化内涵

学好英语的一大难题是掌握词语背后的文化含义，很多熟知的词语放到句子中后就不能很好地理解它的真正含义了。因此，无论是教者还是学习者在英语教学或学习中都应当了解词语、词组的文化内涵，同时也应了解表现特定文化内容的成语、习惯用语等。

(四)话语及语篇的文化差异

英语交流过程中需要格外注意文化差异，不管是话题的选择、语法的选择还是话语的组织，应尽量使用安全范围内的话题，避免谈论政治话题、涉及宗教信仰的话题，应了解国外的禁忌语。此外，还要了解一些诸如手势、姿势、体态等非语言形式的文化背景知识，这些也是英语学习需要注意的重要方面，如果掌握得比较好，会使语言交际更加有效。在英语教学过程中，教者同样可以选择一些文化背景的材料介绍给学习者。

三、当前各大高校英语文化教学现状

(一)师资结构不合理,教师文化素养薄弱

当前部分高校还是注重语言知识的传授，跨文化方面的教学力量相对薄弱。高校教师队伍两极分化现象比较严重，一方面高校用高薪聘请重点院校的老教授和兼职教师，另一方面高校刚刚毕业的年轻专职教师居多。第一种教师一直沿袭着以往传统的教育方式，第二种教师教学经验不足，两者文化素养都相对薄弱。语言类教者的文化素养潜移默化地影响着学生，其与学生对目的语的兴趣、知识的把握及综合性发展息息相关。两极分化，学校缺乏统一的教学理念，使得当下英语教师在整体上存在知识结构的缺陷，因其本身文化素养不高，所以很难将目的语的文化意识、文学修养融进课堂教学。

(二)选用的教材没有结合文化背景知识

我国高校选用的教材并不统一，现有教材普遍存在的问题：落后的知识，偏难的练习，没有从学生的实际需求出发等。如果教材没有纳入异域文化因素，而简单地将语法、词汇等知识机械地向学习者灌输，对学习者以后的国际沟通交流没有任何益处。目前，我国高校的英语教材普遍存在语言与文化割裂的现象，很少能够如实反映异域文化背景、人文素养、风土人情等文化因素。

(三)教学方法更新慢,教学手段相对落后

英语为基础学科，各个专业都有所涉及，因而英语教师课时多，教学任务重，这导致了教师在教学上的时间和精力很紧张，无法去进修和钻研新的教学方法。在传统化教学背景下，教师忽视了语言互动教学和新媒体的运用，教学方式不先进，对文化意识渗透较少。学生文化素养得不到相应的培养，导致学生学习兴趣受到一定的抑制。

(四)学校对英语课程的定位太低,教学结构不合理

在课程设置上，非英语专业学生居多的高校对英语教学重视度不高，对英语加入文化教学的重要性更是体会不到。英语教学本身是语言教学，需要学习者多读、多练，教者要为学生多营造适宜的语言学习氛围，例如在词汇的学习中融入情境式教学，效果会比较理想。因此，在英语教学中教者应逐步引导学习者多学习习俗、节日、社交礼仪等异域文化要素，不断培养学习者英语学习的兴趣。

四、英语教学中的文化教学策略

(一)加强教师文化意识培养和对文化的理解

当前对英语教师的要求是树立正确文化观，教学过程中有效加入文化因素，将跨文化知识渗透到书本中，进而实现教学目标。自身文化素

养的提升并不是教者的最终目的，自身素质提升的本质是将文化信息正确地传递给学生，所以在教学中必须有针对性地进行计划和组织来提升英语文化教学质量。教师在教学中应注重多方互动，多加入历史人物、典故习俗、电影等文化要素，通过适当引导、打破传统的教学方式，整合多方资源，有计划开展英语文化教学。教师在授课过程中可以有意识地加强中西方文化的对比，引导学生通过分析文化差异来了解历史背景和文化背景的异同，从而提高学生的跨文化交际意识。只有先从教师的文化意识培养做起，才能促进学生文化意识的改观。

（二）针对教材缺陷，改进课程内容

合理地筛选教学内容，可以先了解当地文化，筛选教材，也可以组织相应的英语研讨，对教材内容进行整合和编辑，改进教学内容，采用有效的教学方法将文化教学内容纳入课本，最后进行融合和改编。在教材内容的整合上，教师需要有所取舍，比如选取同时代的中外作者的文章或者观点，引导学生进行观察和思考，深入了解两种文化的差异，然后以小组或者个人作业的形式加深学生的印象，帮助他们分析教材，整合资源。

（三）整合教学资源，改进教学手段

教师可以充分利用网络技术，方便灵活地实施文化教学。比如，通过互联网为学生创造与英语国家的人进行交流学习的机会；利用投影仪为学生展示直观信息，通过影视艺术的赏析既可以提升学生口语水平，又可以使学生对异域文化的历史等有一个深刻清晰的感知。另外，可组织英语角，为学生多方位创造交流学习的机会，在交流过程中不断提升自身的文化素养。

（四）扭转教学偏重，巧用文化导入

教师可以利用文化专题讲座针对某一文化现象、文化知识展开讲述，在专题讲座中，教师可以将自身的学习经历加入。文化专题讲座可以有效整合分离的信息，及时发现学生的学习兴趣所在，在一定程度上很好地满足不同学生对知识的渴求。另外，也可以开展文化沙龙。在交流中，学生间、师生间、教师间知识不断碰撞，这样更有利于打破传统窠臼，激发学生的创造性思维。

第四节 基于中西方文化差异的高校英语教学

一、中西方语言文化的结构差异体现

(一)语言中的词文化差异

中西方文化差异在词文化方面的体现尤为明显，西方国家普遍将词语进行抽象化处理，一个词语可以表达多种不同意思，并且词语与词语之间的不同组合又可以产生差异性概念。例如，英文中set一词共有五十种意思，有多个词性，主要含义包括：不及物动词，出发、凝结、落山；名词，一套、一副、一打、一批、集合、电视、布景；及物动词，放置、设置、安置、餐具摆放、使……处于某种状态；形容词，位于哪里、固定的、顽固的、安排好的等。如They ate everything that was set in front of them，表示他们把放在面前的东西都吃光了；The government has set strict limits on public spending this year，表示今年政府对公共开支规定了严格的限额；What books have been set（=are to be studied）for the English course，表示英语课布置需要哪些书籍；Matt looked at Hugh and saw the stubbornness in the set of his shoulders，表示孩子们花在看电视上的时间太多了。由此可见，西方国家词文化力求词语表达的含义数量、种类最大化。而在我国则完全不同，汉语词文化是以对事物具体的描述表达抽象的概念，大量词组由两个及以上的汉字组成，这些汉字差异性组合方式表达不同或相近的具体意思；此外，汉语中存在同义词。

(二)语法结构存在差异

语法结构在一定程度上体现差异性。在英语中，语法结构普遍较为严谨，为使语句意思表达更为准确，时常将一个句子附加多个连接词和从句。我国高校学生在英语学习的过程中，由于英语与汉语语法结构的不同，学生难以对此类型语句有实质性理解[①]。而在汉语中，连接词和从句较少，例如，“大明水军大败葡萄牙水军”，西方人对此类语句难以

---

①张宇晴.中西方文化差异与高校英语教学创新研究[J].现代职业教育，2019(19)：106–107.

理解，在翻译的过程中存在两种翻译情况。第一种是The Ming Navy defeated the Portuguese Navy，其汉语意义是大明水军打败了葡萄牙水军；第二种是The Ming navy was defeated by the Portuguese navy，意为大明水军被葡萄牙水军打败了。由此可见，汉语语句在表达具体意义时，需结合内容前因后果，而英语可更为精准地表达语句的具体意思。

(三)语篇结构存在差异

西方人在日常生活和文章中，语篇结构多以突出主题、开门见山为主，听众及阅读者在听取谈话或阅读文章时，简单理解前几句便可大致猜测出谈话者的意图或文章的中心思想。而汉语无论是在文章方面，还是在人与人的日常沟通交流方面，受传统文化影响较深，普遍以比较委婉的方式由浅至深地引入正题。例如，在我国古代文言文、诗词中，多数作者从中心思想的边缘方面逐步进入正题，围绕中心思想进行相关描述，语篇结构一环扣一环。对于此类语篇结构，西方人难以理解，同时这也是西方人认为汉语极难掌握的一个重要因素。

二、中西方语言文化的应用差异

(一)中西方文化在见面问候与道别方面存在差异

中国人与西方人在语言习惯上存在的差异较大。比如，道别与问候是最为常见的沟通交流内容。中国人在见面问候时常说："干嘛去?""从哪里来?""你吃饭了吗?"道别语句也大致相同，多为"再见""慢走"等。而西方人问候普遍采用"It's going well.""I' m doing well."或是"Hi!""What's new."，在正式场合常用"How are you?""Good morning."等，不同于中国人的疑问句式的打招呼方式，西方人不会问对方将要做什么或做过什么，西方人将此类问法视为侵犯自身隐私的行为，是对自己的不尊重，是西方人极少用的不礼貌行为。在道别时，以美国为代表的西方人一般用"See you""Bye"等结束语，而不会用类似中国人说的"慢走"一类的话。

(二)中西方文化在个人隐私询问方面存在差异

中国人在沟通交流过程中，时常会询问对方年龄、收入等，然而在西方，不管是与相对熟悉的人交流，还是与陌生人交流，这种问题是对对方的不尊重。尤其在询问女性年龄方面，是西方人认为的极其不礼貌的行为。因此，在人教版初中英文教材中，李雷问 Lucy “how old are you”时，Lucy 回答“It is a secret.”。

三、基于中西方文化差异我国高校英语教学创新策略

(一)为学生树立良好的跨文化英语交际意识

在中西方文化差异的视角下，高校英语教师应将跨文化交际与实际英语教学紧密结合。第一，高校英语教师在教学的过程中，应引导学生了解中西方文化差异，并对学生进行较为详细的西方文化教育，使学生对西方文化有一个细致、精准的理解，避免学生对中国文化与西方文化产生理解误区。第二，教师应为学生提供充足的英语实践机会，并在实践教学的过程中以文化教育为核心，积极引导学生树立强大的自信心，使学生转变思维，在英语交流的过程中产生敢说、想说的思想意识。第三，教师应积极学习西方先进文化知识，以自身为表率，为学生塑造良好的学习榜样。

(二)丰富英语教学模式,为学生营造良好的学习氛围

高校英语教学的主要目的是提升学生英语交流中的英语语言的实际应用能力，但传统英语教学模式只注重语法教学、单词教学和考点难点教学，对学生英语口语能力的要求极少，导致部分英语成绩优异的学生难以将英语技能良好地应用到现实交流中。

现阶段，英语教学模式单一是我国高校英语教学中存在的一个问题，高校英语教师应采取相应的改进措施。一方面，提高学生英语阅读能力。学生通过大量英语资料的阅读不但可以提高自身的英语阅读理解能力和口语水平，还可以在阅读过程中接受西方文化的熏陶，学习西方文化的精髓。另一方面，教师应营造良好的英语学习氛围，积极开展英语课外活动。同时，加强中外人文领域知识的教育，使学生感受跨文化知识的魅力，在长期的人文教育中接受中西方文化的熏陶。将学生从课堂带向社会，扩展学生的文化视野，开拓学生的英语学习思维，使学生形成良好的英语交际能力和表达能力。

第五节 基于人文教育的高校英语教学

一、将人文教育与高校英语教学结合的必要性

高校英语学习不仅是一种技能性的语言学习，更是一种文化性体悟学习。正如王守仁教授所说的，英语是人文学科的一支，英语语言、文化、文学是英语学习的基本要素。文化是语言的内容，语言是文化的载体，文化融于语言中。高校英语课程蕴含的人文教育资源极其丰富，具有得天独厚的进行人文素质教育的条件。为满足市场经济发展的需要，人文素质教育成为高校英语教学中提高学生的思想道德素质以及科学文化素质的一个重要手段，并且它也是一项长期的全方位的教育教学观念。

雅斯贝尔斯曾经说过："教育是人的灵魂的教育，而非理智知识和认识的堆积。"从这个意义上说，教育的重要本质特征就是它的人文性，人文教育是不可以从教育中包括大学教育中抽出的，人文教育在大学教育中具有重要的基础性地位。因此，在高校英语教学过程中有效渗透人文教育是非常有必要的。

对人文教育加强重视是社会发展的必然需求。当前社会的快速发展，对人才水平的要求也越来越高，在很大程度上有效改善了以往只注重专业技能水平，不注重职业素养的状况。当下，越来越重视人的自身素质的提高，与此同时，越来越青睐人性的闪光点与负责任、阳光积极的态度。网络时代下，人文教育的呼声日渐高涨，而那些具有较高专业水平但人格恶劣的恶性人才终将被淘汰。在这一形势的要求下，有必要去改变当前高校的教育模式，将道德修养、人文教育方面的内容加入原有的教学。

加强人文教育不仅对学生个人产生深远影响，也会对社会产生巨大影响。加强人文教育的重视程度是社会发展的需求，也符合我国新课程改革的教学要求。随着我国新课程改革和素质教育的贯彻落实，人们对于日常教学有了更高的要求，转变了以往的教学观念，开始注重人文精神的培养，正因为如此，人们不断地呼吁加强人文教育。当前的高校英

语教学模式必须与时俱进，在原有的英语教学基础之上，有效融合人文教育，让英语教学成为人文教育的载体，也让人文教育为英语教学提供更多的精神和底蕴，使人文教育与英语教学有机统一[①]。

加强人文教育是当前教育事业改革发展的必然要求。在社会发展进程中，教育事业的专业化要求，致使我国教育事业存在一个问题，即注重对学生传递知识和进行专业技能培训，并且在人才培养体系中充满目的性与功利性。“让人变成更好的人”是教学的本质目的，但是当前教育只是侧重于对学生的“大脑”“身体”的教育，而对学生“内心”及“灵魂”的教育则不重视。曾经的教育中经常会犯一些“高分低能”的培养错误，而在当前教育中培养的学生却是“高能低德”的。在整个英语教学过程中，对人的知识技能教育以及品质道德教育应该是双管齐下的。与此同时，教育本身的属性是将品质道德教育作为其基础与核心。在教育改革的过程中，重点是促进学生的全面发展，由此也能提高人文教育的重要性。

人文教育的提出体现了高校英语教学边界的扩充。概括来说，可以将边界扩充理解为服务范围与数量的不断扩大，自身内涵的提升，比如，卖鞋的可以将卖袜子、卖鞋垫、旧物处理等其他服务加入进去。在教学过程中就体现为语文教学中提倡将传统文化教育融入其中。人文教育与英语教学二者融合也体现同样的道理，实现二者的有机融合，其基础是人文教育能为英语教育提供精神内涵与底蕴，英语教学又为实现人文教育提供必要载体，这二者之间是互相促进的关系。

二、人文教育与高校英语教学相结合的实施策略

(一)树立良好的人文教育观

在高校英语教学中渗透人文教育，就必须更新传统的人文教育观念，并树立良好的人文教育观。第一，学校要转变教学理念，在英语教学中应当更加注重人文教育的渗透，对学生进行人文精神的熏陶，积极营造富有人文气息的教学环境。第二，教师要充分发挥辅助作用，从实际教学出发，逐渐培养学生养成良好的人文修养。第三，学校的各种社团组织，应当发挥带头作用，向学生传播更多的人文精神，以此潜移默

①霍俊燕.将人文素养教育融入高校英语教学中的探索[J].现代英语，2021(18):16-18.

化地将人文教育渗透到高校英语教学中。

（二）提高教师的人文素养

教师的人文素养决定着学生人文素养的养成，教师在课堂教学中的定位非常重要，教师既是人文文化的传播者，又是人文氛围的营造者，因此教师在培养学生人文素养方面发挥着重要作用。如果想要在高校英语教学过程中融合人文教育，就需要提高教师的人文素养，只有教师不断地增强自身的人文素养，才能提高自己的人文魅力，实现言传身教，才可以培养学生养成良好的人文修养。英语教师课程讲授目标就不能仅仅局限于讲授英语课文出现的语言点、语法以及进行听说训练，更要注重向学生传授课文中所包含的人文知识，这样才能使学生对课文中所包含的道理有更深刻的理解，在做其他训练时就会有感而发，也可使学生听说写的能力全面提高。

（三）从教材中挖掘人文教育

英语作为一门实用性很强的学科，具有较浓的人文气息，使学生能够感受到不同国家的人文历史和人文精神。而当前高校英语教材所涉及的内容很广泛，包含多个国家的文化、历史以及生活习惯等，这些内容丰富的英语教材资源蕴含着许多人文情怀。因此，英语教师要以英语教材为基础，熟练地掌握教材内容，对教材中的人文因素进行提炼，以多元化的教学方式，将教材内容与人文教育相结合，激发学生的学习兴趣，不断地让学生接受人文精神的熏陶，加深学生对人文精神的认识，让学生在实际生活中根据人文精神的要求来约束自己，时刻以人文精神塑造自己的人格。

（四）培养学生的人文修养

学生是教学的主体，因此在教学过程中应突出学生的主体地位，以学生的身心健康为基础，潜移默化地指导学生建立人文精神体系，逐步培养学生的人文修养。在英语教学过程中，应让学生对人文精神有一定程度的了解和掌握，完成量变到质变的过程。与此同时，可以采用多媒体教学手段，这样不仅能够突出学生的主体地位，不断地拓宽学生的人文视野，加强学生人文修养的培养，还可以让学生通过多媒体去接触不同国家的人文历史和人文精神，在网络环境中提升人文修养。目前，有很多学生对输出性训练不重视，只将学习重点放在词汇背诵和阅读上，出现这一现象的主要原因就在于他们“腹中无物”。这一问题在修改学生作文时暴露无遗。学生之所以写不好作文，是因为不知道要写什么，只是围绕着一两个观点反复论述。不仅如此，他们对很多事物没有自己的思考与认知。这就要求教师在提高自身人文素养的同时也要不断提高学生的人文修养，帮助学生对事物形成独特的认识，并且有自己的观点。从教育的整体目标来看，这比让学生多背100个单词更重要一些。因此，教师应该先认识到这一点，才能将其体现在教学中。

（五）根据课本内容给学生补充相关的人文观念和内容

在备课时，教师要深入挖掘教材，不能浪费这些良好的人文教育素材。英语教师要让学生明白学习不是一件轻松的事，但是只要足够努力，那么就能从中感受到无法比拟的快乐，而我们做任何事情都是这样的道理。在教师这样的教育引导下，学生对学习英语有捷径的看法将逐步得到改变。目前，有很多学生都心存侥幸，希望能通过某种所谓的方法达到1个月背诵1000个单词，4个月能考过四级……而事实上，这些都是一些夸大宣传的广告，违背了学习的认知规律，对学生是无益的。所以，教师要让学生认识到那些所谓的英语学习捷径是不正确的，必须要引导他们采取正确的学习方法。当听到某些流行的说法或者是一些被鼓吹的观点，应该先自己动一下脑筋，有自己的看法和对事物的认识，不能人云亦云，这才是大学生应具备的素质。

（六）引导学生建立人文精神体系

人文教育的主要目的是让学生形成正确的人文精神体系，用来指导实际生活中的自身实践活动，使自己变得更优秀。形成人文精神体系是人文教育的终极目标，也是学生了解和认识人文精神后，完成量变到质变的完整过程，是人文学习的最终成果。但是在当前的人文教育过程中也有诸多问题存在，尽管学生了解了人文精神，但实质上并没有形成一个切实的、深刻的人文精神概念，在实际生活中无法运用人文精神。也有一些学生已经充分认识理解了人文精神，但并没有触及人文精神的实质。为此，教师应充分发挥自身的引导作用，帮助学生整理与归纳所学到的人文知识，最终形成一个完整的构架体系，使学生能够将人文精神运用到实际生活中，真正发挥人文教育的应有作用。

第二章　高校英语二语习得理论与教学方法研究

第一节　二语习得相关理论概述

一、"第二语言习得"的定义

"第二语言习得"，简称"二语习得"。这一术语译自英语"second language acquisition"，简称"L2 acquisition"。"第二语言习得"指人们逐步提高其第二语言能力的过程（process），而对这一过程的研究（study），就称为"第二语言习得研究"①。

在英语中，首字母未大写的"second language acquisition"有时也可作为"第二语言习得研究"的学科名称，因此就有了分别表示"研究学科"和"研究对象"两个义项。

在汉语中，不加"研究"二字的"第二语言习得"（"二语习得"）有时也用来兼指这一"研究"，因此也可以分别表示"研究学科"和"研究对象"两个义项。

二、二语习得理论内涵

（一）二语习得的心理认知

地域语言习得一直是认识科学中的主体。各种对于二语习得过程的理论演变，一直是多年来争论的话题，对于认知和语言发展的关系的论述也一直争论不休。认知信息处理模型非常有价值，它运用学习者的认知能力来执行各种心理历程，举例说明学习者可以使用语言、使用频率和经验，确保学习者有意识地进行下一步输入。

---

①王亚琼.基于二语习得理论下的高校英语教学探讨[J].佳木斯职业学院学报，2016(08)：305-306.

从第一语言习得中可以明显看出，语言发展的有效性与学习者的内在学习动机有密切联系。学生的学习需要有一定的学习兴趣，在二语习得中也是如此。

（二）二语习得的社会认知

二语习得自从诞生就受到了认知主义心理学的影响。认知主义心理学认为二语习得的过程是自然生长的过程。随着功能主义理论和会话分析理论的诞生，人们开始认识到社会对语言习得的重要性。在这一过程中，情景认知理论开始发展起来。社会认知主义取向的理论主要有五种：第一，社会文化理论；第二，情景认知和学习理论；第三，建构主义理论；第四，后构主义理论；第五，对话理论。

（三）二语习得的语言学认知

社会语言学作为一门社会学科，旨在解释语言、社会、文化等相关因素之间的互动关系，建立一种理论模式，进一步解释与描述语言之间的内在机制与语言外部因素的相互作用，促进语言的发展与变化。

三、二语习得理论的内外在因素

（一）二语习得的内在因素研究

根据研究目的，可将二语习得的内在因素研究分为两大对立阵营，一个强调研究学习者的共性特征，另一个强调研究学习者的个性差异。

关于学习者共性的研究主要包括：普遍语法研究、语内迁移研究和母语迁移研究等。普遍语法的研究一般使用实验法，通过语法来判断学习者的语言能力。母语迁移的研究一般使用量化的研究方法，最常见的是用相关分析来界定母语和目标语之间的关系。

学习者个体差异的研究主要包括：第一，学习者内部因素，如学习动机、学习风格、学习策略、学习者个性等；第二，学习者内部因素的关系，如学习动机和学习策略的关系、学习策略和学习者个性的关系、学习动机策略和学习风格的关系等；第三，学习者内部因素对中介语的影响，如普遍语法、母语迁移、已习得知识对二语习得的影响。上述各类研究中，一般采取量化研究的方法。学习动机研究一般使用问卷法、相关分析法；学习风格研究一般使用问卷法、心理测试法；学习者个性研究一般使用问卷法和统计分析法；学习策略研究早期使用观察法和访谈法，后期使用问卷法、相关分析法，还有少数采用质化研究法，如有声思维个案研究。

1.普遍语法

20世纪语言学最深刻的一场变革就是以乔姆斯基为代表的转换生成语法学派所提出的普遍语法理论。普遍语法理论使语言学的研究重点从语言描写转移到语言本质。普遍语法理论是根据儿童的母语习得提出来的。语言习得的逻辑问题是儿童超强的母语能力和母语刺激的匮乏之间的矛盾，即儿童如何在母语语料输入有限的情况下能短时间习得母语，并获得丰富的母语语言系统。这是语言习得一个貌似不合逻辑的问题。针对这一逻辑问题，怀特认为，儿童的这种语言习得现象受到某种与生俱来的语言机制的引导，这种语言机制就是由原则和参数构成的普遍语法。

为验证普遍语法的普遍性，专家学者们开始对成人的第二语言习得进行研究。他们认为，第二语言习得也应存在普遍语法，因为母语习得存在逻辑问题，而第二语言习得也存在逻辑问题。第二语言学习者在习得过程中所接触的目标语语料输入有限，但通常也能说出未学过的话语，理解未谈论过的话题。学者们采用各种方法，从多个方面来考察普遍语法在第二语言习得过程中的通达情况。若普遍语法具有真正的普遍性，在第二语言习得过程中起作用，那么第二语言习得者的语法表征应与母语习得者的语法心理表征一致。中介语语法应受到普遍语法中原则和参数的引导，否则普遍语法就不能在第二语言习得过程中起作用。

(1)普遍语法的可及性研究

不可及说。不可及说认为普遍语法不能决定第二语言习得。成人第二语言习得与儿童母语习得存在本质的不同。儿童习得母语使用的是语言习得机制，成人习得第二语言使用的是一般性学习策略。语言习得临界期是不可及说最具说服力的理论依据。

尤博特和约翰逊曾对移居美国的儿童英语习得进行了研究，研究发现年龄对语言习得有很大影响。7岁前移居到美国的儿童都能较为容易地习得与当地人同样水平的英语。移居的年龄越大，越难以接近当地人的英语水平，习得中容易犯的错误也越多。因此，他们推断成人主要靠语言习得机制外的某种机制或策略来习得第二语言。梅西尔的观点认为，第二语言学习者习得第二语言主要依靠表面化的、线性的语序策略，而不是依靠普遍语法制约的结构操作。

完全可及说。与不可及说相反，完全可及说并不赞同语言习得临界期一说。曼努埃尔和弗林对第二语言学习者的年龄问题进行了阐述，并提出了无论是成人还是儿童，普遍语法对第二语言学习者都起作用。他们提出了三点理由来阐述他们的观点：第一，第二语言学习者能像母语学习者一样，在输入的基础上获得并未学习过的语法知识；第二，第二语言学习者拥有结构依赖性知识；第三，与母语学习者一样，第二语言学习者也拥有无限的目标语生成能力。他们还引用了日本成年人学习英语的例子，来佐证即使母语中没有第二语言的原则和参数，学习者也能习得第二语言。拉瑟福德的研究也证明了这一观点。日语遵循主宾谓的结构，而英语遵循主谓宾的结构。因此，受日本母语的影响，日本的英语学习者不会将英语句子中的动词放到句末。受普遍语法的结构制约，第二语言学习者构建了新的目标语语法。

间接可及说。间接可及说是介于完全可及说和不可及说之间的一种相对迂回的观点。这种观点认为，普遍语法通过第二语言学习者的母语在第二语言学习中起作用。第二语言学习者已经应用了母语中普遍语法的原则和参数，这是他们学习第二语言的基础。第二语言学习者之所以创造了介于母语和目标语之间的语法句子，是因为他们在学习第二语言的过程中遇到了母语中没有的原则和参数，去借助了其他一些学习机制。沙赫特认为，普遍语法没有对第二语言习得做出阐释，对第二语言成人学习者来说，起作用的是母语学习中被激活的原则和参数。

部分可及说。部分可及说认为普遍语法对第二语言学习者起部分作用，而非全部作用，在方式上是直接的，而非间接的。部分可及说的学者认为，第二语言习得与母语习得只有部分相同，因此成人学习者很难达到和本族人相当的语言水平。

(2)普遍语法可及性的实证研究方法

目前，普遍语法与二语习得的相关研究通常采取实验的方法来证明普遍语法的可及性。实验的手段主要包括口头表达、书面表达、偏爱性选择、语法判断、图形识别等。其中，口头表达和书面表达涉及诱导方式的问题，如诱导的环境、诱导的手段、诱导的清晰度、诱导的速度、被诱导者的语言能力等问题；而偏爱性选择、语法判断和图形识别则更多地涉及直觉作用和多种选择的问题。上述几种方法存在一些共性问题，即在统计实验结果时较为重视实验群体的整体结果，没有充分考虑到实验者之间的个体差异，另外实验人数也可能会影响实验结果。因此，在采取以上方法时，要考虑到实验者之间的个体差异，得出较为全面、客观的实验判断。

语法判断是普遍语法可及性研究中经常使用的一种实证研究方法。语法判断是研究者根据研究目的设计测试题目，要求被试者在规定时间内对这些试题做出语法判断。测试题目中既包含符合语法的句子，也包含不符合语法的句子。语法判断的目的是通过被试者的语言直觉，揭示隐藏在被试者脑内的语言普遍性原则。语法判断试题中不符合普遍语法的句子，能用于检测第二语言习得者是否也拒绝接受不符合普遍语法的句子。若第二语言习得者拒绝接受这些句子，就能证明普遍语法在第二语言习得中起作用，反之则证明普遍语法在第二语言习得中不起作用。如果第二语言习得者接受试题中符合普遍语法的句子，就能说明在第二语言习得过程中原则和参数能进行重设，反之则说明不能重设。

由于语法判断设置了测试题目，使得被试者在进行试验时过于理性，研究者不能真正了解到隐藏在被试者脑内的语言知识，这有悖语法判断的初衷。在语法判断中，研究者设定的测试题目往往是用来分析和判断的句子，在实际的语言交际中不一定会出现，被试者的不同水平也为如何设置题目增加了困难。第二语言习得的初学者不一定具备参与语法判断实验的能力；已经习得一定量的第二语言习得者具备参与语法判断的能力，但不能全面反映实验结果；第二语言习得水平较高的学习者具备参与语法判断的能力，但不能很好地反映第二语言习得者的中介语语法。因此，研究者应综合利用多种研究方法，如在语法判断的基础上采取口头表达等方式，更为全面地考察普遍语法在第二语言习得中的作用，提高实验结果的全面性、客观性和准确性。

2. 母语水平

随着第二语言习得研究领域的日趋扩大，研究内容的不断深入，这些研究对语言发展、认知发展、普遍语法、文化普遍性等问题产生了深远的影响，同时也对第二语言教学起到了重要的理论指导作用。目前，第二语言习得研究者将语言习得研究分为五个范畴。

第一，用先天论或生物理论来解释第二语言习得，强调遗传能力。

第二，用认知理论解释第二语言习得，强调思维和逻辑过程。

第三，用行为主义理论来解释第二语言习得，强调条件的作用。

第四，用相互作用理论来解释第二语言习得，强调交际需要。

第五，强调学习者和学习策略。

第二语言习得相关理论主要包括先天论、功能论和环境论。乔姆斯基与克拉申是先天理论的主要代表人物。先天论认为，人生来就具有学习语言的能力。在人的语言能力范围内，有些语言规则和语言能力是人共有的，这些语言规则和能力被称作“普遍语法”和“语言普遍现象”。普遍语法包括一系列的语言限定规则和参数。第二语言习得是在已有语言规则和参数的基础上习得的另一种语言。

克拉申的监控理论是第二语言习得理论中最为全面的理论。监控理论认为，自然的习得是一种无意识的过程，正式的学习是有意识的过程。学习者在学习过程中能利用自己的语言控制系统调节自己的语言行为。母语是语言控制系统的重要影响因素。

环境理论强调环境因素对语言学习的重要性，并通过学习者的环境影响来解释语言习得的过程。舒曼的文化适应模式是具有代表性的研究成果。文化适应模式认为，第二语言习得是由学习者的母语和目的语的文化差异决定的。文化适应程度的高低影响学习者对语言的掌握情况。

母语水平对第二语言习得的影响是第二语言习得研究中的重要问题之一。近些年的第二语言习得研究多以乔姆斯基的参数理论为架构，探讨的热点是在第二语言习得过程中，学习者是否能在没有母语的影响下成功习得第二语言。

(1)语言普遍现象

世界上的语言种类繁多，分属于不同的语系。各种语言之间存在着或大或小的差异。语言是人类共有的属性，与人类思维关系密切，是人类表达思维最有效的手段之一。人类的思维存在共性，因此用以表达人类思维的语言也存在共性，这种共性被称为语言普遍现象。语言普遍现象与语言学习有着密切的联系，其与语言学习相关的内容主要包括五点：

第一，每一种语言都有若干个元音和辅音，有含有语音特征的离散音段。

第二，每一种语言都有自己独特的方式来表示肯定、否定、疑问、时间、地点等句式或概念。

第三，每一种语言都具有构词和造句的规则，都有类似的语法分类。语义普遍现象存在于每一种语言。

第四，每一种语言都使用有限的离散语音，但人们能通过结合这些离散语音创造和理解无限的句子。

第五，任何一个正常的儿童，不论地域、不论种族、不论社会环境、不论经济状况，都能学会一种他所接触的语言。

人类在习得母语的过程中，通过语言的个性认识到了语言的共性，无论他是否意识到这就是语言普遍现象，他都对语言普遍现象有一定了解。当他开始习得第二语言时，就会自觉或不自觉地将母语中语言共性应用到二语习得中，从而加深对第二语言的理解。因此可以说，学习者的母语知识为二语习得奠定了一定的基础，语言普遍现象促进二语习得。

(2)母语知识

行为主义心理学认为，刺激与反应关系紧密，如果某种刺激经常出现，刺激产生反应，而反应产生的行为就加强了这种联系。当刺激与反应形成规律时，这种联系就形成习惯。习惯是在特定环境中形成的，如果环境不发生改变，习惯也难以改变。

对于中国学生来说，他们长期生活在汉语的母语环境中，在学习汉语时，也掌握了母语的思维。一般来说，可将学习者的母语习得分为两个阶段，即学龄前阶段和中小学阶段。学龄前阶段主要学习口语，中小学阶段则主要提高读写能力。在中小学阶段，学习者可通过与他人交流、阅读书籍、观看电视等方式获得大量的母语输入。这些母语输入经过日积月累，能根植于学习者的脑海中。

当中国学生接触到外语时，他们的母语系统已经确立，母语思维已经形成。由于中国学生缺乏学习外语的环境和交流机会，他们在学习外语时，需要付出更多的努力。根据行为主义学习理论可知，原有习惯会影响新习惯。因此，学习者在学习第二语言的过程中，脑海中的母语思维会影响第二语言习得，母语的语言规则和参数往往被迁移到第二语言习得过程中。所以，学习者在学习第二语言时，要克服母语系统的影响，建立第二语言系统。

相关研究显示，中国学生在学习英语时会使用与母语类似的结构，而有意回避与母语差别较大的结构，由此可见，母语是影响英语学习的一个重要因素。沙赫特提出，中国学生很少使用关系从句，这是因为中国学生的母语中不包含英语那样的关系从句。在汉语中，修饰语只能位于名词之前。因此，在学习关系从句时，中国学生的理解就不如其他学生。中国学生在学习英语时回避的不光是与语言使用方面的问题，还包括规则方面的问题。因此在英语课堂上，教师可先用母语解释新教授的英语知识，引导学生逐步过渡到用英语思维来思考问题、回答问题，培养学生的英语思维。

3. 语言迁移

语言迁移指的是学习者在学习、使用第二语言时，通过母语的发音模式来传递情感的一种现象。语言迁移是指已习得的语言和目的语之间的共性和差异造成的影响。迁移不仅包括学习者母语的影响，还包括其他任何已习得的知识对新习得的语言的影响。母语的影响进入第二语言的习得，包括语言内的影响，如语义、词汇和语法等。语言迁移不单指探讨传统迁移中所提到的由学习者的母语所带来的影响，同时也包括学习已经学到的所有其他的语言对正在学习的新语言的影响。

假如母语与外语的语言规律是相同的，那么母语的规律迁移就会对想要学习的新语言产生积极的影响，这种现象称为正迁移；反之，母语的语言规律与目的语的不一样，就会对其产生消极的影响，这种现象称为负迁移。在第二语言学习的初级阶段，这种现象经常出现。此外，语言迁移还会受到许多外部因素的影响，如社会历史、文化习俗、思维方式等。

语言迁移现象是习得双语言的人在语法、词汇等语言方面所遇到的干扰情况。拉多认为，作为一项有关语言对比的研究体系，要在语言文化、语法书写和语言发音等方面与第一语言和第二语言进行系统的比对，其研究目的是解决阻碍第二语言习得的负迁移。

4. 学习策略

无论是在母语习得中还是二语习得中，都存在输入能力、理解能力与输出能力相差较大的情况。例如，学习者已经掌握了大量词汇，能理解英文资料，但却不能说出和写出这些句子。这一情况在中国的英语学习者身上体现得尤为明显，原因除缺乏语言环境外，还有大脑信息加工方式等原因。

如果语言输入和语言输出需要两种不同的承受能力，那么在英语课堂教学中，教师就可缩短语言输入的时间，增加语言输出的时间，将语言理解上升到语言产出，甚至将二者合为一体。例如，在遇到一个新词时，学习者应不仅能在下一次遇到这个词时识别它，还要能在口语和写作中运用它。因此，教师应引导学生找到最佳的学习策略，帮助学生提高语言输出的能力。

(二)二语习得的外在因素研究

1. 语言环境

生活在新加坡的中国人大多都能用英语进行交际，尽管他们的英语不纯正，但也能用英语与英语本族人进行交际。那么，为何有人学了多年英语，却很难与英语本族人自由交谈？究其原因，那就是大多数中国人都缺乏英语语言环境。

语言环境对英语学习的重要性似乎是不言而喻的。但有相当一部分教育行政决策者对外语语言环境的重要性并未给予足够的重视。有的人把英语教育与其他文理学科教育等同起来，认为语言实验室可多可少、可有可无，增添语言实验设备没必要。有的学校投入巨资建起多媒体语言实验室，但多半是为了装点门面，应付评比验收，这些先进设施基本上被闲置或封存不用。根据近期走访的几所高校发现，在校园和教室里，几乎很少看见有英语学习园地、英语角之类的环境布置。出现这些不正常现象的根本原因是部分教育工作者缺乏语言环境意识。

(1)宏观语言环境

宏观语言环境分为目的语社团或国家的宏观语言环境、学习者社团或国家的宏观语言环境。

目的语社团或国家的宏观语言环境由该目的语所属的社团或国家的政治、经济、文化地位，语言政策，语言使用人口，教学、科研、管理的总体水平等构成。一般来说，一个国家的综合国力和国际地位，某种程度上决定了该国的语言地位和价值。随着该种语言的推广和传播，又能提高使用该种语言的国家和民族的国际地位。此外，对外语言政策被认为一国外交政策的重要组成部分。人口因素也不可忽视，使用人口居多的语言，人们的态度也较肯定。教学、科研、管理的总体水平也会影响到学习者的信心。

学习者社团或国家的宏观语言环境由该社团或国家的语言政策（提倡、排斥还是不置可否）、办学条件（好还是差）、社会舆论等构成。其中，该语言对学习者国家民族的利益和价值是决定因素。

宏观语言环境主要通过影响学习者的语言态度，进而较大程度地影响学习者选择何种语言作为自己的第二语言。但是，宏观语言环境不是学习者选择第二语言的根本原因，学习者自身的生存和交际的需要是关键的一环。

(2)微观语言环境

微观语言环境包括课内环境和课外环境，其中课内环境包括硬环境和软环境，课外环境包括非目的语环境和目的语环境。

硬环境。硬环境是由各种物理因素构成的环境，包括班级规模、教室的环境和布局等。班级规模是指一个班级内学生人数的多少。班级规模会影响学生对课堂的参与程度。班级过小，学生缺乏竞争和合作的机会；班级过大，内向或能力较差的学生往往被剥夺参加课堂互动的机会，更容易诱发破坏课堂纪律的行为。

教室的座位安排对学生的学习也产生影响。传统教室的座位安排一般采取直排法。教室前排到中排的区域称为“行动区”，该区域学生的课堂行为较为活跃，受教师的监控压力较高。在这种有效监控下，学生比较容易认真听讲、积极反应。而离教师较远的区域称为“散压区”，该区域监控有效性低，学生易分心，对课堂活动反应冷淡。直排法中，书桌和座位的间隔也影响学生之间的相互作用和相互交流。

环境光线过强会给脑细胞以劣性刺激，影响思维判断；光线过弱则不能引起大脑足够的兴奋。颜色对情感和认知有显著影响：浅绿色和浅蓝色使人平静，解除大脑疲劳，提高用脑效率；而深黄色、深红色可使学生情绪激动，大脑兴奋，而后又趋于抑制。悦耳适量的声音可使人轻松，70分贝以上的音响会使注意力分散，兴奋性减弱。

软环境。软环境以教材为依托，由师生互动形成轻松的课堂氛围，构成良好的软环境。教材、教师和学生是软环境的三个基本构件。其中，教师素质和水平是决定性的因素。教材则保证教学的方向性和系统性，提供一个教学框架，由教师和学生来共同填充。不好的教材会对教和学起阻碍作用。教师对教材又有一定主动性，教师应根据教学目标和学生实际对教材进行加工，或删减，或增补，并掺进个人的知识和价值观念等。

非目的语环境。非目的语环境语言文化资源严重匮乏，语言文化输入严重不足，第二语言获得缺乏自主性和生活的直接需要，同时也缺乏时间、空间和条件上的必要保证。因此，在非目的语环境下的第二语言教学中，如何激发和保持学习者的学习兴趣，如何加大语言输入量，如何让学习者理解目的语文化等问题变得异常重要。在教学实际中，有的教师通过组织学生同吃、同住、同玩、同做作业，来营造一个小的第二语言环境。为了能增加学生接触和运用目的语的机会，一些学校采用“沉浸法”，对学习者进行短期强化，使学生的第二语言应用能力提高很快。

目的语环境。目的语环境分为自然环境和人文环境。自然环境主要包括阅读材料（报纸、杂志、书籍、广告、商标等）、视听材料（广播、电视、电影、音频文件、计算机等）和口语。其中，口语所在方言区域对学习者的影响较大。以汉语为例，北方方言区的口语环境比非北方方言区更为有利。人文环境包括风俗习惯和文化历史传统。

总之，课外目的语言环境主要涉及学习者的情感因素，该环境中以无意识的自然习得为主，这对课内环境中有意识语言学习的不足有较大的弥补作用。此外，目的语环境中语言资源鲜活、丰富，语境真实，是第二语言从知识到技能、从浅准确性到得体性、从浅层次到深层次转换的重要场所，也是第二语言教学目的实现的终点站。

课堂教学历来以有意识学习语言知识、规则和形式为中心，如教师设置的精读课和语法课均以此为目的。正式的语言教学会帮助学生有意识地习得语言，而极少起到帮助学生进行无意识习得语言的作用，这样的环境只能起监控作用。这一观点似乎表明，正式语言环境不利于培养自然而有效地进行语言交际的潜意识语言能力。在课堂教学中，教师除解释分析规则外，还带学生朗读课文、操练句型，通过规则解释，学习者明确地学习目的语规则或例外情况。例如，语言教学一般按照一定的教学大纲（带有较大的主观性）进行，教学内容往往根据从易到难、由简至繁的规则安排。

不论是过去的翻译法、直接法，后来的听说法、试听法，还是当今的沉默法、全身反应法，都培养了优秀的语言人才。虽然学习速度和效果不同，但不能否认其成功的一面。纵观所有的教学方法以及与之紧密相关的教学活动，不难发现所有的教学活动都有一些共同的特点，其中最重要的是，任何教师都是为学生提供口头上的语言输入，并且为学生提供大量的阅读材料，为学生提供了书面语言输入，尽管学生的理解语言输入有限。

在过去多年中，人们越来越重视课堂中的语言活动，这也许是由于人们意识到教学法并不是决定语言学习成功的主要因素。正式语言环境下的第二语言学习中课堂交际语言（包括口头的和书面的）是影响学习成功的主要因素。

(3)语言环境的重要性

语言只有在特定的语言环境中才能获得。语言学家和人类学家在探索人类语言本质的过程中发现，绝大多数动物都无须经过学习就知道怎样进行交际。它们的信息传递系统是一种与生俱来的本能。人类则是文化传递。所谓的“文化传递”指的是特定的语言是在特定的语言环境中通过教学一代一代传递的。语言环境是人类获得语言能力的重要因素，没有语言环境人类就难以培养语言能力。这是由人类语言的本质决定的。

语言吸入集中的非正式语言环境能为成人和儿童的语言习得机制运转提供必要的输入。而课堂教学以这样两种方式起作用，作为正式语言环境，课堂教学为监控机制的发展提供孤立的规则和信息反馈。如果语言运用得到重视，课堂教学也为语言习得提供主要的、必需的语言材料。事实上，非正式语言环境要想有效地助推语言学习就必须提供大量的输入，并让语言学习者直接参与到这一环境的活动中。在直接接触语言输入时“吸入”这些输入，只有这群被吸入的输入才是语言习得机制所处理的真正输入。虽然课堂教学是有意识地教会语法知识，但是只要目的语自然运用，为了交际目的而使用目的语，那么习惯就会自然发生，尽管速度和程度有限。换言之，课堂教学具有双重性。

2. 教学活动

第二语言习得理论虽然不能解决英语课堂中的实际问题，但对英语教学具有一定的指导作用。第二语言习得和英语学习都涉及语言知识和能力的习得等问题，因此在英语教学中可以借鉴第二语言习得的理论来指导英语教学。

长期以来，我国高校外语课堂“知识教学”的片面往往造成了课堂教学主体单一化、教学结构模式化、教学目标和教学组织形式单一化、教学方式静态化及教学与生活割裂的局面。然而“教育是为社会服务的，外语教学也不例外”。社会迫切需要具备外语能力、创造力和综合素质强的人才，培养学生的语言能力、创造力和提高学生的综合素质就成为外语教学的目标。课堂应该是以人的发展为本的课堂。

鉴于语言的本质是交际，外语课堂理应是在提高学生外语知识水平和外语交际能力的过程中全面提升学生的内在素质、培养他们的创新能力的主战场。在英语课堂中，教师和学生是平等的，师生共同创建课堂活动，师生之间相互交流、启发。作为受教育的对象，学生应有足够的思维与活动的空间、时间，把学习语言知识、掌握语言技能与自己的体验、兴趣、价值观和全人教育结合起来，使“教”的课堂变成“学”的课堂。

总之，高校外语的教学目标是在提高学生外语知识水平和外语能力的过程中全力提升学生的内在素质，培养他们的创新能力。在外语课堂上，师生同为教学主体，其教学模式是师生互动和生生互动的有机结合。

“生生互动”是指学生与学生之间的互动。例如，学生一起探讨听、说、读、写、译中遇到的问题，而不是直接去找教师要正确答案。他们还可以就一个话题进行讨论、辩论，然后各自把结果整理成一篇文章，成文之后相互批改。

生生互动的类型是多方面的，如学生个人与个人之间的互动、学生个人与小组之间的互动、学生个人与全班之间的互动、学生小组与小组之间的互动、学生小组与全班之间的互动等。

经常进行的生生互动的具体形式包括讲座、组织课堂教学、辩论赛、演讲比赛等。课堂上的生生互动是一个富有创造性的过程。进行生生互动的目的在于为学生提供互动交流的机会，让学生有机会展示自己，提高听说能力，巩固所学知识，探索更深层次的学习，提高学生的学习热情，让学生关注学习的过程。没有过程就没有结果，只有扎实的过程才能带来好的结果。与此同时，生生互动活动还可以全面有效地提高学生的内在素质，培养他们的创新能力。

3.语言输出

(1)语言的输入量

儿童习得母语与成人学习外语二者的最大区别是：前者是客观的语言环境，儿童无时无刻不在接受大量的、自然的语言输入；而后者的语言输入是极其有限的，不仅量少，而且语言信息大多来自书本。我国绝大多数学校的外语教学状况就是如此，基本停留在课本、教师、练习上，课时至今最多不过每天一学时。在外语学习上，如果没有足够的语言输入，要掌握一门外语是不可能的。外语教学工作者如果能在外语输入的“量”上做文章，开发制造外语语言环境，给学生提供大量的外语语言输入，给他们创造更多的接触外语的机会，这对于外语教学无疑将是一个极大的推动。

(2)语言应用能力

语言教学的根本目的是培养学生运用语言的能力，即交际能力。课堂教学通过大量的操练依然也能培养和发展他们的语言能力，但这种语言能力的训练受到时空的限制，因此作用是极其有限的。更主要的是，课堂内语言交际内情景大多是虚拟的而不是自然的，是人为制造的，缺乏实际的交际情景。

真正的交际能力应该是社会语言交际能力。要想进行成功的交际既要具备充足的语言知识，能进行语言交际，还要注意语言的整体性和可接受性。在真实的交际中，学生不仅要会讲，还要考虑如何详讲，如何讲得好。这种能力在有限的课堂教学中很难获得。因此，教师要尽可能地创设自然、真实的交际情境，让学生置身于尽可能真实的语言环境。

(3)良好的语言环境

激发和调动学生学习外语的积极性，一直以来就是心理语言学家和外语教师的热门话题。我们应该看到，这方面的研究是十分必要的。但这类研究往往局限在课堂，很少有人在课外或在创造语言环境上深入探讨，这不能不说是一大不足。

创建良好的语言环境，制造良好的外语学习氛围，是调动学生习得外语的重要条件。许多学生不喜欢外语课堂训练，但广告、报纸上的英文却能引起学生们的注意。许多大学生喜欢电脑，而电脑中出现的大量英语词语是学好电脑的“拦路虎”。为了运用电脑，学生会自觉地去学习外语，利用获取的信息去操作电脑，能从中获得成就感。反之，这种成就感会产生一种驱动力，调动学生学习外语的热情。一些学生学习外语的动力不是来自课堂，也不是为了应付考试，而是在开始学习电脑以后，知道外语的重要性，才激发起他们学习外语的兴趣。这是语言环境和学生自身的需求激发学习外语积极性的一个有力例证。

四、二语习得热点教育学习理论

(一)杜威的教育思想

美国教育家杜威（Dewey）是实用主义教育思想的代表人物。他从实用主义和机能心理学出发，提出了关于教育本质的观点，还批判了传统的学校教育。

1. 教育即生活

杜威认为，教育即生活，教育是儿童现在生活的过程，而不是将来生活的预备。从生活中学习、从经验中学习就是最好的教育。生活就是生长、发展。教育就是要给儿童提供生长和发展的条件。儿童的发展就是本能生长的过程。

杜威认为，教育就是生长，教育就是使儿童与生俱来的能力得以生长，而非强迫儿童接受外界的东西。杜威主张，教育过程在它的自身以外无目的，教育的目的就在教育的过程之中。

2. 学校即社会

学校是社会生活的一种形式，因此杜威认为学校即社会，学校应将现实的社会生活简化成雏形，成为一个雏形的社会，雏形社会应呈现学生现在的社会生活。杜威关于学校即社会的具体要求包括以下内容：学校本身是一种社会生活，具有社会生活的全部含义；校内学习应和校外学习联系起来，二者之间应有自由的相互影响。

学校作为一种社会生活的形式，并不是社会生活在学校中的简单重现。杜威提出，学校是一种特殊的环境，应具有三种比较重要的功能：第一，整理所要发展的倾向的各种因素；第二，把现有的社会风俗纯化和理想化；第三，为学生创造一个广阔、美好的发展环境。

3. 教学与思维

杜威认为，好的教学能唤起学生的思维。所谓思维，就是教学过程中明智的经验方法。如果没有思维，就不能产生有意义的经验。因此学校应创造能唤起学生思维的情境。由此，杜威将思维过程分为五个步骤，即“思维五步”具体包括：发现问题；确定问题；分析问题；假设推断；验证假设。这五个步骤的顺序不是固定的。

杜威根据“思维五步”，将教学过程也相应地分成五个步骤，称为“教学五步”。主要内容包括：教师为学生提供一个与现实生活相联系的情境；让学生有准备地去应对情境中的问题；学生思考问题，提出假设；学生对假设进行整理；学生验证假设。在这种教学过程中，学生可以培养创造能力，学会用创造性思维解决问题的方法。

4. 儿童与教师

杜威在赞同“儿童中心”思想的同时，不赞同教师对儿童采取放任政策。教师如果让学生完全放任自流，就没有尽到教师的指导责任。教师既不能对儿童采取放任的态度，也不能强迫儿童。

教育的过程是教师和儿童共同参与的过程，教师和儿童之间应接触亲密、相互交流，教师应给儿童创造生长的机会，善于观察和引导儿童，让儿童更多地接受教师的指导。

杜威指出，教师应具有丰富的经验，能更清楚地看到各种发展的可能，教师不仅有权而且有责任提出活动的方针。此外，杜威还强调了教师的社会职能：教师不是简单地从事教育儿童的工作，更从事于适当的社会生活的形成。

(二) 苏霍姆林斯基的教育思想

1. 教育论

苏霍姆林斯基从多角度论述了教育目的，提出了培养全面发展的人、合格的公民、共产主义建设者、聪明的人等观点。要实现人的全面和谐发展的教育目的，应实现德育、智育、体育、美育、劳育的相互渗透，并让它们成为一个完整的教育过程。

（1）德育

关于德育，苏霍姆林斯基提出五点内容：第一，高尚的道德是人和谐全面发展的核心；第二，教师和家长要关心学生，尊重学生的人格；第三，学生要有精神需要，有丰富的精神生活；第四，创设良好的教育环境，培养学生的自信心，让学生都能抬起头来走路；第五，教师和家长的关爱不是溺爱，而是用纪律和道德规范去要求学生，培养学生良好的道德品质。

（2）智育

智育是在获取知识的过程中进行的，通过传授给学生科学知识，帮助学生形成科学的世界观，发展学生的智力，培养学生的思维能力、自主能力和创新能力等。苏霍姆林斯基提出，学生的知识应建立在广阔的智力背景上。他还开展了许多智育活动，如课外读书活动、思维课堂等。

（3）体育

关于体育，苏霍姆林斯基提出教师应关注学生的健康状况，学生的知识巩固、智力发展、增强力量等都与学生是否健康向上、朝气蓬勃有关。苏霍姆林斯基反对让低年级儿童每天进行超过三个小时的脑力劳动，反对让青少年每天花费大量时间去做家庭作业。他为帕夫雷什中学制定了新的作息制度，保证学生劳动和休息的合理交替。在教室，他定期检查学生的桌椅，注意合理采光。在户外，他带领师生种植树木，净化校园环境。

（4）美育

苏霍姆林斯基认为，美育是培养学生健全体魄、精神丰富、道德纯洁的重要源泉。他强调美育的实施，注重培养学生美的心灵，并提出了进行美育的多种多样的途径和手段，如通过观赏大自然感受美，通过文学艺术作品鉴赏美，通过动手劳动创造美等，甚至要求儿童重视衣着美和仪表美。

（5）劳育

苏霍姆林斯基认为，在教育实践中不能只教授学生科学文化知识，还要让学生进行劳动锻炼。在教育过程中脱离了劳动，学生就难以培养劳动技能，没有劳动情感，不能充分做好生活准备，影响学生的全面发展。脱离劳育的教育不利于学生的个性发展，不符合社会对学生的需求。

苏霍姆林斯基对教育的论述不仅提出了明确的教育目的，还提出了具体的五项教育任务。五项教育任务既相对独立，具有各自的职能，在教育实践中又要相互渗透、相辅相成。

2. 教学论

(1)教学与教育

苏霍姆林斯基认为，教学与教育是统一的，并提出了教育性教学的原则。他反对把教育看成和教学、教养无关的东西，认为道德教育、价值观教育等应在科学知识教育中进行。单纯的知识教学不能培养学生的心理品质，难以帮助学生形成世界观。因此，教学、教育以及教养是统一的。

(2)教学与发展

关于教学与发展，苏霍姆林斯基主张二者是统一的。他认为，只有掌握知识的人才是真正幸福的人，反对只教授知识而不注重发展智力的教学。在教学过程中，教师不能直接将准备好的各种教学内容直接灌输给学生，这不利于培养学生的思维、想象力和创造力。教师应善于引导学生，调动学生的积极性，启发学生主动思考，使学生真正体验到学习的乐趣。

此外，苏霍姆林斯基还提出了教师应准备两套教学大纲，一套是国家规定的教学大纲，另一套是自己制订的教学大纲。教师应具备扎实的专业知识基础，精通教材，这是教授学生知识、吸引学生学习的必备条件。一位优秀的教师应善于引导学生，培养学生的自学能力，开阔学生的视野，启发学生的思维。

3. 学校管理论

(1)领导管理

苏霍姆林斯基认为，校长不能采取命令的形式来领导，校长第一是教育思想的领导，第二才是行政管理的领导。一位好校长必须先应该是一位好教师。因此，他始终兼教一门课，坚持听其他教师的课，并常年兼任班主任工作。他将听课和分析课作为校长的重要工作，并以此激发自己的思想。另外，他十分重视学生的思想教育，不仅组织教师开展探讨会，让教师深入了解学生，还亲自深入调查学生成长的过程。他试办了一个6岁入学的“快乐学校”，从一年级连续跟到十年级，一直担任该班的班主任，持续跟踪观察和研究学生在不同时期的表现，根据学生的表现提出相应的教育措施。

(2)学生管理

关于学生管理，苏霍姆林斯基认为要抓住开发智力，培养学生的综合能力。这是一个非常实际又亟待解决的问题。为解决这一问题，他和他的同事们花费了十几年的时间，结合语文教学，探索了一套符合教学逻辑的，旨在提高学生能力的“基本技能体系”。

(3)教师管理

苏霍姆林斯基认为，学校领导要关心教师、了解教师，做到知人善任，减轻教师的负担，激发教师的工作热情，给予教师自由支配的时间，以供教师休息、学习和研究，不断提高专业素养，提高教学质量。要办好一所学校，就要具备一支优秀的教师队伍。

(4)学年总结

苏霍姆林斯基认为学年总结是把握教育规律的重要环节之一，主张校长在日常工作中应亲自动手记录、整理、分析、研究，最后得出概括性结论，并征求他人的建议，而不是分派别人东拼西凑，到年末突击总结。

(三)当代教育思想

1.人性化

当代教育思想的人性化特征，又可称为人文化、人道化，但称之为人性化则更为贴切，因为人性是个复杂而周全的整体。它既是适应的，也是超越的；既是感性的，也是理性的；既有自然性、社会性，也有精神性。人性就是如此之丰满充盈、如此之鲜活灵动，不但蕴含了人文，更体现了人道，它就如一件可以远远欣赏而不可亵玩的艺术品。然而，在古代神性和现代科技理性的压迫之下，人性之光被遮蔽了，人性被肢解，被割裂了，人湮没于神性与科技理性的汪洋大海。当代教育思想则重新诉诸人性，使人性之光重放、人性之火重燃、人性之花重绽。它充满了对人性的眷顾、依恋、赞扬与关照。

古代与现代教育思想也有关于人性的争论。在古代教育思想中人性是邪恶的，在现代教育思想中是不可信任的。当代教育思想是将人性看作真、善、美的代表，是值得社会公众追求的。当代教育思想的人性化特征具体表现在，重视人的内在的精神架构，关注人的人格的塑造与升华。当代的教育所重视的是知识的传递与掌握，教育的功能也被弱化为文化传承的工具，对于人格的塑造与健全，始终得不到重视。

当代教育思想注意突显人的情感。在盛行神性与科技理性的时代中，情感被人忽视，甚至是远离。在当代的教育思想中，情感被人们重视起来。当代教育思想中，强调重视个体，关注个人的发展，从侧面来讲就是重视个体情感的发展与变化。

人性化主张宽容，提倡平等。在教育的过程中，需要构建平等、和谐、友好的师生关系。在以往的教育关系中，学生只能遵循教师的思维，不能打破教师的权威。当代教育思想，打破了以往的教育关系，主张构建融洽的师生关系，为学生的学习创造更好的环境。

2. 生命化

当代教育思想的生命化，就是身处当代的人类对教育进行更深层次的解读。作为当代教育中最鲜明的特征，生命化被纳入教育。它所追求的是教育的生命意义，倡导的是发展性评价。生命是多样化的，灵动的生命可以带来新的活力，与当代教育中关于生命的阐释是相同的。

当代教育思想关注的不仅是学生与教师的生命，还包括其他的生命。学校所开展的生命教育就是帮助学生对自己有更加清晰的认知，让他们了解生命的可贵，在这过程中，使学生学会承担责任，使他们的人格健全。生命教育也让学生学会肯定、尊重生命的价值。

3. 个性化

当代教育思想摒弃了知识积累就是全部的观点，将创造性与创新性的培养作为培养学生的主要方向。当代教育思想就是人的自我实现的过程，充分挖掘人身上本来的潜力与创造力，不断实现自我、完善自我。

关注学生个性发展从本质上讲，就是还原学生的主体地位。个性的外在表现为独特性，内在特质表现为主体性与个人。在我国，由于长期受到传统文化的影响，个人的发展一直得不到重视，这就导致在以往的教育思想中缺乏对人的重视。当代教育一反常态，将个人纳入教育，关注个人的个性的发展，凸显个性化的特征。教育并不是要抹杀学生的独特性，而是寻找学生的闪光点，帮助学生找到适合自己的道路。

4. 生态性

以往的教育思想将自然看作被认识、被改造的课题，自然被开发、利用，导致了不良后果。当代教育思想认识到人与自然的亲密关系，提出人们要认识自然、欣赏自然、保护自然、合理利用自然，人与自然应建立一种可持续发展的关系。生态教育价值观强调人与自然应相互依存、和谐共进，强调尊重和保护生态环境，应实现可持续发展。

5. 整合性

“肯定—否定—否定之否定”反映了人们认识事物的一般规律，对教育的认识也经历了同样的发展阶段。当代教育思想表现出整合性、统一性的特征，具体来说当代教育思想历经古代教育和现代教育，纠正和完善了以往教育思想中的偏差，对教育有更为全面、深刻的解读。

(1) 人本身

人是立体的、完整的，但在理性的无形宰割下，人变成了平面的、破碎的，人的精神性被忽略，自然性受到排挤。当代教育思想主张要促进人的全面发展，要培养完整的人。作为教育实践的课堂教学，应是一个促进人生长的过程，是一个激发人的潜能的过程。

(2) 人与社会

当代教育思想倡导整合、统一的价值观，主张教育是一种培养人的社会活动，要符合人的发展规律，促进人的全面发展，还要符合社会的要求。通过教育活动，人应能掌握理论知识、实践技能，养成社会所要求的素质、品质，有勇于开拓创新的精神，这也是教育的最高境界。

(3) 自由与责任

当代教育思想既追求自由，倡导发挥人的主观能动性，又强调承担责任，引导人们遵守道德价值观。人生来是自由的，也是社会性的。自由与责任是相一致的。人是一种社会性动物，为了在社会中生活，他需要承担责任，有良好的道德品质；为了正当地运用自由，发挥人的本性，他需要遵守社会中的纪律，有自主精神和理智的习惯。

（4）人文教育与科学教育

当代教育思想主张人文教育与科学教育的有机统一是塑造完整人格所必需的。人文教育构建的是一个价值体系，主要解决人类主观世界的认识问题；科学教育构建的是一个认识体系，主要解决人类客观认识世界的问题。人文教育与科学教育的统一是以促进人的全面发展为目的教育，是价值选择和科学真理教育的统一，是人格熏陶和知识培养的统一。

第二节　二语习得理论与高校英语课堂教学

一、二语习得理论在课堂教学中的应用

（一）第二语言习得研究结论与课堂教学

曾有部分相关学者将第二语言习得融入课堂教学，并对其进行了多项实证研究。如将语言课学生（指运用语言的形式讲解学习第二语言的学生）和侵入式学习者（指通过学习课程的内容来进行第二语言学习的学生）进行学习效果的比对①。

知名学者赖特本曾这样指出，第二语言习得课堂教学在现实中很难策划并予以实施，因为它的变量太多又极为复杂。然而将这类研究成果与描述性研究、假设检验研究进行比对，便不难发现，这类研究的结果似乎更接近语言课堂，且具有更多的应用前景。

根据更多知名学者对课堂教学中有参考价值的发现，进行简要分析和说明：

1.第二语言习得适于各年龄段学习

通常而言，成年以及少年都可以进行第二语言的学习，儿童也不例外。而且儿童与青少年在习得第二语言过程中相比成年人还更具优势性，因为儿童与少年时期正处于学习二语的最佳敏感期。毋庸置疑，这是对各年龄段学习第二语言学者们的一种极大鼓舞。

①单士坤，王敏.二语习得理论视阈下的高校英语教学策略研究[M].长春：吉林大学出版社，2020：18-19.

2. 语言习得遵循一定的结构序列

结构的习得顺序不一定被教学所改变，比如我们在指导学生最初学习时也不能准确说出具体应该先教授其哪一种结构。还有一部分人这样认为，感知的明显程度、语义的复杂程度、形态与音系规律、频率和句法类别这五大因素的综合作用造就了语素习得的顺序，但直至今日也未曾有人提出过便于课堂教学应用、可操作性强的习得顺序。

3.独立的纠错并不能改变语言行为

第一，需要注意的是，差错的出现是语言中的一个重要组成部分，它并不是孤立的。差错的消除等同于将系统重新组合。

第二，部分差错具有一定的发展性，这种差错在中介与发展过程中是不可避免的现象，它在某种程度上能反映学习者重建中介语系统。

第三，纠错行为并不十分准确，同时也会具有一定偏差。一方面，由于学生较多，所以教师无法对每个学生进行错误的纠正；另一方面，单纯的纠错并不能分析出该学习者在学习过程中所存在的问题以及犯错者犯错的真实原因。

4. 新语言的学习形式不是简单的形式添加过程

熟练不一定能生巧，大部分学生会认为经常复习、训练的形式和结构已被自己完全掌握，但事实并非如此。因为，学习一种新的语言形式并不是单纯的添加形式的过程，这种新的形式极有可能成为整个中介语系统重构的导火索。

5. 不完整的知识传授无法造就知识系统完备的学生

到目前为止，语言学家的分析、教师的课堂解释以及教材的展示还没有完全揭示复杂的语言系统。不完整的知识传授严重阻碍了学生完整知识体系的拥有。因此，学生知识的完备需要靠自己来完成，由此见得，学生的学习任务相对来讲会十分艰巨。

此外，弗利在讨论任务型语言教学时指出，从本质上来看，二语习得是一个自我调节的内在过程，且这个过程需要因人而异，不是教师和教学大纲能够制约的学习过程。毋庸置疑，我们并不能将所有期待全部聚集在二语习得告诉我们要具备怎么样的教学内容，或是对于课堂教学应该如何实施，但我们可以确切地看出哪种教学存在一定的弊端，如我们经常提到的，在课堂中进行频繁的纠错会使学生对学习产生一定的焦虑情绪，这样一点儿教学效果都没有。

与此同时，需要注意的是，二语习得研究的成果并不是课堂教学的唯一参照标准，因此，课堂教学不能停下脚步来等待第二语言习得研究的新成果。据相关资料记载，20世纪60年代英国语言教学革命所涉及的交际教学法，在没有获得二语习得研究成果的情况下，以语篇分析、教学经验、交际能力等的发展情况作为依据，进行了课堂教学，最终被称为迄今为止最为有效的一种，且诸多学者渐渐意识到，二语习得研究成果用于课堂教学往往会受到多种因素的制约：课堂教学中语言方面的制约；学习策略研究的数据相对来讲比较缺失；对于整个认知过程来讲，其了解缺少深入性；对社会环境变量的作用认知也比较单薄等。

(二)语言的可教性问题

部分二语习得研究者尝试将语言学习的本质直接或间接地揭示出来，因为二语习得并不能直接研究教学法问题。在研究的过程中学者发现，不管以怎样的教学方法，只要走进课堂的教师，都会面临着“语言可否教授”“教授什么内容”“何时教何内容”等诸如此类的问题。但不可否认的是，经过长时间的语言教学实施不难发现，语言可以通过教学来进行传授。

日常生活中不乏这样的二语习得者，他们可以在所学语国家进行工作或生活，经过长时间的接触、学习与研究，他们能够很自然地掌握该门新语言，尤其是处于少年儿童时期的学者，接受该语言的速度更快。但对于大部分二语习得者而言，语言学习的唯一来源可以说是课堂。

但问题又来了：“是不是教师传授给学生什么，学生就一定学得会什么?”“若是教师教学生什么，学生就会什么，那么语言还会有诸多问题困扰着教师以及研究者吗?”“若教师教授的内容学生可能学不会，那导致学生学不会的原因又是什么?”部分学者认为，教师直接传授学生语言知识对学生的内在大纲是没有什么影响的，更甚者认为，语言是可以学习的，但不是被教出来的。对于类似问题，国外著名学者埃利斯提出了自己的观点，他认为对教学有助于学生二语习得这一观点的否认，是与人们直觉所不相符的，同时与广大教师和学生的个人经验相互矛盾。

部分学者还提出了可教性假说，这种假说主要是指语言可否直接传授的观点。它不能代表教学直接产生的效果，也不暗示没有任何效果的教学，同时也不具备解决教学方法的办法。据相关学者提出的可教性假说，语言的整体结构是否可以进行教授主要取决于学习者的状态。

加大输入的内容和讲解强度有可能改变调查的结果。不同研究得出了不同的结果，这可能与实验活动的设计存在一定的关系，也与我们对具体“教学”活动的理解有关，正如埃利斯指出的那样，我们并没有弄清楚（实验中的）教学到底注重了形式还是注重了交际。

二、高校英语课堂二语教学策略

（一）制订教学计划

对于高校英语课堂二语教学而言，相关单位以及人员应积极进行教学设计的制订。因为这对学生学习二语来讲是具有直接指导思想关系的。若是将学习者视为语言教学的中心，那么教学设计与传统做法就相差甚远。定位上的改变关系整个教学过程是否能够顺利进行并关系最终的教学效果。它所涉及的范围包括大纲的制订、教材的选取、课程的设置等比较关键的决定，同时对微观技巧也是具有一定影响的，如课堂活动、作业等。因此说，在大纲的制订上，需要将其目标、要求与语言习得的规律相适宜。

（二）选择教学材料

以二语习得研究为依据，高校英语课堂教学内容需要选择具有真实性的语言材料。这里提到的真实性语言材料主要是指不以教学为目的、内容丰富的语言材料，且获取渠道比较广泛，如新闻广播、电影、交际录音等，或是具有真实性的听力材料，在此不排除具有音乐背景的材料或是将语速有意识放慢的话语，也可以是某一特定题材或体裁的话语或文化内容等。

（三）明确教师作用及教学态度

从二语习得的教育角度来看，高校英语教师不应只对学生进行理论知识的灌输，与此同时还应注意教学中学生的参与感，要充当课堂活动中的参与者、协商者、支持者与合作者，引导学生，从而使学生较优质地完成学习任务。

语言学习对于二语习得而言是一个创造性建设的过程，与此同时，错误是此过程中所不可避免的一部分。二语习得对这一不可避免部分进行了较为深入的研究，最终对某些错误进行了分类、定性，这便意味着对教师决定错误的性质、类型、对策以及对学习者所采取的态度提出了新的要求。

然而，二语习得研究对学习者语言和所谓的“自然顺序”（Natural Order）的研究尚无定论，语言教师很难确定学习者的“中介语”属于何种阶段，何种错误应予纠正，纠正的方法及时间如何等。

对于课堂上纠正错误的方法，众说纷纭。克拉申怀疑纠正错误的价值，但许多教师则对此不以为然。一些研究结果也证明，纠正错误有助于成年学习者的语言学习。

海德以完整的一课教案为例，说明了教师的作用和责任。他指出教师的主要责任为制订计划、管理互动活动、监测学习、讲解及给予学习反馈。一个好教师应该懂得指导学习者学习的作用和责任。学习者也应参与整个课程内容设计，选择学习过程，设计语言学习活动，并在很大程度上对自己学习成功与否负责。

二语习得研究对语言教学的影响覆盖面甚广，包括从课程设计到具体的课堂微观技巧等各级各类的决策。教师应在教学中引入二语习得研究的新概念，通过了解语言学习的原理理解学习者，在课堂教学中以学习者为中心，以交际为目的，使用真实语言材料，运用各种学习策略鼓励课堂互动，努力创新教学法，使语言学习过程更为轻松。

二语习得研究与语言教学既有直接又有间接的关系。二语习得研究的某些课题能直接启发语言教学，诸如输入理论、吸收理论、课堂互动及错误的作用等研究。另一些研究则与教学的关系是间接的，然而却具有潜在影响力，诸如“自然顺序假设”等。

此外，二语习得研究与语言教学实践是相辅相成的。二语习得研究为语言教学提供原则和理论，并由此总结教学改进建议；同时，语言教学为二语习得研究提供实践园地，进行行动研究并提供实证，从而得出更为科学的二语习得研究结果。

三、二语习得高校英语课堂教学环境

第二语言的习得理论中的理想外语课堂教学，是一个能为学生提供较多语言学习环境的课堂，言外之意是能够为学生提供诸多外语交流的机会和场合，使学生能够置身于真实语言交流环境，并鼓励学生在活动中解决问题，完成交际活动的任务。

（一）减轻情感因素的影响

部分相关学者认为，“提供可理解性语言输入和减弱学习者的情感过滤机制”是语言习得必须满足的基本条件。输入为习得提供了必要条件，但对于学者是否能够对所学内容进一步掌握，就需要看其感情因素。面对诸多作用于语言学习的因素，最主要且最具影响力的因素之一是“兴趣”，如果学生对所学习的内容没有丝毫兴趣的话，那么他学习该内容的效果就不会很好，甚至将该内容拒之门外。

由此见得，教师在备课时，应多注意将需要教授的内容进行编排整理，争取将其内容与课堂交际活动进行融合，这样既能激发学生的学习兴趣，又能为学生提供第二语言的交际机会，在降低学生情感过滤程度的同时，又增加了语言习得的效果。

（二）课堂教学形式多样化

通常情况下，课堂是学习者学习英语的主要场所以及途径。但我国的课堂教学各个方面并不是很完善，大多数课堂都是以教师为中心的，而大多数教师又是以语言知识、结构以及用法进行讲解为主的，留给学生语言输出的时间少之又少，有些甚至没有，使学生的语言输出锻炼受到严重的影响。

因此，各位相关教师应高度重视这一问题，力求动静结合，在教学过程中，将学生口、耳、手三者相结合；讲授、操练、测验三者相结合，用这种方式将语言输入的方式和渠道进行拓宽。在此基础上，还应在课堂中尽可能为学生提供较为充足的可理解性语言输入环境。

（三）创造自然、真实的语言环境

真实且自然的环境是提升学生学习质量的一个重要因素，真实且自然的环境可以提高学生信息沟通上的注意力。教师对学生在语言方面犯的一些非重量级错误，可以采取宽容的态度，不要太过苛刻，不然会对学生造成心理上的压力。教师应多鼓励学生积极发言，开口去说，帮助他们建立语言方面的自信心，这样可以使学生语言习得的成功率得到显著提高。

（四）课堂教学组织应使学生直接参加交际

可理解性语言输入是语言习得的坚实后盾，但要想具有可理解性语言输入就需要习得者多多参与一些交际活动，或是频繁接触一些语言材料，并在此过程中或是在此之后，进行一定的说明、证实、修正、重新组织、反思等，进而将这些内容变成新的、全面的可理解性语言材料。

（五）教师以组织者和参与者的身份参与课堂交际活动

教师应以组织者和参与者的角色与学生进行教堂交际活动，而不应以知识的化身、教学的主体角色在课堂中出现。在此基础上，教师应了解自己的主要任务所在，其主要任务是挑选具有知识性、真实性、趣味性的教材来进行课堂交际活动。若在活动中，学生出现了表达和理解上的问题时，教师需及时给予帮助，而非苛刻地训斥，以保证学生在有兴趣、有信心的状态下将交际活动顺利进行下去。与此同时，教师还需要与学生搞好关系，这样可以使学生在心理方面更加轻松。

第三节　二语习得理论在教师话语模式中的应用

一、从二语习得角度看话语模式

（一）口、笔语原型特征

关于话语模式的研究，大部分研究者都是围绕着话语模式分类而进行研究的，如口、笔语的基本分类等。麦卡锡和卡特提出语言的发展不是一成不变的，语言的发展过程具有渐变性。语言的渐变性是由口、笔语原型二者连接起来的。乔伊斯提出了相似的观点，认为可以将语言划分为非常口语化的语言和非常笔语化的语言。

1. 口、笔语与语境

笔语是不依赖语境的。由于笔语采用的是显性指代词，也就是词语的全称，采用的不是人称代词，如he、she、this、that。由于笔语中话语的意义与周围的自然环境存在紧密的联系，则口语原型与语境也具有紧密的联系。相应的，在笔语中，this、that、here这些指示词的出现频率比较高，并且通常多是指代。

2. 口、笔语与词汇密度

笔语的词汇密度是比较大的，在英语写作中，名词化在语篇中不仅直接影响语篇整体的词汇密度，还影响着语法的复杂度。若是词汇密度较大，则语法结构的复杂程度会随之降低。语篇中的口语词汇量较小，但是在语法方面却比较复杂，多是一些横组合或纵聚合而形成的小句串联，可见，口语与书面语是各有难点的。口语与笔语相比较而言，不存在哪一方更简单。

3. 口、笔语与副语言

笔语是间接伴有丰富的副语言的，笔语这一话语形式，可以说是无声的语言；口语的表达伴有丰富的副语言，如语调、手势等。在笔语中，通常作者和他的作品存在一定的距离；而在口语中，则是“行动中的”语言。举例来简述，围绕着一场球赛而进行的笔语和口语，前者表现在为这场球赛写一篇新闻报道，后者则是对这场球赛做现场评论。笔语主要是通过白纸黑字传达的，它记录的内容并不是毫无根据的假设，有时会被当作一些证据、证明，是一种权威的声音。人们常说口语易逝，人们在使用口语时也会审慎性稍弱。可见，笔语是较正式的，它的表达具有明确的主题，所以人们常常将笔语用于表达概念意义；而口语是非正式的，口语的表达多是对人际意义的关注。

4. 口、笔语与句法

笔语文本，不仅能体现句法的完整性，还能体现句法的准确性。因为可以预先准备、校正语法。在口语文本中，多是一些单词、短语和不完整的句子，并且口语文本在语法方面，是不够“准确”的，是具有实时性的，也就是说话的人对口语文本只能进行实时处理，不能做到“后期处理”。

在笔语方面，落笔则定型。在口语方面，说话的人可以根据对方的反馈，来对话语做一些修补；在口语交流中，受话人可以要求对方解释，是一个双方通过意义协商达成一致的过程。

（二）影响话语模式的因素

麦卡锡和卡特提出，笔语文本原型主要限于学术文本、法律文本，而口语原型则属于日常交谈的范畴，是随着人的活动而进行的。话语模式是一种在口语原型与笔语原型之间的教学模式，由于口语原型与笔语原型之间具有的特征使话语模式具有复杂性，丰富了话语机制方面的表达方式。从二语教学教师的角度来看语言的分类，将语言简单地划分为口语与笔语，可以说是一种相当粗糙的处理方式。英语教师在教学中，不仅要指明对口语与笔语之间存在的差异，还要指出这种差异不是绝对的。口语与笔语二者间存在的差异会受到多方面的影响而淡化，影响因素有话语类型、社会环境、共享知识等。

1. 话语类型的影响

由于话语模式会受到话语类型的影响，所以部分研究者在进行话语模式研究时会将话语模式划分为两种类型：交互性话语与非交互性话语。依据言语的历史发展进程，种族或个人进行言语交流的主要方式就是对话，因此，涉及话语就会想到对话。对于刚学习语言的孩子来讲，由于他们还没有建立句子或概念体系，面对会话空缺他们先学会的就是对话。部分学者认为语法是由话语组成的，无论是笔语，还是口语的基本构建原则，均是话语，可见话语类型对话语模式的重要影响作用。

2. 社会环境的影响

麦卡锡和卡特认为即席言语，即书面语，是话语的误用，它对语法的规范性破坏是巨大的。即席言语脱离了传统规定性语法标准，尽管如此，人们经过研究总结也可以对即席言语得出一些规律，所以不能对其进行全面否定。在口语方面也有这种现象的发生，在英语教学中，二语教师要明确提醒学生对语言要有选择地使用，以避免发生说书面语的现象。

哈奇认为，即席言语的构成，主要是小句和短语，并且即席言语具有的特点是：左移位、连续性、平行性、修补性以及并联性。就其中的连续性来讲，这一特点是指在话语中，由于在交谈过程中双方的话语是不断交互的，因此，短语之间缺乏相应的连接词。这些特点同时也阐明了宏观因素如何作用于句法这个微观层面。语言使用者可根据社会和情景环境以及话语类型来选择话语。

3. 共享知识的影响

话语的交互性，是一个连续体，并且具有渐进性。只要是话语就一定会具有交互性，话语交流更是如此，不管是现实中的话语交流，还是潜在的话语交流，均具有交互性。面对面的对话，作为交互性话语的原型，在此之中，当对话双方进行对话时，对话的主动方可以通过观察对话被动方，依据被动方获得对话信息时做出的反应，将对话信息及时加以调整。另外，对独白式的笔语来说，这一交流方式同样能体现交互性，因为，这一笔语中的“独”是建立在对接受者的假设的基础之上以及双方具有预先约定的共知之上。独白式的笔语，作为一种连续体，其中间部分是由笔语文本所构成的，主要是通过想象对问题进行模仿，再来进行对话。

综上所述，话语模式中的口、笔语具有的特征常常会受到诸多因素的影响，从而淡化了二者的特征，甚至使口、笔语二者开始相互交融。通常情况下常用的话语模式划分方法，除了准备与无准备、正式与非正式、交互与非交互之外，近年还有研究将话语模式划分为叙事与非叙事模式。这一模式超越体裁和口、笔语的区分。叙事不仅是组织话语的模式，同时也是组织人类知识与交际的模式。

尽管相关语言学研究者一直没有停下对话语模式的研究，卡洛塔·史密斯也提出了对话语模式的进一步划分方法，将话语模式细分为五种，即记叙、描述、汇报、信息、议论。目前为止，话语模式的划分还没有达成一致，但是，不管是哪种话语模式划分方法，无一不对口、笔语的区别进行了强调，均认为口、笔语之间的差别不是绝对的。

综上所述，在二语习得过程中，教师一定要清楚地指出口、笔语之间的区别，还要指明影响话语模式的因素，话语模式的使用要依据不同的语境而调整，并且正确地使用话语。

二、高校英语课堂教师话语模式与二语习得

（一）教师话语与二语习得

关于教师话语的述说，是指教师为实现组织和从事教学的目的，在课堂上所使用的语言，是课堂教学中的重要组成部分，是教师实施教学计划的一种工具。教师话语的主要作用在于积极鼓励与引导学生参与多种形式的教学活动，为学生创建了一个交流的平台，用以交流信息、表

达思想。教师话语还是学生语言输入的源泉，可以说教师话语决定着教学的成败。

学习者的能力主要分为语言能力和交际能力，依据这一观点，语言的交际功能开始步入人们的视野。经过语言习得领域相关学者对语言交际功能的研究，得知课堂交互能对教学起到非常重要的作用，并且教师话语具有的引导和组织学生参与交际活动的作用，也愈加为人们所重视。

奥尔赖特和埃利斯认为课堂教学是一个交互过程。在这一过程中学习者通过对第二语言的接触、理解和使用来进行二语习得。

依据克拉申提出的“可理解输入假设”，他认为学习者的二语习得是建立在足够的“可输入信息”获取量的基础之上的，他还对可理解的输入信息做了假设，将学习者现有的语言水平假设为“i”，那么可理解输入就要具备“i+1”特征，即通过大量接触更高一层水平的语言知识，在不断理解信息的同时，完成新的语言知识的习得。

口语是交际的工具，只有通过实际的语言操练，才能实现语言习得的提高。为促进学习者对口语的掌握，教师应鼓励学生大胆开口讲话，为学生提供课堂信息交流的平台。

（二）教师话语在二语习得课堂上的作用

1. 教师话语的概念

斯蒂芬·沃尔什通过对外语课堂教学与其他课堂教学的比较研究发现，二者最大不同之处就在于：语言不仅是学习的目的，还是一种教学媒介。因此，教师话语是教师的一种工具，主要用于实施教学计划并完成教学任务，“可理解输入”主要源于教师话语。可见，教师话语对教师组织课堂教学和学习者习得两方面具有重要作用。

教师话语的得当与否对学生的语言输出有着重要的影响作用，因此，教师话语得到了许多语言学家的关注，并做了大量的实证性研究。经过对教师话语的全面调查论证，一些学者认为，教师话语与自然语言二者是不同的。他们还提出，以英语为母语的人处于一般的、非正式场合的环境中，他们所说的语言具有的特点。

在语言形式方面，依据二语习得学习者的不同需求，教师话语通常会做一些调整、简化和改变，表现在对语音、语速、语调的调整上，以及对词汇、句法和篇章等方面的改变上。

在语言功能方面，教师话语偏重于解释语言，重视语言地提供和获取信息的功能。

在交际方面，在课堂中，教师扮演着控制者角色，对课堂话题进行控制，并且多是通过提问来获取信息的。教师话语常常表现为下行单向沟通，并且师生之间不仅存在信息差，还存在权利差距。

2. 教师话语的现状

目前我国的英语课堂教学中，教师与学生之间的交流，还只是流于形式，只进行一些简单的问答，并没有起到促进语言习得的作用①。

语言学家和语言教师认为，在课堂中较少的教师话语就是最好的教师话语，一名优秀的教师会留给学生充足的话语时间，尽量缩短自己的讲话时间。但是经过调查得知，通常情况下教师的讲话时间，占课程时间的比重约有2/3，这说明学生很少有参与课堂活动和发表见解的机会，师生之间也少有交流，导致缺乏对学生的语言交际能力的培养。还可以得知，目前在二语习得课堂上，不仅传统教学方法是普遍存在的，传统的以“教师为主导”的教学模式同样如此，学生处于被动地位，一味接受教师的单向输出信息，没有重视来自学生的信息反馈。处于这种状态下的学习，学生在输入信息接踵而至的影响下，难以形成系统的知识体系，极易造成先行吸收信息的丢失。教师忽视学生学习的真正需求而输出的信息，造成了教师输出的信息与学生输入的信息二者难以维持平衡，最终加重了学生的心理压力，容易造成学生对信息的排斥和拒绝，难以实现将信息传递给学生的目的，不利于活跃课堂气氛，对授课效率产生不利影响，从而阻碍学生的语言交际。

在我国高校任教的英语教师，多是没有国外生活经历的母语是国语的教师，可以说他们自身也是英语的学习者。由于语言教师没有对国外文化历史有一个切实的了解，很多教师几乎没有与以英语为母语的人进行过交流，难免会在教学中将汉语掺杂进英语句子中，甚至在课堂中出现汉语式英语。这样一来，必然会对学生的习得产生不利影响，从而造成模仿的误差。

---

①吕婷.高中英语教师话语研究——基于二语习得的视角[D].西安：陕西师范大学，2018:24.

3. 如何发挥教师话语在课堂上的作用

(1) 全面提高教师话语水平

教师话语作为二语习得课堂上学习者输入的最主要来源，教师要充分利用课堂时间，使教师话语最大限度满足学习者的学习需要。因此，要对教师话语进行调整，适当的话语的“度”要满足学习者现有的水平，也可以略高于现有水平，并且要注意输入可理解的教师话语。一方面，教师要提高自身英语能力素养，包括表达能力和交际技巧等，并对话语内容信息效度加以重视。另一方面，教师还要对学生的英语能力水平有一个清晰的了解，包括学生掌握的词汇量等。教师要依据客观实际情况，注意遵循信息原理，注意自身话语的选择是否恰当。

在课堂中，教师应将教学中学生的情感因素与教学内容放在同等重要的位置。只有这样，才能创造一种活跃的课堂气氛，建立一种活泼的“对话关系”，才能促进教学内容的交流。另外，教师应在课堂对话中注意展现热情、体谅、礼貌的原则。

在课堂中，教师的声音直接影响着教学的成败，教师声音应具有音质清晰、音量适度的特质，教师声音的语调应是丰富而真实的。教师的声音决定着学习者对其话语的接受或排斥程度。权威型语调与焦躁型语调会引起学生产生厌倦与反感的情绪；无起伏变化的语调，会使学生变得困倦；表演式语调，不仅会破坏课堂的话语气氛，还会破坏话语内容的理性力度。可见，教师在课堂中应满足话语内容变化的需要，对语调进行适当调整，使其抑扬顿挫，教师话语的最高境界是传达一种怡人的气质、传达一种感染能力，既能提升内容的格调，还能增加听者的兴趣。

(2) 转变教师在二语习得课堂上的角色

二语习得课堂的转变，主要是由传统教学中的“以教师为中心”转变为“以学生为中心”、以学生交际能力的培养为主要目的的现代教学理论。因此，教师角色也随之转变，由控制者转变为引导者。

教师话语在课堂之中的作用，一方面，引导学生的主观能动性，并使之能够得到最大限度地发挥，激发学生积极参与课堂语言交流活动的兴趣；另一方面，教师话语能对学生的反应给予及时反馈，并且是适当的反馈，使学生的语言和交际两方面的能力得到全面的培养。简言之，教师话语不仅具有促使学生接受语言知识的重要作用，还能起到引导学生参与交际、提升学生语言应用能力的作用。因此，应对英语课堂上教师扮演的角色进行转变，尽可能缩短教师话语占用的课堂时间，增加学习者的话语时间。

(3)掌握恰当的提问技巧

提问是教学中的重要组成部分，通过提问可以促使学生积极参与交流，可以使学生对自己的语言进行调整，使语言更具有可理解性。迈克尔·朗和佐藤把教师提问分为两类："显示性"和"询问性"提问。显示性提问的目的是通过提问来对学习者的知识掌握情况进行了解，这一类型问题的答案是已知的，并且学习者只需用Yes或No来作答；询问性问题的主要目的在于寻找信息，从学习者的角度来说，这种问题的答案是未知的。语言是一个交流的过程，是由一问一答组成的。二语习得要求教师要加强提问技巧的掌握，使教师话语的作用能够得到充分的发挥。

经过研究表明，我国国内高校英语课堂内，教师提问普遍存在着欠策略、欠技巧等问题。主要表现为：

问题难度需适中。教师提问存在着问题难度不合适的问题。一方面，问题太容易，会让学生失去回应兴趣，导致学生焦虑不足、掉以轻心；另一方面，若是问题太难，会让学生过于焦虑，不利于学生学习。可见，教师提问的问题难易度要适中。

问题结构要合理。教师提问的问题类型多是知识性问题，理解性问题的提问是较少的。这体现了教学重内容、轻语言，忽视了学生语言能力的培养的现状。课堂中教师不能只简单地对单词、词组和句子进行教学，还要通过提问来将学生的语篇分析与对学生语言能力的培养结合起来，在课堂提问中增加理解性提问的比例。

留出学生思考的时间。教师在提问过后，应留给学生充分的思考时间。若是太过急于得到学生的回答，则会使学生难以做出恰当的答复。这样一来，就不能给予学生更多的成功感，也使学生动机的激发难以得到最佳效果。关于教师提问的等待时间，经过调查研究表明，最受学生欢迎的等待时间是6~9秒。

鼓励与引导学生回答问题。教师对待学生回答问题的反馈用语，主要分为两种，肯定地反馈用语以及否定的反馈用语。若是教师对学生回答的反馈方式不当，则不利于学生参与问答活动的积极性。第一，教师对学生回答的肯定反馈，能带来增加学生的自信心、激发学生的学习兴趣等积极影响。第二，教师的否定反馈，会为学生带来一系列的消极影响，如感到羞愧、失去自信心、失去学习兴趣等。

在教学过程中，教师面对学生的回答，在回答正确的情况下，教师应及时给予表扬；在学生的回答并不完全正确的情况下，教师也应给予学生正面的欣赏性评判。

（三）交互式课堂教学模式中教师话语的实施

交互式课堂教学模式是一种以学生为中心进行师生互动的教学模式。通过这一模式，教师以一种最佳、最有效的方式将部分重点词汇和语言点传递给学生。在交互式课堂教学模式中教师教学语言的使用，要注意是否具有有效性，只有在课堂活动中始终贯穿着教学知识内容，才能完美呈现课堂交互。

1. 语言形式的教学

处于高校层次阶段的学生，无疑已经具有一定的知识学习技能和再学习能力，因此高校学生的教学，可以通过多种形式的交谈，在互动交流中掌握语言，进而使学生的语言知识的运用能力得到提高。例如，在讲述生词时，教师在简单地解释过后，通过提问促使学生对该词进行描述。教师在认真聆听学生的回答之后，可以进行复述，也可以通过结合多媒体工具，让学生进行纠错，教师从旁辅助引导，指正、补充。这样一来，不仅实现了使学生掌握生词基本用法的目的，还锻炼了学生的语言输出能力，提高了学生的语言交际能力。

2. 课文内容的教学

教师在正式展开课堂教学之前，可以通过一些方式，如教师提问、启发和讨论，或是通过讲述有趣的故事，听一段录音或歌曲，进行课前预热。其目的是充分调动学生的学习兴趣，使学生头脑中的相关知识结构徐徐展开，进而为学生学习新的知识内容做铺垫。

教师在教学中往往会因为对知识内容的不必要讲解，造成话语量过多等问题，教师可以通过设计一些课堂活动或提问来解决。第一，教师通过提问，使学生通过复述来熟悉课文内容；第二，带领学生进行第一次阅读，并在这一过程中对语言重点和难点进行精讲；第三，提供给学生对重点难点知识进行精练的机会，使学生通过边学边练，来实现知识的基本使用方式；第四，带领学生进行第二次阅读，通过组织一些教学活动，如辩论赛等，使学生充分掌握新知识。

3.课后练习的教学

课后练习的主要目的是提供给学生一个练习的机会，以实现对新知识的巩固。课后练习，可以采用讨论和合作的方式。对于语言的练习，学生可以通过教师角色扮演的方式，加以教师与学生的指正；还可以由教师引导学生共同完成与教学内容相关的翻译活动，来实现巩固知识的目的。在写作练习方面，教师可以用与教学知识相联系的词或短语为主题，让学生自由发挥写一段有意义的文字，可以是一个小故事，还可以是表述观点。交互式教学模式中教师的话语少而精，这一模式在课堂上不仅能激发学生学习的热情，还能满足不同学生语言水平层次的需求，对于教师来说也是一种愉悦的体验。

综上所述，教师要注意话语的合理运用，注重培养学生的语言交际能力，将学生的学习方式由被动学习逐渐转变为主动学习，使师生的主观能动性得到充分发挥，进而实现教学相长。

(四)支架理论在高校英语课堂提问中的应用

1.支架理论概述

英语具有的国际性语言功能，代表了其具有突出的交际性。当前我国的英语课堂中，“冷场”现象的存在还是相当普遍的，学生的语言习得只是听与记，只有为数不多的学生会对教师的提问做出回应，多数时间教师都是处于自问自答的状态。这种“冷场”不利于形成和培养学生的英语实际应用能力。“冷场”现象发生的原因主要来自教师与学生两个方面。从教师角度来说，教师课堂提问的方式恰当与否直接决定了“冷场”现象的形成；从学生的角度来说，忽略了学生水平存在的差异，造成了“冷场”现象的发生。

“支架”理论是由新维果斯基派的学者，基于维果斯基的“最近发展区”理论经过多年发展被广泛接受的基础之上而提出的。“最近发展区”理论是指学习者现阶段的语言水平与即将取得的潜在发展水平的距离。“支架”理论中的支架原意是用于建筑工地的脚手架，在这一理论中将“支架”比喻为一种起辅助作用的概念框架，主要用于解决问题与建构意义。

教师引领学生如攀登脚手架一般，从学生一个阶段的认知水平跨入另外一个更高的水平领域。这些脚手架是由概念框架起来的，使这种概念框架达到最完善状态是教师的职能之一，一旦学生具备了独立完成某种学习任务的能力，这种作为辅助物的“支架”就失去了作用。“支架”理论的目的在于通过有效的教学互动来辅助学习者独立完成教学活动。维果斯基提出，对个体的发展水平，至少要确定两方面：第一是现有发展水平；第二是学生通过来自成人和同伴的指导、合作达到解决问题的水平。这二者存在的差异直接影响了学生心理发展的最近发展区。

维果斯基认为，“支架”理论不仅能发挥教师的指导作用，还能体现以学习者为中心的教学理念，即现代教育理念。近年来，有外语界学者，将“支架”理论渗透于英语写作教学，经过研究得出，结合“支架”理论的教学模式既可以减轻教师负担，还可以提高教学效果。通过在课堂问答活动中逐渐融入“支架”理论，一方面，对教师是否了解学生的最近发展区进行研究；另一方面，对教师是否了解适时搭建学生回答平台的方法进行研究。教师在引导学生提升认知水平的过程中，扮演着参与者与诱导者的双重角色，教师通过一些提问策略，如重复、追问、改变词句等方式的使用，以此来为学生搭建穿越最近发展区的“支架”。

教师要注意对教学与发展的把控，教学应走在发展的前面，只有这样，才能实现最好的教学。问题提出后，学生即使知道答案，也有可能不能马上回答。在学生能独立回答问题之前，教师提出的每一个问题，均能体现支架式教学模式，并且学生的最近发展区也呈动态变化的过程。

学生的最近发展区，可以说是在不断的变化中逐步提升的。当教师的提问使学生开始沉默时，代表了这一问题可能难度过大，这时教师要对学生进行适当的引导，引导学生正确解决问题，提高学生的认知水平，当这一水平得到稳固后应引导学生继续迈向下一高层次水平。教师在学生独立回答问题之前，搭建的支架为教学活动，为课堂提问带来的效果是显著的。

2. 支架理论启发

(1)注意把握好“度”

英语课堂中，教师在实施支架式教学的过程中，要让学生适当地进行独立探索。通常在英语课堂中，当学生对教师的提问表现出沉默状态时，教师往往会陷入不断重复问题的误区，这种现象就说明了教师没有合理地搭建支架。当学生具有独立完成学习任务的能力时，教师在积极鼓励的同时，还要认真聆听。依据学生对问题的解决能力来搭建不同的支架，构成不同的教师支持，可见，教师要具备敏锐的洞察力，不断提升自身评价能力，发现学生最近发展区的能力。

(2)注意差异善于“变”

在课堂实施支架式教学时，教师要依据特定环境，遵循“度”的原则，这一原则是从静态的角度出发，为学生搭建支架，给予学生支持，“度”指的就是不能过多也不能过少。此外，还要遵循“变”的原则，也就是从动态的角度出发，在支架式教学中教师要依据学生间存在的个体差异，以及个体学习水平来搭建支架。“支架”不是一成不变的，会受到学生学习能力强弱以及个体差异适用性的影响。尽管是面对同一学生，但其最近发展区也是不断变化着的，语言能力水平也总是呈现上升趋势的，这就需要教师根据学生处于的不同发展时期，选择并提供给学生最为适当的“支架”。

关于教学中的支架教学，教师不可固守原有的经验，因为学生是不断发展着的个体，要遵循“因材施教”的原则，积极鼓励学生进行探索。通过在课堂中实施支架理论，不仅充分展现了以学生为中心的现代教学理念，还在教学中不断进行研究与探索的基础上吸收先进教学理念，探索出一条适合我国英语教学现状的新道路。

(3)建立融洽的师生关系

现代教育理念鼓励师生间进行互动，通过“支架”理论的应用，将课堂中教师“一言堂”转变为以学生为中心的教学。“支架”式教学，可以说是一个教师提供支持与学生独立探索的辩证统一的过程，这一过程是建立在教师对学生充分信任与尊重的基础之上的。教师过多介入学生的独立探索，甚至出现包办代替的行为对学生的发展是极为不利的，教师要给予学生足够的探索空间。

教师在支架式教学中，作为学生的引导者，若是教师缺乏对学生的信任，则会引起学生排斥和反感教师提供的支架。可见，教师要在学生中树立威信，以情感为纽带，将尊重学生、信任学生作为基础，培养融洽的师生关系，以更好地进行支架式教学。

三、二语习得主流理论对高校英语教学的启示

(一)克拉申二语习得理论概述

1.语言输入理论

克拉申提出的二语习得理论，其核心内容是“语言输入理论”，这一理论是学习第二语言的最根本的途径。可以从两个角度来对语言输入进行分析：

第一，获得第二语言可以划分为两个过程，分别是习得和学习。习得是指学习和吸收语言的过程是处于外界环境的语言熏陶下，以及处在无意识的情况下来实现第二语言的熟练使用效果的。学习是指一种有意识的第二语言学习行为，通过科学的手段来对第二语言包含的各种知识、规则和使用方法，进行研究与学习。可见，在这一学习过程之中，具有较强的目的性，最终的目的就是全面掌握一门语言。在第二语言的学习过程中，可以说学习和习得是缺一不可的。

第二，为使语言学习的效果能够得到有效的保障，在语言输入方面，要注意内容上的可理解性，也就是可理解性输入。这一观点是指，在语言教学过程之中，应用于教学的相关使用材料和资源，要依据学习者的语言水平进行选择，原则是要略高于学习者的真实水平，这样一来，不仅能够有效提升学习者的语言学习水平，还能够使语言输入的效果得到充分保障。

2.情感过滤理论

克拉申二语习得理论中的“情感过滤理论”，是指语言学习效果受到语言输入质量的直接影响，而语言输入质量的保障不仅受到科学的教学方法，以及恰当的语言学习材料资源的影响，还受到学习中情感因素的影响。只有将这些情感障碍消除，才能在学生吸收语言知识的过程中，使语言学习的效果得到保障。

为实现语言学习中情感障碍的过滤，需要对影响学习效果的情感因

素进行分析。从学习者的角度来说，影响学习者的情感因素有：学习动机、学习者心态、自信心等。也就是学生具有良好的语言学习和吸收状态，在学习动机方面，较为积极；在学习自信心方面，较为充足；在学习焦虑感方面，较低。如此，便能促进学生对语言知识的学习与吸收，进而使学生的语言学习取得良好效果。

教师情感因素也影响着学生的语言学习。当教师在语言教学中处于情绪低落状态时，势必会影响语言教学的积极性，并且与学生进行交流互动的热情也会有所降低，相应地也会使学生的学习兴趣下降，最终极大地影响了语言的学习效率。

3. 语言输出理论

在克拉申二语习得理论中，语言输出理论是其中重要的组成部分，其概括起来就是，学习者将输入的语言知识，通过理解学习转化为自身的语言技能，并在此基础之上进行可理解的有效的输出，以便在交流中无障碍地使用第二语言。

在语言学习过后，语言输出效果还会受到如语言知识输入和积累，以及语言环境等因素的影响。因此，作为二语习得中的教育者，针对这些影响因素，应给出相应的解决措施，而语言输出理论就为这些措施提供了依据和出发点。

（二）克拉申二语习得理论对高校英语教学的启示

1. 从习得与学习理论出发完善教学环境和方法

（1）为学生创设良好的英语学习环境

英语教师可以通过在课堂教学中，尽量使用英语来与学生进行沟通与交流，以此来促进学生适应英语语境，还可以通过开展学生间以英语来进行交流的讨论活动，这也是创设英语学习环境的方式，将英语潜移默化地融入学生的学习生活，促进学生对英语技能的掌握。

（2）对教学方法不断进行创新与完善

英语教师可以利用网络平台等新兴教学模式，还可以通过组合运用多媒体工具，将英语知识通过图片等方式呈现，来使学生的英语学习效率得到提高。

2. 以语言输入理论为基础提升英语输入质量

(1) 高校要不断对教学资源进行完善和丰富

第一，英语教师要注意及时更新教材体系。英语教师对教材的选择，在教材内容上，要注意新颖性和实用性；在教材的难度方面，要根据学生的实际水平选择难度略高的教材。高校还可以自行编写教材，通过组织教师进行教材加工，以此来提高教材的针对性。第二，英语教师要充分利用网络平台来收集最新的英语教学资源，进而使高校英语资源体系不断得到丰富与完善。

(2) 高校方面要注意提升英语教师的专业能力

第一，高校要注重英语教师的再学习与培训，通过积极组织相关培训活动来使教师业务水平和教学能力得到提升，这也是使教师能够有效地向学生输入英语知识的一种保障。第二，在教学技巧方面，英语教师应注意多样化的使用。举例来简述，在英语课堂中，通过师生间的互动，来进行提问、情境教学等教学方式的使用，以此来提高英语输入的效率和质量。

3. 以语言输出理论为基础推进英语实践教学

(1) 组织多样的校内实践活动

在高校校内注重组织一些形式多样的英语实践活动，并鼓励学生积极参与，如英语社团等。还可以举办一些英语竞赛活动，以此来为学生提供更多的机会，使其充分锻炼自身英语输出能力。

(2) 提供校外实践机会

高校方面要为学生多组织校外实践活动，为学生提供如大型活动志愿者等实践机会。高校方面还可以与企业合作，通过推荐学生到企业进行岗位实习，为学生提供英语实习平台，使学生的英语输出能力能够在切实的工作中得到提升，同时还能使学生的英语综合水平得到提升。

4. 以情感过滤理论为依据激发学生的学习兴趣

(1) 明确学习动机

作为教师要辅助学生寻找到并建立起明确的学习动机，为此，高校方面要对就业情况进行定期的宣传介绍，针对当前就业形势进行讲解，让学生能够充分认识到在今后工作中英语所能起到的重要作用，使学生对英语的重要性建立正确的认知，以加强学生学习英语的主动性。

(2)创设融洽的课堂氛围

在英语教学中，英语教师通过各种形式的课堂活动，有利于激发学生的学习积极性，在此过程中及时发现学生的进步并表扬，有利于使学生对英语的学习兴趣与信心得到提高。

(3)降低学生的学习焦虑感

在英语学习中，教师要与学生不断进行互动与联系，尽量使每一位学生都能得到表达机会，对于学生在学习中存在的问题和困难，要及时发现并及时解决，从而使学生产生的烦躁和焦虑等消极情绪能够得到消除。

第三章　高校英语应用语言学理论与教学方法研究

第一节　高校英语陈述式教学模式实践

一、陈述式教学模式和内容依托式教学法理论概述

（一）陈述式教学模式

陈述是一种常用的学术讲座形式，是学生根据所选择的某一话题向大家汇报的口头陈述过程。陈述式教学是指以英语口语陈述的方式进行的课堂教学活动，陈述主体为学生，学生以英语口语形式陈述一部电影、一本读过的书、一个专业设计、自己创作的一个作品以及与所学专业课程相关的某一话题、项目、计划等，陈述后是5—10分钟的答疑时间，学生根据陈述内容向陈述者提出各种各样的相关问题，该活动贯穿于教学的整个过程。

陈述式教学模式其实质是摒弃以讲授、练习为主的教学模式，采用合作式、提问式、讨论式、探究式和自主学习等多种方式。其基本理念是，以学习主体为中心，通过师生、生生之间的教学互动，优化课堂教学模式，增强跨专业交流，培养口头表达能力和合作精神，充分调动学生自主学习的主动性，挖掘学生提出问题和解决问题的能力，使学生在思考和语言实践活动中进行学习，能将语言知识通过课堂活动的开展转化为语言技能，以达到培养学生综合能力的目标。具体步骤包括：教师布置任务、学生分组讨论查找资料、确定陈述主题、学生利用课余时间查阅相关资料、搜集的材料、讲述自己的观点和问题、学生正式陈述、学生对陈述进行评价、任课教师点评和汇总成绩。

(二)内容依托式教学法(CBI)理论概述

CBI即内容依托教学法，是一种通过主题或学科内容教学达到外语习得目的的教学方法，是一种以某学科或主题内容为基础的语言教学。此教学理念源于加拿大蒙特利尔的沉浸式教学实验，默汗于1986年发表的著作《语言与内容》使此教学理念得以迅速发展。20世纪90年代中期，我国外语教学界引进了内容教学法，并开始关注和研究这种教学理念。该教学理念强调依托课程内容，将语言系统与内容整合起来进行交流，在提高学生学科知识与认知能力同时，促进语言表达能力的提高。其主要理论依据：

第一，二语习得中的有意义内容学习理论，如Krashen的语言输入假说。Krashen认为，语言的习得依靠“有意义、可理解的输入”，不靠大量有意识地使用语法规则或枯燥的练习，二语习得应专注于意义，而不是语言形式。

第二，认知心理学中的知识建构理论，如Piaget的新旧知识联系说。该教学理念强调外语教学中，语言教学要将学习新知识的内容与学习者的生活经验和已有知识相联系，以激发学习者的兴趣，使他们主动建构知识意义。同时，在理解信息的基础上获得语言输出练习的机会。学习意义的获得，是每个学习者以自己原有的知识经验为基础，对新信息重新认识和编码，建构自己的理解。在这一过程中，学习者原有的知识经验因为新知识经验的进入而发生调整和改变。皮亚杰还强调，教学不能无视学习者的已有知识经验，简单强硬地从外部对学习者实施知识的“填灌”，而是应当把学习者原有的知识经验作为新知识的生长点，引导学习者从原有的知识经验中，生长新的知识经验。无论是输入假说还是知识建构说，他们从不同的研究视角得到一个相同的结论：意义是语言学习的重心。为了有效促进语言习得，我们需要有意义的学习。“内容”和“意义”成为当代外语教学法发展的一个新的方向。

CBI教学方法的基本特点：第一，教学以学科专业知识为中心，非语言本身。第二，教学使用真实的语言材料并完成真实的任务。第三，学习的内容和活动符合学生的语言程度以及认知和情感需要。

陈述式教学模式正是顺应该理念的要求，把教学重点放在学科专业知识学习和语言输出相结合上，语言仅仅是作为一种工具，在学习知识的过程中获取语言输出练习的机会，进而达到逐渐提高语言应用能力的目的[①]。

二、陈述式教学模式在高校语言教学中的应用

（一）改变教学理念，优化课堂教学，调动学习主体的积极性

目前，高校英语课堂教学仍以讲授为主，多数情况下，教师“一言堂”，即使小班上课，较为有效的能力训练活动也开展得过少。与此同时，学生抱怨较多的是经过大学阶段的英语学习，英语能力仍然没有较大提高，即使是通过了全国大学英语四级考试的学生，也认为英语应用能力没有得到明显的改善。针对此情况高校和教师应积极改变教学理念，给非英语专业本科生开设口语陈述课程，采取有助于能力培养的教学模式，改变以往学习主体消极被动的课堂教学，取而代之的是学习主体积极主动参与的课堂教学。该教学模式从课堂准备到具体陈述和提出问题都由学生完成，学生课前需要大量地查阅与陈述主题相关的资料，了解所涉及的一些专业基本词汇，并且掌握一定的陈述技巧和策略。众所周知，学生是课堂教学的主体，只有有效地调动了学生的课堂积极性，使学生积极参与到教学中，才能真正达到优化教学、提高教学质量的目的。

（二）结合网络平台，构建任务型教学模式，培养学生团队合作意识与精神

口语陈述课程利用现有的网络平台，如新视野网络学习平台、ITEST测试与训练系统平台、大学英语精品课程平台等结合课堂教学，进行有针对性的听说能力培养与训练。与此同时，教师围绕特定的教学目的，每周课前布置训练任务，要求学生按时完成。每次课前教师设计具体的、可操作的任务，保证学生能够按时完成任务，并最终达到学习和掌握语言的目的。该教学模式对教师有很高的要求，教师除了具有敬业精神、较高的科研能力、掌握一定的现代教育技术以外，还需具有先进的教学理念，以有效的任务组织教学，在任务的履行过程中，以学习主体参与、体验、互动、交流、合作的学习方式，充分发挥学习主体自身的认知能力、语言实践能力，在“做”中学，使学生最终达到综合能力

①訾韦力.应用语言学理论在英语教学实践中的应用研究[M].北京：中国轻工业出版社，2015:61.

提高的目的。

口语陈述一般采用两种形式：学生单独进行或以小组方式进行。以小组方式进行的学生在准备陈述过程中，要求小组成员分工明确，积极准备并完成自己的那份工作。小组中各成员需充分认识各自的角色，了解各自的职责，调整心态，适应团队合作，尊重团队成员的想法，乐于听取他人的意见，在团队协作过程中完成学习任务。除此之外，学生进行口语陈述后，还需回答大家提出的各种各样的问题。遇到棘手的问题时，团队其他成员要协助其回答问题，使学生认识到合作的意识和能力是现代人必须具备的基本素质，并且真正体会到团队合作的精神。

（三）构建新型学习模式，提高学生综合能力

蔡基刚在《后大学英语教改依据与对策研究》中提出："在网络环境下，将学生的听说能力培养与学生专业学习结合起来，提高学生用英语在本专业领域的口语和文字交流能力。"蔡基刚的调查也显示，我国大学生迫切希望在基础英语到专业的全英语教学之间安排一些衔接性课程，使英语很好地为专业学习服务。口语陈述正是符合这项要求的一种实用性较强的教学模式，该模式将口语表达能力与专业知识结合起来，学生的综合能力就会有很大的改善。

（四）建立多元化评价体系，强调对学习主体动态评价

教学新模式需要一种与之相适应的评价模式，多元化评价体系，重视动态评价、学习过程考核，以期监控学生学习过程，并全面真实地考查学生的能力。具体做法是：第一，利用网络平台对学生平时的基础听说训练任务进行监测，强调学习过程的重要性。与此同时，激励学生随时关注与成绩有关的听说能力，使他们有针对性地调控自己的任务进度和学习方法；第二，在口语陈述教学中，教师、学生对陈述者的陈述主题、陈述模式、陈述框架、陈述语言以及辅助陈述的演示工具等进行评价，对学生所提的问题进行评价，对团队的合作、分工协作等进行评价，并把评价成绩与评价内容详细记录下来。

学生的最终成绩由形成性评价成绩（40%）和终结性评价成绩（60%）两部分构成。形成性评价包括学生的陈述评价、网络自主学习、课堂表现、平时作业和团队合作情况；终结性评价包括期末口语陈述和期末笔试考试。在终结性评价中，对口语陈述的评价比较全面，要求从

学生陈述的开始方式、陈述的组织结构、主题的支撑材料、陈述的语言以及陈述总体印象等方面进行评价，教师和学生同时进行评价，并要求学生写出每个学生陈述中最大的优点和最大的不足，最终成绩需要综合两者成绩。其中将教师讲评与学生讲评结合起来，尤其是建立合作学习方式、同伴评价系统，开展学生对学生的评价活动，这一环节非常重要，它把全体学生的积极性调动起来，能激发学生的思辨力，增强学生的英语综合应用能力，也有助于教学质量的监控。

陈述式教学改革在提高学生主体英语能力方面得到了很好的验证，课堂教学也呈现多样化、互动化以及趣味化，学生从被动的信息接收者转变成动态的主体。从效果上看，学生积极主动参与到英语学习中，英语水平和综合能力都得到了较大的提高。

三、陈述式教学模式实施中需要注意的重点

第一，随着国家教育投入的增大，全国各高校硬件条件都得到了较大的改善，在此基础上的陈述式教学模式的改革有了可靠的硬件保障，要注意充分发挥网络平台的辅助作用。

第二，陈述式教学模式对教师有较高的要求。教师除了要求具有敬业精神、较高的科研能力，掌握一定的现代教育技术以外，还有继续学习与更新知识结构的需求，善于掌握先进的教学理念，有能力组织有效的教学。

第三，陈述任务的设计是陈述式教学中的关键，教师要注意把握陈述任务的难易度，对学生选择的话题随时给以有针对性的指导，并保证课程循序渐进，同时兼顾对学生以听说能力训练为目标的自主学习的监控。

第四，评价是陈述式教学的核心。同伴评价过程中，难免个别学生有心理偏向，因此要注意学生评价的质量，教师要给予适当的监督与指导。

英语口语陈述是提高学生口头表达能力的较好模式，能为学生综合应用能力的提高打下很好的基础。此外，口语陈述让学生在陈述实践中除了重视口语表达能力、专业知识外，也能注意到培养自己的语篇能力、社会语言能力、策略能力和思辨能力。学生在陈述过程中逻辑思维能力能得到很大的锻炼。与此同时，通过答疑，学生对批判性思维和创新性思维也都会有更多的关注和更深刻的意识。

第二节　基于学生听说能力培养的选修课课程建设

一、任务型教学模式概述

任务型教学是建立在第二语言习得研究基础上的一个具有重要影响的语言教学模式。它是在建构主义教学理论基础上形成和发展起来的。它以具体的任务为学习动力和动机，以完成任务的过程为学习过程，通过任务成果来评价教学的成效。任务型教学模式体现了以学生为中心强调学生协作学习的新的教学理念。“任务驱动”教学法最根本的特点就是“以任务为主线、教师为主导、学生为主体”，改变了以往“教师讲，学生听”，以教定学的被动教学模式，创造了以学定教，学生主动参与、自主协作、探索创新的新型学习模式。通过实践发现“任务驱动”法有利于激发学生的学习兴趣，培养学生分析问题、解决问题的能力，提高学生自主学习及与他人协作的能力。

基于网络的自主学习反映任务型教学模式所倡导的发挥学生主体作用的理念。任务型教学模式是指教师通过引导语言学习者在课堂上完成任务来进行的教学。这是20世纪80年代兴起的一种强调“在做中学”的语言教学方法。该理论认为，掌握语言大多是在活动中使用语言的结果，而不是单纯训练语言技能和学习语言知识的结果。该模式有助于激发学生的学习兴趣。在完成任务的过程中，将知识和技能结合起来，促进学生积极参与语言交流活动，启发想象力和创造性思维，有利于发挥学生的主体性作用，从而培养学生综合的语言运用能力①。

二、选修课课程建设实践

2007年，教育部颁布了《大学英语课程教学要求》（以下简称《课程要求》）。《课程要求》提出了：“大学英语是以英语语言知识与应用技能、学习策略和跨文化交际为主要内容，以外语学习理论为指导，并集多种教学模式和教学手段为一体的教学体系和选修课程，分为语言技

①刘玮．大学英语任务型教学中的问题与对策[J]．产业与科技论坛，2020，19(13)：161-162.

能类课程、语言文化类课程、专业英语类课程三类。”根据《课程要求》的精神，多数高校都从大学英语课程设置入手，开设了大量的英语语言技能类、语言文化类和专业英语类选修课，以求大学英语教学发生质的变化。

(一)国内选修课课程建设现状

目前，国内大学英语教学大多是分级教学或把大学英语分为听、说、读、写、译五部分来进行的模块式教学。与此同时，开设大学英语选修课，借助现代化教学手段授课，开设利于学生个性化学习的实用性较强的课程。通过各高校大学英语选修课程的开设，从多角度培养了学生的英语综合能力，同时也为一部分基础较好的学生达到“较高要求”或“更高要求”提供了有效的支持。

然而，目前有许多教师反映一部分学生对选修课积极性不高，尤其是学生认为选修课对提高听说能力作用不大，其实用性不强，基本实用能力尤其是听说能力改进不明显。由此可见，大学英语教学中的一些根本问题并没有得到妥善解决。因此，要想真正提高大学英语教学效果，激发学生学习兴趣，应该注重选修课学习过程中学生综合应用能力的个性化培养，强调英语应用能力与专业的整合，同时又要关注英语语言综合能力与自主学习能力之间的关系，把社会需求与学生学习放在第一位，根据学生实际需要设置大学英语选修课模块教学体系将有助于改进教学方法，优化教学设置，达到改进教学质量，提高学生整体语言能力的效果。

笔者以F学校为例，介绍基于学生听说能力培养的选修课课程建设。

(二)F学校外语教学改革背景

F学校的外语教学改革源于全国共同的外语教学改革大背景以及学校人才培养的特殊需求，即“培养学生英语综合应用能力，特别是听说能力，使他们在今后工作和社会交往中能用英语有效地进行口头和书面的信息交流，同时增强其自主学习能力，提高综合文化素养，以适应我国经济发展和国际交流的需要”。F学校是一所艺工融合类院校，艺术类学生占很大的比例，艺术生专业课程特殊，同时英语底子弱，听说能力差。针对这种现实，F学校不断实施大学英语教学改革，但仍以传统的课程设置教学内容和教学模式为主，学生没有兴趣，因此这种做法还没有最有效地满足学生与社会的需求。大学英语课程教学要以提高学生英语交流能力为重点，进行听说领先教学改革试验，使学生不仅具有大学层次的阅读能力，还要具有大学层次的英语表达能力。由于艺术类学生本身进入大学的英语程度参差不齐，因此F学校在艺术类英语教学中实行了分级教学，而工科学生英语水平相对均衡，所以仍然按自然班进行英语教学。F学校选修课开设了一些语言技能类、语言文化类和英语专业类课程。

近几年，F学校工科学生大学英语四级通过率稳步上升，这种做法从某种程度上促进了大学英语教学。但是满足学生个性化的需求，提高学生的英语综合应用能力，尤其是听说能力仅仅靠传统教学方式和分级教学远远不够，大多数四级已通过的学生听说能力仍然较弱，学生对提高听说能力，促进专业发展的需求越来越强。由于学生学习英语的目的已经从单纯的考试向提高语言能力、促进专业发展、适应社会需要的需求转变，因而在必修课学习的同时，开设一门或几门基于听说实用能力培养的基础选修课程，利用多元化网络平台改革选修课教学模式，尊重学生的个性需求和个性发展，形成计算机网络环境下的必修课和选修课的良性互动，语言能力与专业发展相结合，以满足学生的不同需求，使语言学习的过程成为学生自主学习能力、英语应用能力提高的过程，确保不同层次的学生在英语实际应用能力方面得到充分的训练和提高。

(三)课程建设的研究与实践

基于上述背景，F学校外语系经过认真的理论探讨和现实分析，并且在学校领导和教务处等主管部门的支持下，彻底改革传统上以课堂讲授为主的选修课教学模式，以新的网络与课堂相结合的英语教学模式作为辅助。新的模式倡导“个性化自主学习”的理念，重点培养学生的自主学习能力，使选修课英语教学朝着个性化、自主学习和可持续的方向发展。

1.构建选修课课程体系

构建以听说能力培养为中心，基于计算机网络的选修课课程教学体系，依据新形势下大学英语教学立体化、网络化的特点，不断充实、丰富、整合、优化现有的教学资源，逐步建立以听说模块为基础的选修课课程体系，满足学生自主学习不同层次的需求，为读、写、译和文化类等高一级模块的选修课学习打下良好的基础。在已有的必修课程基础上，开设了英语视听说、口语陈述两门基础选修课程，该类课程凸显听、说能力培养，强调语言能力与专业相融合，作为其他提高类语言技能类、语言文化类课程的基础，提高了学生的学习兴趣，间接地优化了模块式英语选修课程教学体系。

在第三学期、第四学期开设大学英语视听说课程、口语陈述课程，利用已有的网络平台，如新视野网络学习平台、iTEST测试与训练系统平台、大学英语精品课程平台等结合课堂教学，进行有针对性的听说能力培养与训练，满足学生的要求，取得意想不到的效果。

2. 构建任务型教学体系

结合网络平台，构建基于网考的任务型教学模式、教学评价和自主学习的教学体系。针对我国大学生英语听说能力普遍不高的现状，2008年开始施行的大学英语四、六级网考，网考加大了听说部分的比例，体现对语言应用能力的重视。网考的最大变革就是与听力相关的题型分值占70%，其中包括25%的听力理解和45%的综合听力，综合听力又包含单项选择、听写、跟读、回答问题、结构以及写作等题型。这项举措对于推进大学英语教学改革，促进英语教学的信息化起到了很大的作用。针对这个大背景，F学校也在教学模式、教学评价和自主学习三方面进行了改革，旨在优化必修课、选修课教学模式。

张一平的《大学英语多媒体网络教学对学生英语听说能力的影响》一书，利用实验证明了多媒体网络教学模式对提高学生的听力理解能力具有较为显著的效果。利用校园网可以开发和利用丰富的网上资源，借助精品课网络平台支持，使学生共享资源，从而建立以学生为主体、以听说能力训练为主要内容的全新教学模式。

课堂教学改变以往的学生被动的教学形式，强调学生课堂的主动性。提倡小组合作式学习方式，强调讨论在学习中的重要性，鼓励学生进行主题式演讲，提高学生的思辨能力。课堂输入大量音、视频材料，注重听说实用能力的培养。课外鼓励学生以自主学习的方式有针对性地进行语言训练听力、阅读、叙述、复述新闻的练习，这些手段有效地提高了学生的听说能力，全面提高了学生的英语综合能力。教学过程中倡导任务型教学模式，鼓励学生在活动中使用语言，并将专业与英语表达结合起来。例如，学生用英语进行专业陈述，用英语流利地介绍自己的艺术作品，或者用英语介绍所参与的项目的立项、实施、结项等过程。学生在完成任务的过程中，将语言知识和语言技能结合起来。通过开设该课程，学生参与语言交流活动的积极性更高，想象力和创造性思维能得到很大的改善和提高，学生的主体性作用能得到充分的体现。

基于网络平台的形成性评价模式不仅在必修课中起到一定的作用，也始终贯穿于选修课教学，其作用不可估量。借助网络自主学习平台，课堂教学评估、课外教学评估、同伴互评等多元评价形式融入整个教学活动。这种评价能真实检验学生的自学能力、听力水平、思辨能力以及综合运用语言的能力。通过“课内—课外”教学评价相结合，能收到传统单一评价模式所无法比拟的教学效果。

学生专业课作业负担重，在这种情况下，借助新视野网络学习平台、iTEST测试与训练系统平台、大学英语精品课程平台的自主学习显得尤为重要。任务型教学模式下的自主学习增加了学生的主动性，学生可以随时利用空余时间进行有针对性的英语学习，学习能力、自我监控能力都得到了提高，受益无穷。

第三节　英语幽默情景剧在英语写作教学中的应用

一、英语幽默情景剧的概述

将英语幽默情景剧引入英语实用写作课堂是一种新型教学模式的改革与探索。英语幽默情景剧能提供真实的或相关联的交际情境，弥补了英语实用写作教学缺少真实语境、书面化的缺点。利用英语幽默情景剧创设实用写作语境，有助于学生主动构建知识，完成意义建构，从而使知识得以有效地内化，达到提高学生综合运用能力的目的。

情景剧最先来自美国，每一集的情景剧通常有一个封闭的、相对独立的结构，无论多么复杂的故事，一般也就在两三集中完成，这个特点影响到情景喜剧的创作模式。集与集之间都是独立的。英语情景喜剧随着信息全球化，尤其是网络的应用而得到了广泛传播。英语幽默情景剧通常既能给我们提供西方各民族进行交际的情景和语言，又能展现西方国家的历史、文化、风俗等，它是大众文化主要表现形式之一。在大学英语实用写作课堂中引入英语幽默情景剧，可以为教学设置相似的情境，为课堂学习创造幽默自然的学习气氛，真实、特定的语言环境，从而优化语言的教与学。

“*Everybody Loves Remond*”汉译为《人人都爱雷蒙德》，是美国哥伦比亚广播公司连续播出的9季的情景喜剧，一直稳占美国收视率排行榜前5名的位置，并获得多项艾美奖。英语幽默情景剧通常能提供丰富、真实的生活场景，大量地道的语料，描绘西方国家的生活画面，集形象、趣味于一身，实现了语言与语境相结合。情景喜剧通常以轻松幽默的方式向学生展示交流语境和文化语境，将学生引入英语思维，激发学生对目标语文化的兴趣。通过观赏情景喜剧，学生能够在耳濡目染中实现知识的内化，从而能够有效地达到语言学习的目的。本书以“*Everybody Loves Remond*”为例，尝试探讨如何有效地将英语幽默情景剧引入到英语实用写作教学中，即把与实用写作主题内容相关的情景剧引入课堂，创建相关联或相似的实用语境，在课堂中课本知识与英语幽默情景剧并用，使语言更加鲜活，使教学更加生动，使语境更加真实，更接近实际生活①。

二、英语幽默情景剧在高校英语实用写作教学中的应用

（一）英语实用写作教学特点及目标

英语实用写作属于特殊用途英语的范畴。其目标是培养高校学生英语实用写作能力，这既是教学大纲的要求，也是社会对毕业生外语应用能力的要求。依据大学英语教学要求，实用英语写作课程设计应该建立在科学的基础上，既要考虑学生需求和社会需要，同时又应当采纳有效的课堂教学方法。

英语实用写作课程的目的在于，除了使学生能够掌握应用文的写作能力外，更要使学生了解应用文的使用语境和特点，从而能独立完成各种实用写作文体。

英语实用写作是一门应用性很强的课程。国家也对大学英语教学提出了“转变思想，把培养学生阅读能力为重点转变到提高学生综合性实

①赵荣斌，田静，魏碧波．英语教学中的语用分析研究[M]．北京：光明日报出版社，2016：111.

用能力上来”的要求。当今社会对外语人才的技能要求更加注重实际运用能力。实用英语写作教学内容的庞杂性要求教师精心设计课堂教学，根据授课学生和社会的需求，将丰富的、真实的语言情境引入教学，最大限度地给学生创造接近真实的语言情境，不断探索新的教学模式，最终达到提高教学效果的目的。目前，学生能够认识到英语实用写作的重要性，但是激发不起学习的兴趣，知识与实际应用脱节。教师仍然是一厢情愿地以单向知识传授和简单重复的方式进行实用写作教学，英语实用写作课堂沉闷呆板，教学常常呈现缺少真实语境、知识性、过度书面化的特点。对学生来讲，实用知识很容易理解，但是很难将这些知识灵活有效地运用到实践中。基于上述背景，将英语幽默情景短剧引入英语实用写作课堂，一改以往说教式的、呆板的教学方式，将有助于培养学生的学习兴趣，形象并有效地展示不同实用文体所要求的不同的语境，使学生有效地掌握英语实用文体的使用语境，达到优化教学的目的。

(二)英语幽默情景剧在英语实用写作教学中的应用

语言需要在情境中学习，语言来源于社会，语言的使用离不开社会情境。学习环境中的情境必须有利于学习者对所学内容的意义建构。在教学设计中，创设有利于学习者建构意义的情境是最重要的环节或方面。因此，利用英语幽默情景剧辅助英语实用写作教学，可以活灵活现地将情景剧及其背后的文化知识、社会背景等形象地展现出来，既激发了学生学习的兴趣，又能在教学中提高学生的跨文化理解能力，增强学生用目的语思维的能力，扩展语言与文化的视野。

1.设写作情景,加深学生理解力

提供实用文写作情境，了解写作背景，激发学生兴趣，英语各种信函写作是英语实用写作中最基本的文体写作。在教学中，一味地强调随着世界经济一体化，英文商业信函的地位和作用会变得更加显著和重要，对此学生无法真正地理解，这时需要设定一些情境帮助学生理解。因此，在讲解不同类型信函在商务活动中的作用（如增强合作、创造和谐的交流氛围等）时，教师引入第二季第11集“*The Letter*”。该集主要内容是：玛丽把黛布拉精心准备的聚会给搅了，黛布拉忍无可忍给玛丽写了一封信，措辞强硬，把平时语言不易于表达的心里的不满情感通过写信表达了出来，最后两人互相原谅，和好如初。插入相关的短剧，一

方面活跃了气氛，同学们亲身感受特定的情境下，西方人所使用的地道的“原汁原味”的语言；另一方面学生可以了解信函的基本功能和作用，教师由此入手，由浅入深，由私人信函到商务信函逐渐扩展开来，学生真正理解信函在国际贸易往来中的作用和重要性。

西方人士在许多场合都会写感谢信。当收到朋友馈赠的礼物，或在困难时得到别人的帮助，或出去旅行受到盛情款待，除了当面致谢，他们还会写信以表谢意。为了更好地帮助学生了解感谢信的使用情境以及感谢信的功能，在讲授这个内容时，教师导入了第八季第2集“*Thank You Notes*”（《感谢信》）。该剧集主要讲述了艾米和罗伯特蜜月归来，然而玛丽却因为艾丽没有给送结婚礼物的斯坦写感谢信而发火，以及围绕此事所发生的一些事，最终艾丽写了感谢信，事情以皆大欢喜而结束。在这里引导学生思考这样一个问题：玛丽为什么会为一封感谢信而耿耿于怀呢？通过问题的引导，开展小组谈论，大家畅所欲言，最终学生理解了感谢信的功能和使用情境，即感谢信属于个人信函，是用来对馈赠礼物或曾经得到某人的关怀、照顾表示感谢，在西方国家用得比较普遍。

2. 设相似情景，在参与中构建知识

设相似或相关联情境，提高学生跨文化理解能力提高英语实用写作综合能力离不开较强的跨文化理解能力，这就要求扩充学生的实用文化视野。比如在讲解工作简历的撰写与应聘工作等相关内容时，教师有针对性地引入第三季第22集“*Working Girl*”（《工作女郎》）。该集主要讲述黛布拉想从繁琐的家务中解放出来，找了一份新工作，但黛布拉第一天的工作就很不顺心，雷想方设法帮助妻子找回了工作。该剧给学生提供了应聘工作活动场景、应聘当中所应该注意到的事项以及所涉及应聘方面的地道语料。同时，使学生进一步掌握了整个应聘过程方面的知识。

3. 引入情景剧，提高教学效果

当今社会对外语人才的技能要求更加注重实际运用能力。英语实用写作教学内容的庞杂性要求教师课前根据授课学生和社会的需求来决定教学内容，而设计的教学模式能够最大限度地创造接近真实的或者相关联的语言情境。英语情景剧的引入将使学生最大限度地接近真实的语言环境，了解真实的文化背景，从而提高教学效果。

英语情景喜剧是作为重要的课程资源在教学中被开发和利用的，是为英语语言教学服务的。英语情景喜剧应用于英语实用写作教学具有传统教学所无法比拟的优势，它能够提供真实语言环境中的语言素材，让学习者在真实的语境中增强对语言的理解。但是选择英语情景剧时，教师要始终以教学需要为导向，合理而且有针对性地选择和利用这个教学辅助资源，使之有效地为教学服务。

第四节　基于社会建构主义的高级英语交互式教学模式

一、社会建构主义理论概述

（一）理论概述

社会建构主义是20世纪80年代发源于西方的教育心理学理论。由于其对教育过程的科学解释和自身理论体系的不断完善，很快便对当今教育的理论和实践产生了重大影响，成为20世纪末和21世纪初的主导教育理论。社会建构主义是集合了哲学的语言意义建构主义、人本主义心理学、认知主义的信息加工理论和社会学的社会互动理论为一体的教育学说。它的基本观点是，从哲学上来看，知识和意义不是独立于个体之外的客观存在，而是由个人主动建构的，因此具有主观性。但这种个人具有的主观知识在其本质上是内化了的、再建构了的客观知识，即客观知识的主观内在表现。从语言哲学的角度来说，语言意义是动态的，是个人对语言在使用中的主动理解和诠释。社会建构主义的人本主义心理学强调人的内心世界，认为人的发展先是思想和情感的发展。根据这种理论，人在满足基本需求的基础上，有降低内驱力、追求更高层次的需求，以保持心理平衡。因此，人具有天然的学习潜能，且学习是人的终生需求。但是，真正有意义的学习只有在学习者认为具有个人相关性并能主动参与时才能发生。所以，教育要重视个体的学习者，尊重学习者的个人需求和个人情感，鼓励学习者的自我选择和自我责任感，实现真正个人意义上的终生学习和全人教育。

因此，社会建构主义又吸收了社会互动理论作为基础。这个理论认为，单纯强调学习过程中的认知参与，还不能解释学习过程的全部。人是社会的人，人从一出生就进入人际交往，而学习也是发生在与他人的交往与互动之中。社会建构主义教育论的要义简单来说就是，知识是由个人建构的，而不是从外部注入的。这种建构发生在与他人交往的环境中，是社会互动的结果。因此，有效的教育是建立在学习者主动理解的基础上的，教师作为中介者应为学习者提供富有个人意义的学习经验和学习机会，由学习者自己从中建构知识，并由此学会学习，学会独立思考和独立解决问题[①]。

（二）社会建构主义倡导的教学模式

社会建构主义语言教学模式是由英国应用语言学者威廉姆斯和心理语言学研究人员布尔登在20世纪末提出并建立的。社会建构主义认为，学习过程的建构十分重要，个体是学习活动的中心。社会建构主义思想是指人在和他人的相互作用中，建构自己的认识与知识。也就是说，知识和理解是认识主体建构的。任何形式的教学活动，最有价值的方面应该是提供给学生交互合作的机会，培养、激发和引导学生的自主学习。

社会建构主义理论认为教师、学习者、任务和环境四大因素同处于一个系统，而且是动态的。它们之间相互影响，相互作用。教师在教学中引导学生建构知识，设置任务，学生去思考、了解建构知识，完成任务。与此同时，课堂环境、学校环境和社会环境也会产生作用。该模式的目标是：教学引导学生建构知识，不仅仅是传输知识；促进学生思考和了解，不再记背知识与技巧；建构模式是以做中学、谈中懂、写中通等多元互动的社会建构，而摒弃传统聆听、练习等单元单向的建构。该模式图可理解为：教师考虑如何设计问题与任务，如何引导进行交互，如何创造学习环境激发内在动机，如何分析、评价效果。学习是主、客观知识互相创造的循环过程。学生通过交互采用集体协作方式解决问题，建构能力。

二、交互式教学及高级英语教学实践

社会建构主义重视外语学习中的认知、情感和人格因素，视学习者

①汪梦甜．社会建构主义理论下的高中英语阅读教学设计研究[D]．武汉：华中师范大学，2019：15.

与教师同等重要，强调环境与教师、学习者之间的交互关系。现代外语教育的三大原则是交际原则、认知原则、人本原则。社会建构主义理论框架下的交互模式正是体现这三大原则，即在一定环境下，教师创造良好的学习环境以适应学生的认知能力、学习动机和个人情感。学生与教师以交互方式完成学习任务，培养建构知识技能，从而增强专业外语学生的语言综合能力。

近年来，各高校的扩招使大班教学成为普遍现象，众多研究者从事大学英语教学模式研究，而忽视了英语专业教学。其实越来越多的工科院校开设了外语系，由于师资力量跟不上，专业外语教学尤其是高级英语教学不断增加。社会建构主义强调，社会交往和环境在建构中的重要性，英语学习在我国虽属二语学习，但专业学生拥有充足的语言课堂环境。学习者语言能力对建构交互模式也很重要。由于英语专业高年级学生外语能力已经达到高级阶段，建构交互模式是可行的。

(一)交互式教学中,充分体现教师的中介作用

2003年3月，教育部制定的高等学校英语专业教学大纲中规定高级英语教学应将重点放在培养学生的阅读技能和修辞写作技能，同时兼顾语言基本功的进一步训练和英语综合技能的培养。因此，探索科学、有效的教学模式是对高级英语教师的一个挑战。在交互式教学模式中，教师起着主导作用。培养交互能力始终是语言教学的首要目标。学生群体的指导发展观有两条基本原则。

第一，教学过程应在相互控制的前提下按学生合作共享来组织。如交互教学，学生和教师轮流引导讨论。引导者的责任是总结、提问、解释、预测。换言之，即调节和监控学生的问题解决。

第二，科学知识不应该以成品的方式教给学生，而应通过学生的讨论、分享个人经验和执行一种研究活动去建构。指导发现中的学生群体类似于解决一个科学问题的合作研究群体，而教师的作用是去指导和校正学生的发现过程。

课堂教学是至关重要的教学环节，教学大纲的指导思想和要求只有在课堂上才能得到具体体现。作为中介者，教师在课堂中的作用非常重要，要利用课堂角色调整来促进交互式教学，如在讲授R教材第八单元Why nothing works时，考虑到课文难度大，学生在深层理解上有些困难，

因此教师设定任务，让学生备课，由学生上讲台讲课，在讲解第一段时，大家对Murphy's law争论不休，各持己见。每结束一部分，全班同学及教师对学生的课进行评论。最后，教师针对未弄清楚之处给予详细讲解。学生大胆提出对教师看法质疑之处，从而在讨论中理解课文深层意义。

在讲授高级英语过程中，教师对语言的使用起着重要作用。课堂提问式教学是专业英语教学中有效的教学方式，利用提问式的讲授来促进交互式教学。提问可以鼓励学生产生内在动力，激发学生对未知的思考。经调查发现，高年级专业学生习惯于教师满堂灌，学生被动接受灌输的模式。这种模式有悖于培养学生的综合技能的原则。相反，在课堂上多用提问式教学能够促进学生、教师与课堂环境之间的交互作用，体现让学生建构知识和能力的原则。学生试图回答“为什么”的问题，证实解决问题的方法以及获得的结果。

基于以上任务，全班分组进行集体协作性讨论，各组提出看法，教师汇总，在交互式讨论中弄清文章中存在的问题，师生共同完成设计任务，达到理解语篇深层意义的目的。

(二)激发专业学生学习动机,培养协作、建构能力

社会建构主义模式主张无论是激发学生动机阶段还是保持动机阶段，都应该鼓励学生产生内在动力。传统的教学方式是教师在课堂上提出问题、解决问题、布置练习，课下学生完成任务。学生的情感、动机完全被忽略，建构能力的培养更无从谈起。这更有悖于社会建构主义的教育原则：教会学生学会如何学习、发展理解力和培养建构能力。因此，在教学过程中教师应把激发学生的动机和培养个人建构能力作为主要因素来考虑。

教学实验初步证明，社会建构主义理论框架下的高级英语交互教学模式是可行的。该模式克服以往专业英语教育的不足，从重视学生个性发展，培养独立思维能力、创造能力及协作能力出发，虽然无论是对教师、学生还是对任务、环境要求都很高，但是该模式能够满足学生的认知、情感和动机的需要，能够体现当代外语教育的三大原则，对英语教学，尤其是专业英语教学有很大的指导意义。

第四章　高校英语多模态话语理论与教学方法研究

第一节　基于多模态话语理论的高校英语教学概述

一、多模态话语各模态之间的协同关系

（一）多模态话语的媒体系统

交际媒体是多模态交际中的使用工具，只有区分开模态和媒体的概念，才能正确领会各种模态之间的关系。有学者提出，模态是一种符号系统，它既可对比，又可对立，而媒体则是符号分布印记的物质手段，像说话时所发出的声音及手势动作。还有学者认为，在教学中使用多种模态进行信息传递有三个理论基础：第一，物质的媒体经过社会长时间塑造，成为意义产生的资源，可表达不同社团交流的意义，这就成了模态；第二，各种语言模态互相交融并同时发生作用，而且这种互动本身就产生意义；第三，使用者经常对表达和信息传递的模态加以改变，以适应社会信息传递的需要，这样，旧的模态被新的模态所代替。可见，模态的物质基础是媒体，如果没有媒体，模态就毫无意义。这就是讨论媒体分类和作用的原因。

笔者所说的媒体，指的是所有符号系统的媒体。语言媒体是人们在实际交往中首选的媒体，因此，可以把媒体分为语言媒体和非语言媒体。从任何的语言学角度出发，声音符号和书写符号是能够实现意义传播的两种语言媒体，这两种媒体是语言传播的主要媒介。随着科技的发展，出现了更多的媒介，如电脑、手机、平板电脑等移动终端，都可以对声音和文字进行识别，但是最后的传播媒介仍然是声音或字符。这些语言媒体对语言意义的表达具有十分关键的作用，稍有不慎就会改变整体意义。在实际交往中，肢体媒体和非肢体媒体是非语言媒体的两种形

式。肢体媒体指的是人们利用表情和动作形成的媒体符号。非肢体媒体是指不通过交际者的肢体而产生作用的媒体，如交往中所用的设备以及周围的环境等。现代飞速发展的科学技术使非肢体媒体变得越来越发达。例如，教学中常用的投影设备、无线网络设备等。交际者还可以利用身边的人、物和周围的环境因素等进行交际。

多模态话语中“多”的含义十分丰富，它既包括交际者的视觉、听觉、触觉、嗅觉等感知渠道，又包括交际时的各种媒介及其符号，如声音、语言、动作等。多模态话语使“话语”不再局限于语言和文字两种表达方式，而是由多种方式表达的意义实体。多模态话语可以体现“话语”更深层次的意义及其复杂性①。

媒体是没有意义的，它只是一种载体，只有通过形式表达才能让媒体具备一定意义。模态用两种手段对媒体进行组织和构建：一种是媒介符号被直接赋予某种特定意义，如“红灯停、绿灯行”。这里的红、绿灯由媒介与意义组成，所以其用途仅限于指挥交通。另一种手段是语法，它可以为单个符号赋予意义，也可以将多个符号组合起来，赋予这个组合特殊的意义，语法的作用就在于此。

（二）多模态话语形式之间的关系

1. 多模态话语间关系的理论基础

受意识形态的支配和体裁系统的制约，在特定的语境中，交际者根据实际语境和交际目的，选择合适的模态和体裁结构将要表达的意义表现出来。交际者可以选择用视觉模态（如图形）表达，也可以由听觉模态（如音频）表达。在系统选择中，最关键的因素是利用好不同模态之间的关系，使不同的模态相互配合，从而构建动态多模态话语的整体意义，因为不同的模态体现的意义属于同一个交际事件，需要整合为一体才具有交际意义。这种模态之间的配合主要体现在模态的形式层面，即在词汇语法层面表现出来。

模态之间的关系不是静止的，而是随时间推移而变化的动态过程，可能是以图像为主、语言为辅的过程，也可能是以语言表达为主、图像和动画为辅的过程。如果是以图像为主，那么图像中的文字与图像之间也是一种互补的关系。两者之间关系的变化是和交际事件的进程密切相

①郑小媚．高校英语多模态课堂教学研究[M]．北京：国家行政学院出版社，2018：43.

关的，这种动态性的文字、图像与动画的关系，是动态多模态话语分析的研究要点。

2. 课堂中多模态之间的关系

课堂教学话语是以多模态为特点的。多模态基本上分为五种：视觉模态、听觉模态、触觉模态、嗅觉模态、味觉模态。教师的话语在教学中属于主要模态，但是话语是抽象的，不能形成具体的、形象的且能够存留的信息，因此教学过程中还需要多种模态相互配合。在一般的课堂教学中，文字是话语的主要补充方式。但是在科学技术飞速发展的今天，新技术能够为课堂教学提供更多的模态配合，各种模态之间相互协同，共同构建有意义的课堂教学。在研究各种模态话语形式之间的关系时，第一需要考虑的是：人们使用多模态进行交际的意义是什么？是生理和心理的表现需求，还是因为多模态能更加充分地体现交际者的实际意图？一般情况下，可能这两种情况都会涉及，但是最主要的原因应该是第二种，即一种模态不足以表达清楚交际者的意义，从而利用另一种进行强化、补充、调节、协同，令交际者能够更加充分、准确地表达其实际意义，使对方更容易明白交际者的目的。

从这个方面看，多模态话语的作用就是要充分表达讲话者的实际目的。典型的多模态话语模式是指一种模态的话语不能充分表达其意义或者无法表达其全部意义，需要借助另一种模态补充，把这种模态之间的关系称为“互补关系”。

在这种互补关系中，各种模态各司其职，通常其中的一种模态是基本模态，如语言，在多模态中具有基础的交际作用；另一种模态具有补充作用，补充可以是强化，也可以是补缺。强化关系是一种或多种形式对基本模态的强化。例如，英语课堂上，教师用图片和视频对语言教学进行强化。而在美术课堂上，教师的话语只能起到辅助和强化的作用。补缺是在两种模态缺一不可的时候，互相作为对方的补充，视觉和听觉就是一对模态组合。

非互补关系，是指其他模态对基本模态在意义的表达上作用不明显，但是依然可以作为一种模态进行意义表达。这种关系一般体现为模态交叠和语境交互的关系。交叠现象是两种或两种以上模态同时存在，相互之间却没有强化的关系。模态与语境的关系可能是积极的关系，也可能是消极的关系。情景在参与交际的过程中，所依赖的是交际者的交际目的和方式。因此，多模态性多体现在对情景依赖较强的交际中。

（三）多模态话语在外语教学中的协同关系

在课堂教学中，语言教学仍然占据主要地位，其他的多种模态教学只是起着不同程度的辅助、强化或补充的作用。随着科技的高速发展，知识时代强调信息传播的多样性及技术的重要性，尤其是数字技术的广泛应用。计算机技术的发展为多模态教学提供了更加便利的条件，结束了几千年来话语和文字占统治地位的教学方式，图像、动画等新技术成为教学的主要手段。多模态相结合的教学方式成为重要的研究领域。交际工具的多样化和语言的丰富性要求教学方法应该向多元识读教学法发展。多元识读能力主要表现为多模态的识读能力，为了提高学生识读多模态的能力，教师在授课过程中需要把多模态协同应用于课堂教学，同时，也要注重课外教学中多模态的运用，使学生在体验中提高多模态识读能力及应用能力。

1. 多模态话语在英语课堂教学中的协同关系

（1）课堂话语的意义建构

课堂话语的意义建构过程是符号实践的过程也是物质过程。社会符号及系统功能语言学的理论为多模态课堂话语分析提供了理论框架。课堂教学由教学内容、师生关系和课堂模态调用三个方面组成。课堂教学内容的大纲是以布鲁姆的理论为指导的；各种符号资源之间通过相互作用实现整体的意义；元功能理论为课堂教学中各符号间相互作用的研究提供了分析工具，学生在识解符号资源相互作用中完成意义建构。建构主义认为，教学环境中的符号作用于意义建构。意义构建是学生根据已有的知识对现实情况进行认识并理解的过程，是学生个体建构与社会协商的结果。

鉴于其他模态具有与话语模态相近的作用，因此要对多模态进行系统描述，对多模态交往过程形成的结构进行分析与研究。先要研究的是语言系统中的词汇语法，多数语言的词汇和语法系统都能得到系统的研究与描述。而对各个模态的系统和结构的研究，大多数情况下，到了意义层面就不能真正厘清词汇语法系统和意义系统的区别。因此，对多模态的研究还处于认识阶段。

根据我国高校英语教学的实际情况，探讨各种模态之间的协同合作关系：

(2)高校英语多模态课堂

大学英语多模态课堂中的要素：教师、学生、教学内容以及教学媒体是构成大学课堂教学的四要素。这四个要素对于课堂教学来说缺一不可。

第一，教师要素。教师处于课堂教学的主导地位，不仅在教学过程中，而且在课前组织和课下反思中都发挥着重要的作用。教师在语言表达上，除了用口语表达，还用面部表情、声调语气等多模态话语对学生进行教学。话语表达是课堂教学的基本模态，教师的声调、语气、音量、口音等，都会对教学产生影响。在平常的教学中，英语教师的基本要求是发音标准、音量适中、抑扬顿挫、字正腔圆。

在课堂学习过程中，学生仅使用听觉模态是不行的，还要通过视觉模态帮助理解和强化记忆。一个人的真实情感和情绪都可以在面部表情上得以体现，因此面部表情是师生交流情感的纽带，起着不容忽视的作用。在课堂教学过程中，教师可以用点头、微笑、眼神和学生进行情感的交流，这经常会起着“无声胜有声”的作用，不仅能增进师生之间的感情，还能活跃课堂气氛、增强学生的自信心。

同时，身体语言在课堂教学中也起着强调与补充的重要作用，甚至可以替代话语。当学生不能明白教师的讲解时，可能通过教师的一个手势立刻理解所讲之义。另外，教师的着装也会对学生产生影响，过于鲜艳的颜色容易分散学生的注意力。

第二，学生要素。在课堂教学中，学生处于主体地位。学生是多模态教学课堂的重要组成部分，学生在学习过程中应主动探寻未知世界进行知识建构。在多模态课堂教学中，学生应积极调动自身的感官，主动接收通过视觉、听觉、触觉等获得的信息，主动建构自己的知识体系并及时与教师进行沟通。学生通过听、说、模仿等练习提高口语能力和听力。想要说一口地道的英语，必须通过大声读书和模仿练习才能实现，这种练习属于听觉模态符号。学生回答教师的提问，表明学生能够积极参与课堂学习。多模态课堂教学中这种学生的行为反馈，是教师对课堂教学进行把握的关键。师生之间的眼神交流，具有一定的传递作用。如果教师从学生的眼神中看到的是崇拜和激动，那么会觉得这堂课的教学是成功的，是有意义的。如果教师看到学生不愿意与自己进行眼神交流，无精打采、昏昏欲睡，那么教师会认为自己的教学是失败的，需要反省自己的教学方法，调动一切有利因素提高学生的积极性。

第三，教学内容要素。教学内容是指为了实现教学目标，要求学习者系统学习的知识、技能和行为规范的总和。在多模态教学中，教学内容的传播主要以视觉模态和听觉模态为主。

视觉模态符号由书面语言和与教学相关的图片等组成。随着计算机技术的发展，多模态教学中大多会用到多媒体。教师在制作PPT时，要充分考虑字体、背景、色彩、图片等因素，使多媒体课件发挥最大的作用。在情境教学中，实物展示最利于学生单词的识记及内容的联想；图片是对文字最重要的补充，有时一张图片比一段话更加形象和直接；而视频是对图片的补充，它能更加生动形象地实现教学目标，有利于活跃气氛，加深学生的理解。当然，过于繁杂的教学模态可能会影响教学效果。听觉模态符号由教师的讲述、录音的播放、学生的发言和讨论等组成。教师字正腔圆的讲述，能够得到学生更多的关注，使学生了解更多相关的知识；同学的发言和谈论也会激发学生学习的主动性，促进学生之间的知识和情感交流，发散思维学习英语。音频材料在英语教学中使用得比较广泛，学生通过长期的、大量的听和练，才能提高听力水平和口语水平。要选择适合本阶段学生学习的音频资料进行练习，太容易的达不到提高的效果，太难的又会打击学生的自信心。

第四，教学媒体要素。教学媒体指的是在教学过程中传递信息的方式。计算机和互联网的发展为多模态教学提供了技术基础。多模态教学是多种模态协同合作，在英语教学中使用的多媒体教学平台、语音教学平台以及网络互动平台是多模态英语教学的辅助手段，让学生能够身临其境地享受英语教学，激发学生的学习热情，达到最佳的学习效果。

教学过程是指教学活动的开展，是教师在已有硬件资源的基础上，结合学生特点，借助一定的教学条件，指导学生通过认识教学内容，并在此基础上得到身心发展的过程。在英语教学中，各种模态相互协同发生作用，有教师的口语表达，学生之间的问题讨论，还有通过PPT展现的图片、文字、动画等。

大学英语多模态课堂的教学过程：根据功能对教学过程进行分段分析，建立可以为教师提供参考的基于多模态的英语教学语类结构。其中，有七个阶段是必选因素，六个阶段是可选因素，两个因素的顺序可以根据所教内容安排。

基于多模态的英语教学语类结构可以总结为：开始—教学目标—（学习要求）—（过渡阶段/复习阶段）—导入—文化背景—课文内容—语言讲解（语言相关的活动）（情境相关的活动）（学生自学）—主题类总结—语言类总结—作业（作业相关的活动）—评价。此外，还对修改版的布鲁姆教学目标分类法进行分析，总结教师在每一个分目标下的最佳角色。

高校英语多模态课堂中的角色建模：角色建模是指从社会协作角度分析一个角色模型内的角色交互，定义承担这些角色的实体应具备的任务和能力，目的是建立完整的角色描述。建模侧重于一个对象在系统中的位置和责任以及与其他角色的行为交互。角色建模语言里的两个最基本角色是人角色和非人角色。课堂环境下的人角色指的是教师和学生；非人角色指的是课本、黑板、音频、视频等多媒体。教师角色是行为发起者，学生、视频、音频、课本、黑板等角色是行为引发者。教师角色策划、设计、组织实验、反思教学活动、实施教学理念，学生和上述非人角色对教师行为做出回应，形成互动。

高校英语多模态课堂教学的环境：大学英语是一门公共课，也是一门必修课，全校几乎每个年级的学生都学习英语课程。随着科学技术的进步，新技术在教育中的广泛应用，大学英语的课堂呈现多模态化。口语、文字和图片的结合，音频和视频的适当选用，让学生通过视觉、听觉等感官体验，有一种身临其境的感觉。多模态化英语教学能最大限度地培养人才，满足社会发展的需要。

多模态在高校英语课堂中的协同建构：不同的符号系统在适当的语境中表达交际者的目的，但是系统符号不会独立表达交际者的目的，而是和其他模态符号共同完成交际者的目的。从模态的角度讲，课堂教学涉及多种模态的配合：第一，口头模态，表现为教师和学生的口头对话和交流；第二，以PPT为载体的模态组合，包括图像、文字、录像和声音等；第三，教师和学生在教室内的活动；第四，教师和学生的手势和身势动作；第五，教师的面部表情；第六，教室的空间布局以及周围的相关事物。

高校英语课堂教学的目标是指教学活动实施的方向和预期达成的结果，是一切教学活动的出发点和最终归宿。教师既要教会学生，又要管理好学生。

第一，课堂布局属于视觉模态的范畴。它确定了教学的环境，也确定了教师和学生的权位关系和角色。黑板、幻灯片是学生的视觉对象，讲桌和讲台象征着教师的权威和职责，也是教师权威教学的主要工具。

第二，课堂教学以听觉模态为主。教学的过程实际上就是口头交际的过程，视觉模态只是为课堂教学提供了背景信息，起辅助和强化听觉模态的作用。

第三，在课堂教学中，教师的话语占主导地位。学生接受的主要信息来自教师的话语，因此，对教师话语的质量有较高的要求：口语表达要准确深刻，要有正确的语法、精准的词汇、字正腔圆的发音以及匀速的表达。大学英语要求教师具有很高的英语口语能力。此外，教师在课上的发音高低、语调和节奏，吐字清晰度，都会影响教学效果。在听觉模态内，各模态之间协同合作，辅助口语模态进行教学。

第四，教师在实际工作中也会使用视觉模态作为话语模态的补充。用图片或动画补充话语模态，用面部表情或手势辅助话语模态进行意义的表达。此外，教师也可以通过人际意义来提高教学效率，如亲切的表情、整洁的着装、站姿挺拔和适当的走动等。因此，教师的表情冷淡、没有微笑、不亲切等，在一定程度上会影响教学效果。

第五，教学与一般的交际不同。一般交际时所需的信息难度较小，而且不需要记忆。而教学所需的信息难度较大，不仅是信息的传递，还需要记忆，尤其是英语教学，需要学生获得相关的语言能力，注重学习能力的培养。因此教师需要利用口语、图片、音频等工具，对教学内容进行强化，用PPT对所教知识进行补充，尽量达到真实语境的效果。

第六，多获得反馈。话语交际是双边的，教师只教而学生不学也不能达到教学目的，教师尽量获得学生的反馈，没有什么比口语交流更能提高英语交际能力的办法了。

2. 多模态话语在英语“课外”教学中的协同关系

随着互联网技术的发展，有许多聊天室和在线访谈服务为学生的口语练习提供了便捷的场所，在这样的环境下，每个学生都能进行课外练习，并以此作为课堂教学的辅助手段。

第一，作为教师，可以在固定网站上设置专门的课程站点，也可以导入学生站点。各协作站点统一标识，还可以完成授权学生用户、布置作业等任务，以导学方式吸引学生展开学习资源的分享与协作学习项目的创建过程。

第二，教师可以利用QQ、微信、电子邮件、学习软件等方式，在线辅导学生学习，及时评判作业，还可以建立QQ群、微信群，实现即时的交流与讨论。有时候，课堂讨论并没有线上讨论那么激烈，一方面是学生思考周期的原因，另一方面是因为有些学生性格比较腼腆，而有的学生碍于情面不好意思当面批评别人。另外，课堂时间有限，用于讨论的时间更有限，不可能进行深度讨论。这些问题都可以通过教师的博客得到解决。教师以匿名的方式将学生的稿件上传到博客，并让同学以匿名的方式对这些稿件提出意见或建议。这样做会得到更加激烈的讨论，进而提高知识的传播度和理解度。经过这种课上课下的学习与讨论，可以增强学生的学习兴趣，提高学习效果。随着科技的发展，先进的教学手段必将伴随先进的教育理念，并服务于先进教育理念。多媒体教学是促进教育理念更新的关键，对此多数教师都深有体会。

第三，网站可以提供页面流量统计与分析的功能，这些功能有助于教师了解有多少学生参与线上协作学习，有哪些学生对哪些栏目感兴趣，有利于教师对协作学习进行更加客观的评价。

（四）多模态在高校英语课堂中的协同原则

1. 多模态话语的有效性原则

在课堂教学中多模态内容的选择要注意部分与整体的关系、前景与后景的关系以及强化关系。教师先选择一种媒体来提供具体信息，然后通过PPT图片等模态强化知识点的识记。通过这种模态间的协同进行课堂教学，实现教学目标。在整个教学过程中，前景是语言交际，其他模态为语言交际提供背景支持。形象、生动的图片，优美、激昂的音乐及幽默的动画，可以提高学生的学习兴趣，集中他们的注意力。例如，某节课上，教师需要播放英文电影片段进行辅助教学，在此之前，教师对该片的主要内容、人物关系以及文化背景都会做简单介绍，提前在学生大脑中形成图式知识，学生在观看影片的过程中才更容易接受新知识。多媒体只是教师教学的一种方式，并不能完全替代教师的教学，所以学生应该充分整合教师的语言、手势以及教学工具所呈现的多模态形式。总之，各种模态的教学方式最终都是为教学服务的，是教学内容的辅助手段。

2.多模态话语的交互性原则

师生之间的互动是多模态课堂产生效果的前提。多模态课堂中，学生应积极地参与话题讨论，才能有更多的练习机会，获得成功的体验。教师在设计多媒体课件时要考虑到师生的互动，为学生留出充分考虑问题的时间。与此同时，可以让学生参与到多媒体课件的设计中，让学生更加充分地体验到多模态课堂的益处，使多模态话语的优势发挥出来。

3.多模态话语的适配性原则

在教学中选择什么样的模态教学，应该以模态之间能够成为最佳搭配及产生最佳效果为标准。比如，在单独使用三种模态之一时，都会产生正效应，但是将三种模态组合在一起后，并不能互相配合产生更大的作用，相反，还会降低应有的效应。适配性原则还体现在：教师作为专业课程开发的主体，要以研究者的身份进入课堂教学，发现问题，采集数据，运用教学实践经验进行多层次、多角度地分析，使自身的实践和教学内容形成理论上的理解和建构。英语教师还必须了解不同学科、不同场合、不同目的所使用的不同语言文化形态，从而采取不同的传道方式指导和帮助学生。通过言语、视觉、听觉各个模态间的连贯适配，达到教师、学生和多媒体之间的和谐。

(五)多模态话语理论对高校英语教学的启示

1.教师的口语讲述质量要高

教师站在讲台上，要想吸引学生的注意力并且让学生学到真正的知识，他的表达能力必须要好，信息传递必须通畅。这就要求教师拥有较强的语言表达能力，发音标准、字正腔圆，还要控制好语速、语调和音量，注意口音、口气和重音，各个方面都要严格要求自己。

2.教师要协调各种模态，提高教学效果

在以口语模态为主的课堂上用其他模态作为补充和强化，适当地利用动作、幻灯片和各种设备来辅助教学，还要确定各种模态的使用效果。通过分析各种模态的教学效果，来确定使用什么类型的模态和怎样的教学方式进行搭配，以更好地发展学生的学习能力。

3. 教师要学会利用周围的环境为教学服务

这里的环境既包括已有的环境，也包括需要创造的环境，如教师的身体动作、手势和教室的硬件设施等。

4. 教师要学会用人际意义来提高学生概念意义的获取

提高互动频率和效果，如教师与学生的交流要亲切，用诙谐幽默的语言烘托课堂氛围，可以适当地踱步于学生之中，实时地引起学生的注意，让他们把注意力放在教师所讲的内容上。

5. 教师要学会使用多媒体教学方式

如幻灯片、录像、电影、同声传译等，利用这些方式可以模拟真实的英语语境，提高学生的学习兴趣，取得显著的教学效果。

6. 教师与学生之间的角色要适当互换

为学生的实践提供机会，让他们进行表演、演讲、辩论等，使他们不再是被动的听觉、视觉模态的接受者。

二、多模态话语理论的认知过程分析

（一）多模态话语分析的理论基础

多模态话语分析和研究的理论基础是系统功能语言学，可以从语法、形式、媒介、话语意义、文化背景等多层次对多模态话语进行研究。除了语言媒体之外，科学技术媒体为话语交际提供了更多的选择，可以用各种各样的模态作为话语模式的补充，更加真实地表达交际者的目的。

（二）多模态话语分析的主要学派

1. 社会符号学的分析方法

O.Toole和Kress等是用社会符号学方法分析多模态话语比较早的人，他们的研究都受到Halliday社会符号学理论的影响，主要是以Halliday功能语言学为基础的社会符号学分析。Halliday运用系统功能语法对英语语言进行分析，其核心理念是语言作为一种社会符号，具有三大元功能：第一，概念功能，既能够表达个人情感，又能够描述客观事实；第二，人际功能，能够体现交际者的角色；第三，语篇功能，能够形成一个完整的语篇。Kress等认为，图像也属于一种社会符号，可以用Halliday分析语言的社会符号学的方法对图像进行分析。语言的结构决定了利用单词组成语句和段落的方式，视觉的结构决定了利用人物、时间、事件、地点等陈述视觉的过程。他们主要研究利用语言和视觉来表达意义，使两种模态相互合作实现整体意义，并且把这些融合在多模态语篇内。根据上述语言的三大功能，他们从再现功能、互动功能、构成功能三个方面来分析图像。在对语篇进行分析时，这个流派的学者把语言分析和图像分析进行整合，用这个新的整体进行话语分析。自此，有很多学者用三大元功能思想分析各种交际模态，如Van Leeuwen在《音乐符号学理论》中对声音的符号学分析。

2.交互社会语言学的研究方法

交互社会语言学更加关注的是，交际者使用交际语言构建交际情景和他们当时的身份。交际者在交际中通常不会只做一件事情，只有在特殊的情况下，交际者才会把注意力放在某一件事或某一媒体上。所以，在分析话语时经常会使用不同的视角，有时会使用非语言学的视角来研究多模态，其出发点是人们的行为，而不是语篇。在分析多模态的介入行为时，先要确定介入行为是低层行为还是高层行为，如低层行为就是一个面部表情，高层行为就是拍了一段视频。组成高层行为的强度或复杂程度叫作模态密度。比如，教师上课时，口语教学使用的强度较高，那么口语模态就是高模态密度；而教师做实验的时候，说的话很少，则口语模态就是低模态密度。前景/背景延续体，是交际者同时使用不同的高层行为，但是对这些高层行为的关注度不一样。Norris建立的话语分析模式分两步来完成：第一，确定参与者构建高层行为时使用的是高模态密度还是低模态密度，特定参与者在前景/背景延续体层面上与高层行为有何种联系；第二，确定所有参与者在延续体深度上与高层行为有何种联系。

3.多模态话语认知过程的分析方法

对多模态话语的分析需要自上而下的概念化的理论指导。多模态话语中，交际者如何选择不同的模态进行连贯的交际呢？要回答这个问题，就必须考虑人类所掌握的超越话语之上的内化了的模式，如心理表征、类典型、关联理论等。

在交际过程中，双方通过各种刺激手段来达到调节对方认知环境的目的，这些刺激手段可以是语言的，也可以是非语言的。选用哪种刺激手段，取决于关联原则，无论选择什么样的刺激手段都会造成成本的消耗。关联的功能就是如何使成本、利润达到均衡。所以，在言语交际或非言语交际和多模态交际中都可以使用关联理论。在多模态话语交际中，在关联原则下，要通过两种或两种以上的交际模式来表达语气、感觉或想法。

（三）多模态话语理论的实际应用

1. 认知与信息处理

认知是对信息的整合过程，包括对信息的整理、信息输入、信息产出和信息改编。对篇章信息的认可，可根据篇章自身包含的树状信息加以整合，如对篇章的命题、信息的发展方向、信息的分类、信息的缺少、信息的重合等。非篇章信息则可以转换为篇章信息，通过描述语言的方式来进行。对非篇章信息进行整理和识别，对信息内容的感知和识别都是多模态的。若信息内容不同，采取的模态形式应不同，认知结果也不尽相同。例如，针对篇章信息，读者需要依据自身不同的感觉模态进行外语五大能力的认知，即听、说、读、写、译的认知。非语篇信息则通过视觉、听觉等模态来感知，并通过触觉模态转换为篇章信息。各种领域的信息都可以归结为篇章或非篇章信息，并且通过听觉、视觉、触觉等多模态感知和识别。认知心理学、感知心理学和二语习得理论都涉及认知的概念。认知语言学家针对篇章认知过程的分析展开了大量的研究，成果丰硕。语言学者提出了许多概念和多种模式，如脚本、框架和图示等。除此之外，以篇章为层面的认知分析也展开了一系列研究，提出了重要的模型，如篇章的宏观框架。而心理语言学则从知识的角度探究信息的构成。知识的认知是针对篇章信息和非篇章信息从多级别、多方面进行认知的过程，即输入、整理、存储、改编和产出。篇章信息和非篇章信息的联系密不可分，非篇章信息的处理不能脱离篇章信息，要依赖篇章信息进行思考，加工和表达。

2. 多模态认知方式

在互联网和多媒体的教学情境下，多模态是师生借助自身的视觉、听觉、触觉等多种感官实现对知识的获得、感知和表达的方式。多媒体教学情景涉及图片、动画、音频、视频、幻灯片等手段，以达到利于人们采用多模态方式提供、获得和认知信息知识的目的。针对学习方面，多模态学习和认知方式包括听觉学习、视觉学习和触觉学习三方面，触觉学习又可以分为体验学习和实践操作两种方式。

在具体教学中，采用多模态教学方式就意味着将课堂设想为多模态话语模式互相连接的符号系统，如听觉、视觉、触觉、音频、视频等符号相互交织。课堂上掌握这些意义本质的只有教师一个人，因为模态和模态所代表的意义有着深刻的社会根源和文化积淀。因此，要经常依据情境改变信息的传达和表述的方式，以适应不同交际者对信息表达的需求。

（四）多模态话语在教学过程中的认知分析

1.多模态教学的概念

多模态教学是指教师在教学过程中利用多媒体技术，将信息通过口语表达、图像展示、身体动作等方式构建成有利于学生学习的意义表达方式，指导学生通过多模态方式进行知识的学习，从而共同实现教学目标。教师不再仅仅传授语言知识，也不是PPT的被动播放者，而是多模态的选择者、协同者、示范者，对学生要明确指导、多模态示范并设计情景任务。英语学习过程中，学习者面对的是由各种模态组成的超文本语篇，在构建和解读超文本语篇的过程中，各模态之间应呈现一种和谐互动、优势互补、相互协调、相互促进的动态关联关系。

2.多模态话语在国内外教学中的应用

自21世纪以来，国外许多学者把多模态化研究的触角探及教育领域。多模态话语在教学中的应用成了西方近年来研究的热点。Kress & Van Leeuwen是这方面的专家，对模态和媒体之间的关系深有研究，并且探讨了多种模态有规则地表达意义的现象，提出了多模态环境下多元读写能力的培养设计方案和应用原则。新伦敦小组则开辟了多模态应用于语言教学的先河。该小组认为，语言教学的主要任务是培养学生的多元识读能力。自此，关于语言教学和多模态的研究层出不穷。Mills经过18天课堂教学观察，和教师、学生进行结构式的访谈，由此提出了课程设计方案。

我国也有学者进行这方面的研究。顾曰国在《多媒体、多模态剖析》一文中区分了多媒体学习和多模态学习两个概念，并根据认知心理学对多媒体、多模态学习总结了五个假设，并提出用角色建模语言来构建学习行为模型，从而最终实现知识的建构和学生的主体地位的确立。此外，关注多模态化这一社会符号学的最新研究领域的课题也有很多，如从多模态话语交际框架下讨论现代多媒体技术在外语教学中的作用，元认知策略与多模化在大学听力课堂的使用等。

我国对多模态话语的研究还处于初级阶段，对多模态话语教学与学生学习外语之间的关系仍需要进行深入的研究与探讨。只有不断地探讨与实践，才能推动多模态话语这一社会符号学的研究，用更加成熟的理论来支持外语教学，从而取得更佳的教学成绩。

3. 多模态话语信息认知教学模式

认知心理学强调，学习的过程是知识的构建与理解的过程，是构建意义的过程。学习者通过与他人的交际来掌握知识。“构建意义”并不是让学生空想一个意义，而是让学生在与他人交际的过程中，构建自己所理解的意义。这个过程分为三个部分：第一，在交际过程中，通过视觉、听觉、触觉等多模态方式来获取信息。第二，大脑通过交际过程获取信息，进行意义构建。大脑需要视、听、触、嗅和味五个模态进行内部与外部信息的互动。这五个模态有各自的子模态。模态的感受器有的是外感受器，负责处理与外部互动时进来的信息；有的是内感受器，负责接收和处理来自身体内部的信息。第三，学习者通过学习效果的外部行为表现来获取实践能力。认知学习理论、双重编码理论、生成学习理论、认知负荷理论、多媒体学习理论、协同互动理论等理论的提出，能够使学习者更加深入地理解知识，使教师在选择各种模态时具有理论依据。

多模态信息认知教学模式是三位一体的教与学模式，由信息、认知和多模态三者构成，是一个多模态语篇的设计者（教师）和学习者（学生）互动的过程，其指导理论是认知学习理论。21世纪，大学英语课堂由教师、黑板、电脑、投影仪等组成，学生的学习过程是与上述多模态进行和谐互动、构建意义的过程。教师是这个过程的设计者、组织者和信息的传播者。具体而言，本教学模式以多媒体课堂为教学环境，以多模态为教学手段，以信息为教学内容，以认知能力发展为教学目标。换言之，多模态是教学过程中教与学的方法，信息（主要指语篇信息与非语篇信息）是教与学的内容，学生认知能力发展是教与学的目标。

信息是学习内容，是核心，位于上层；认知是对信息的处理和加工，位于信息的下层。这意味着有信息就需要认知处理，认知能力的发展是目标。而信息的处理和认知方式是多模态的。需要注意的是，学生与教师的位置可以互换，箭头并不是单向而是双向的，学生在某些时候可以替代教师的角色。根据该模式，教师应多模态地教，学生应多模态地学，师生合作进行多模态评估，这种教学理念是多模态信息认知教学模式所独有的。

多模态信息认知教学模式对教师提出了新的教学要求，要求教师教学从教材权威型、知识获取型转向技能训练型、经历体验和资源发展型(认知发展)。

4.教学活动中符合对象认知规律的教学原则

(1)明确指导

在大学英语课堂中，教师要引导学生发现各种符号的内在意义，让学生用多模态方式进行学习。比如，在读写练习中，除了要关注文字外，还要注意排版、颜色、图文搭配和布局，这些在意义构建中都有重要作用；要注意副语言的语调、语气、语速、音高等，它们在传递意义、保持学生注意力和表达特殊含义或情感等方面有重要作用。

(2)多模态示范

在多模态教学中，教师使用多种模态进行意义构建，辅助语言教学，有两方面意义：第一，可以让学生学习教师的多元识读能力和利用多模态进行交际的能力；第二，用多种模态进行师生交际，可以吸引学生的注意力，提高他们的学习积极性。

教师先要选择合适的模态构建意义，使之更容易被学生理解和记忆。另外，更重要的是教师对多模态的协同。协调的多模态在意义构建中相互补充，优化教学效果；不协调的多模态对意义构建有消极甚至抵消作用。

(3)设计情景任务

教师应设计情景任务，给学生运用多模态符号完成任务的机会，从而切实提高学生的多模态交际能力。任务形式可以是课堂报告、演讲或表演等，也可以是课后以网络平台为基础的视频理解、师生互动或学生间协作等。

(4)多模态环境下的多元互动

第一，主体间互动，包括师生互动和生生互动。

课堂学习中，教师通过多模态的选择与展示和学生互动。言语交际时，教师的语调、语气、面部表情、肢体动作等也都传递着重要信息，可能是对学生的鼓励、赞扬、警告或批评。图片或视频等手段的运用可以使课堂变得轻松、有趣，从而使学生更活跃。在制作课件时，教师可以设计一些交流互动式的问题，调动学生讨论或参与的积极性，从而实现生生互动。

在学习和意义表达过程中，学生学习利用多模态符号构建意义，并在课堂上呈现和交流，实现与教师和同学的互动。另外，网络平台中一对一或一对多的师生交流、学生间互动和协作可以激发学生的交际欲望，为多模态交际能力的锻炼创造机会。

第二，主客间互动。

主要指学生与多媒体的互动，包括文本、图像、音乐、视频等。在主客间互动过程中，学生要注意到各符号系统在当前话语意义构建中的作用，并充分调动手、眼、耳、脑等，获取信息，解读意义。在与文本的互动过程中，学生要仔细观察并解读文字、字体、排版、图文布局等传递的意义，从而提高多元识读能力。另外，学生通过与视频的互动可以沉浸在另一种虚拟的环境，体验不同文化、不同场合的交际情境，从而增强多模态交际能力。

主客间互动的一个重要方面是基于网络的人机互动。网络给学生提供了丰富的多媒体、多模态学习资源，学生可以自己操控机器，掌控学习进度，按照自己的兴趣、爱好、学习需求等进行自主学习。

(五)多模态话语理论的运用

语言研究者不但要研究单个模态符号对意义构建所做出的贡献，还要研究多个模态符号相互协同的作用。必须意识到，多模态手段应用于教学过程为课堂教学模式构建了前所未有的多元化教学体系，但运用的模态数量与所取得的教学效果并非成正比例关系。不同的课程内容加上不同的课时，会产生不同的教学目标，在这种情况下，应该选择合适的教学模态进行教学。即使是同样的课程，在面对不同学习水平的学生时，也应该选择与之相适应的教学模态。使用多模态方式进行教学时，教师要处理好每一种模态之间的关系，否则会产生负面效果，影响学生的注意力，干扰学生强化和记忆语言知识点。

因此，教师在外语教学的过程中至少要考虑到三方面：第一，要考虑课程内容、课程难度和课程进程。第二，教师应考虑到自身的性格特点、特长爱好与学生的知识层面和技能结构以及两者的关联问题。第三，教师应结合学校的硬件环境和教学设施等因素。例如，以获得知识和内容为目标的教学，应主要利用讲解、阐述等方法；以实践能力训练为目的的教学，应侧重技能训练等。

1.选择多模态时的四点原则

(1)强化关系原则

主要运用一种模态，其他次要模态对主要模态起加强作用。朗读和解释句子的同时搭配文字说明或图片，对语言起到加强效果的作用，并有助于学生对句子的理解和记忆。

(2)协调关系原则

一个完整概念的表达是多种模态相互联合和交互运用的结果。这并非意味着各种模态之间可以随意地组合，因为各种模态之间并不都是相互融洽的关系，有时还会产生冲突。比如，学生正在聚精会神地阅读某篇课文，如果配以音频或动画效果则会分散学生的注意力，这说明此时文字模态和音频模态是相互矛盾的。

(3)前景化和背景化原则

使用多模态时，必定有一个模态处于主要地位——前景中，其他次要模态则被背景化了。例如，在感受某种音乐节奏的时候，音乐的播放为主要模态，歌曲的作词和作曲的介绍则视为背景，起到配合作用。

(4)抽象和具体原则

当一种模态表达的是一些难以理解的晦涩的理论时，其他模态则提供实际的例子加以解释，使抽象化的理论呈现具体特征，这有利于学生对理论的理解和记忆。

2.运用多模态的目的

有时使用一种模态无法将交际者的真实意思充分地表达，需要其他模态来辅助交际者进行表达，从而使话语的接收者能够理解语言意义的目的。例如，当英语教师在解释同音异形异义词sweet和suite时，仅通过口头表述或声音模态难以区分两个词的真正含义，这时需借助书写或文字模态，让学生直观、立体地感受到这个单词的发音、词形和词意。

3.认知发展需实现的目标

英语教学的最终目标是以后学生的认知能力获得发展。教师在教学过程中应该意识到不同的学习者具有不同的学习风格和认知风格，以及在不同学习者身上所体现的个性差异和不同的发展情况，其包含对篇章信息、非篇章信息的多方面、多角度的感知、认知和识别能力。而上述能力的提高需要借助多媒体教学环境和多种模态的相互作用。

一般情况下，学习风格是个性化的感知和信息处理方式的结合，是学生对学习环境的认知和感知模式。不同背景和学习环境下的学生有着不同的认知风格。学习风格是个体学习者吸收、处理、存储新信息与新技能的自然的、习惯的和偏爱的方式。学习风格可分为认知型、感知型和人格型三种类型。认知型学习风格又被划分为场独立型和场依存型两种方式。教师必须在教学过程中注意每个学生的个性特征和认知风格特征，并利用不同的模态以及相互组合的作用，将其运用到教学的各个环节中，提升和开发学生的认知潜能。

(六)认知过程的分析

对信息内容的感知和识别是多模态的。信息类型的差异将决定选择模态的差异，从而形成认知差异。比如，语篇信息是使用听觉、视觉等模态进行听、说、读、写；非语篇信息则是依靠视觉、听觉等模态进行认知，并通过说、写等触觉模态形式转换为语篇信息。

1.学生主体认知的模式

教师设计和组织的教学内容是学习者认知方面的重要组成部分。在教学过程中，学习者是认知的主体，需要输入和整合教师所提供的如声音或文字模态的信息，其最终目的是使学习者能够对这些信息内容加以理解、消化和吸收，而教师应该关注学生的认知程度和识记效果。从宏观角度来看，影响学习者对信息整合的深度、认知效果的因素有多种，对以学习者为主体的认知模式的分析，教师可以通过调整讲解信息的组织方式和传授方式以及元注意能力的培养等方面提升自身的教学水平。

不同的心理学家和语言学家对人类认知过程的分析呈现出明显的差

异。本书依据不同的模式特点，总结其共性，并设计了学习者主体认知模型。学习者是认知的主体，是一个可以进行信息加工、整合的系统，通过输入、整合、加工、输出信息。

学生主体认知，模式的核心内容是“注意”。“注意”的局限性会影响整个认知进程中的信息整合过程。换句话说，学习者能够在某一个时间段内注意到的信息内容是有局限性的。这种局限性会引发两个问题：第一，教师在进行教学设计时要考虑到学生在课堂教学中是否能够充分吸收教学内容，教学内容是否简单易懂；第二，外部环境的刺激物较多，认知活动较复杂，学生应该关注信息的内容和认知的方式是否适合自己，应该怎样高效地进行认知。第一个问题是教师所讲授课程的内容组织情况与学习者认知的关联；第二个问题是学生在信息接收、加工的过程中应该关注的“元注意”问题，它对认知效果起间接的作用。因此，如何组织信息、传递信息是教师首要考虑的问题。帮助学生提高调节能力和保持好注意力是教师在教学过程中应该注重的方面。

2.教学实践中的信息组织方式

根据上文对学生主体认知模式的分析，教师在课堂上输出的信息应该与学生输入大脑中的信息在理论上是吻合的。其不吻合性的原因呈现多样性，本书未涉及此问题的讨论。教师应将注意力锁定在如何有效地组织讲课内容以及如何挑选合理的授课方式上，使这些精心提炼的信息内容最大限度地被学习者消化和吸收。依据心理学的观点，要对学习者的认知过程作简单的分析。心理学对认知的研究是指人们如何对刺激物进行定义和描述。

通常情况下，学习者有两条信息加工的路径：第一，学习者对事物的认知是由点到面再到整体的，是基于数字信息进行制动的加工模式；第二，用学习者自己原有的信息或知识对当前接收的信息进行加工，这是对概念信息的再加工模式。在实际学习过程中，上述两条路径都是常见的。学习者自身的知识结构、能力水平存在着一定程度的差异，这使学习者加工信息的深化程度和最终所取得的信息加工成效出现一定程度上的区别。作为认知和信息的发布者和传递者，教师应在承认和尊重这些差异性的前提下，尽可能地将所要讲授的内容合理加工成容易被理解的信息，同时注意因材施教。在教学过程中要把握三点才能将传递的信息有效组合：

（1）充分精练、演示认知对象的特点

认知对象可以指某些学习者认为较难消化的知识点，如某个计算系统、某个专家的观点或某个数学定理等。这个原则以强化知识点为主。比如，遇到一个既难理解又容易出错的计算系统，那么我们应该重点把握系统的特点，理解系统输入和产出存在的关系，而不是从系统理论的讲解入手。这就是所谓的先来后到，而且针对特征的深化认知也有利于学习整体化的构建。

（2）已传递的知识点能够为新知识点的介入奠定基础

这种表现模式主要体现在将旧知识中的某些条件更换或某种形式变更这两种情况上。旧知识点和新知识点之间或是一种补充关系，或是在此基础上的提升。例如，在讲授英语教学法的时候，应该突出强调一种教学法是在吸取了上一个教学法的基础上，经过改良而得出的。

（3）最大限度地体现知识点之间的关联

事物之间的关联性是客观存在的、不可改变的，落实到学习中的知识点也是这样的。因为学习者对知识点的学习是建立在自身已有的知识点之上的，它们之间有一定的关联性，对于学习者知识层次的构建、知识的转移和创新技能的提升有着重要的现实意义。

3.激发学习者的“元注意”能力

信息组织方式的不同会导致教学效果的不同。合理的信息和知识点会在很大程度上被学习者接受。同时，针对课上讲授内容的组织优化过程是无止境的。所谓注意，指的是学习者对认知或心理状态的活动的努力方向；所谓元注意，是指认知主体对注意力的注意。从实践的角度来看，“元注意”能力是教学实践最底层的。注意是心理活动对一定对象的指向和集中，是伴随着感知觉、记忆、思维、想象等心理过程的一种共同的心理特征。注意的有限性取决于认知材料的质和量，取决于可以执行的信息任务的类别以及各类信息任务之间的差异度和协同性。换句话说，学习者的认知注意在某段时间内加工和整理的信息是有限的。激发学习者有意识地注意自己的注意力和有意识地限制和控制自己的注意力是非常必要的，其中涉及注意的选择、注意力的监控、注意力的调配以及使注意力变得自动化。从教师的角度列举四点培养学习者元注意的策略。

(1)展示学科内部的趣味性和价值所在

在心理学中，认知的动机与结果之间有直接的关系，这是已经被证实过的事实。评价教育是否成功，取决于能否激发学习者的内部动机。然而，做到这一点并非易事。社会的每个层面对于学习者的学习情况都给予了很多物质层面的利益要求，目的是激发学习者的内在学习潜能，但是效果往往不尽如人意。物质鼓励固然重要，但是学习者对所学知识点的趣味性和价值观的认同更为重要。某些课程的教学目的、任务目标和授课意义都在教案中给予了详尽的描述，但是这样的描述往往都是非具体且晦涩难懂的。因此，学习者很难对此有兴趣，难以激发“元注意”能力，更不能转化为学习动机和潜力。每位教师都应该对学科内部的趣味性和价值所在进行深入探究。有心理学家指出，成功的经验和成功的喜悦有利于兴趣的培养。从实际教学来看，课堂上发言积极、讨论激烈的那些学习者展示了较浓厚的学习兴趣，学习渐渐地变成了一种积极和主动的探究过程，因为自信是建立在成功的基础上的，源于这些学习者已经感受到了成功运用知识的喜悦感，而这种喜悦感让他们体会到了这些知识对他们是有益的，进而激起了他们的学习的热情。因此，在教学实践中，教师应该设法提供给学习者一些成功的案例和较好的实践体会，让学习者感受课程的知识结构带来的成就感和兴趣，从而探究和了解课程的价值所在。

(2)适时地进行心理干涉

学习者的学习过程并不是一帆风顺的，经常遭遇困难和挫败。攻克了这些困难的学习者可以使自己的学习成绩显著地提升；而不能克服这些困难的学习者在学习中容易产生压力，随即堆积焦虑情绪进而厌烦学习，这时学习者的注意力就难以集中。适时地对这样的学习者进行心理干涉是十分必要的。第一，要让对学习产生疑惑的学习者了解学习的内在规律，正确面对学习过程中的“高潮”和“低潮”期，意识到挫败正是下一个“高潮”期来临的暗示；第二，教师应该在适当的时候向学生答疑解惑，启发学生依据自身的思维方式解决困难。心理学家指出，适当的焦虑并不仅是一种不良的情绪，有时还会成为一种学习动力。伴随着焦虑情绪而产生的紧迫感能够使学习者的注意力达到集中状态，且思维灵活、行为稳定。因此，适当地激起学习者的焦虑感是一种有效的教学方法。有一些教学方法，如“激将法”“刨根问底法”就是建立在这样的心理学基础上的。

(3)巧妙运用"设疑—解疑"的讲授方式

在授课过程中，无论从提升学生的注意力还是以信息内容进行深层次加工来看，在恰当的时间和地点提出一些应景的问题是一种常见和有效的教学方式，这也是教师采用比较多的一种授课方式。应该强调的是，提出疑问的方法和时机是值得再思考的。经常性的提问容易使学生产生厌烦和懈怠的态度，而对疑惑的不充分解释会让学生疑惑，不能达到较好的学习效果，同时学生的注意力会被分离。此外，提出疑问的人不能仅局限于讲授者，应该鼓励学生向自身提出疑问且自己找到答案，最后由教师给予充分的诠释。

(4)显露认知过程,建构认知结构

学习过程强调的是"过程"，而不是"结果"，因为学习的过程是学习者对知识探求的一个过程。科学知识都具有一定的认知规律和内在的认知过程。若学生通过充分融入知识的获取过程而对某些认知规则能够深入地识记、加工和利用，那么学生的注意力则会呈现较高的聚集性，对某些学科的感知程度、信息的加工程度也会比较深刻。在教学实践中，教师要充分地显露认知过程并积极地构建认知结构，使学生在大脑中形成对比、链接的关系。通过这种认知活动，学习者自身所储备的信息和资源将会得到高效利用。此外，还可以通过构建学习者的知识结构来完善教学过程。

三、认知理论与多模态英语教学的整合与同构

(一)认知理论

1.认知外语教学法的学习理论基础

(1)学习实质

认知学习理论认为，学习的基础是学习者内部心理结构的形成或改组，学习的实质是学习内容的内在结构与学习者原有的知识结构相互作用的过程。除此之外，该理论还认为学习者的认知能力将会对语言学习产生重要的影响，它要求学习者不能对所接收的知识进行机械记忆和被动接受，而要对所学的知识进行归纳、理解和概括。总的来说，认知主义学习理论主张外语是语言习得者"通过认知技能，对语言素材进行分

类、分析、归纳、推理而习得的”。

如此看来，语言学习有赖于语言学习者认知能力的不断进步，认知法教学要求教师在教学过程中综合考量学生的生理、心理因素及其发展特点。教师对学生当前的认知结构要做到心中有数，明确学生需要构建的知识框架，并根据当前的条件客观、合理地进行教学设计和课程安排。

(2)获得、转化与评价

认知学习理论的代表、美国心理学家布鲁纳提出学习包含三个几乎同时发生的过程：新知识的获得、知识的转化与评价。

在学习知识的过程中，学习者先要对获得的知识进行加工和整理，将其转变成自己容易接受的知识，这些新知识可能与原有的知识相冲突，但是学习者可以通过自身的调整使新旧知识相融合，最终形成自身知识体系的一部分。掌握了这些知识以后，学习者应把这些死的知识转变为活的知识，将其应用到实践当中，在实践中进一步检验、巩固、内化自己所学到的知识，使这些新的知识真正转变为自身的能力。同时，在检验的过程中，还可以对所学知识进行检验，来判定其是否正确和有价值。

认知外语教学同样可以分为三个阶段：语言的理解、语言能力的培养和语言的运用。这就要求教师先筛选合适的语言知识，然后把它们编辑成易懂的方式供学生理解。在传授完这些知识后，教师还要通过一些教学手段将这些知识内化到学生的大脑中，使其成为学生知识结构的一个组成部分。最后，教师要设计一些实践活动，使学生灵活应用过程语言知识，达到熟练的程度。同时，学习者也可以多参加一些社会实践活动，如笔译、口译等活动，在语言学习实践过程中提高自身的语言能力。

(3)学科知识结构

“任何学科知识都是一种结构性的存在，知识结构本身具有理智发展的效力”，这是布鲁纳提出的观点。他认为，学习的重点就是要学习这个知识体系的基本结构，只有掌握了该学科的基本结构，学习者才能从根本上掌握这些知识。因此，教师在授课的过程中应当注意把基本概念和基本原理贯穿于教案，依照科学的结构来安排教学步骤，这种方式符合学生的认知过程，能够提升学生的记忆能力，提高教学效率，促进学生的学习。

在以往的教学中，经常出现违背学科知识结构的情况。比如，在英语学习中，很多教师主张让学生先学习真实的语言材料，从整体上对要学的知识进行把握，然后从基础（如语音、语法）进行详细的讲解。这样的授课方式显然是错误的，因为学生如果没有一定的语言基础，就无法对所学知识有一个全面的理解，很容易对语言知识失去兴趣。正确的做法是，教师对语言内部最基本的语言规则等知识进行讲解，通过有限的语言规则扩充出无限的句子和语篇，这样才符合语言学习的自然规律。

(4)发现学习理论

行为主义认为，“刺激—反应”式的机械学习对学生消化和吸收知识是无益的，也不利于学习者将所学的知识进行应用。所以，在教学过程中，教师不能简单地将知识灌输给学生，应当设法创造合适的教学环境，引导学生发现应学到的知识，这样的教学才会使学生对所学内容印象深刻，提高学生的学习效率。

发现学习理论和传统的听说教学是截然不同的。在传统的听说教学过程中，教师在课前将知识整理好，在课上按照自己的教学步骤进行教学，学生需要做的就是按照教师安排好的教学步骤，机械地、毫无创造性地学习教师已经准备好的知识。在这个过程中，学生的心理结构和认知能力完全被忽视，个体差异性在教学过程中完全没有被体现。发现学习理论则与此不同，它充分重视个体的差异性，懂得每个学生的认知能力和心理结构都是不同的，所以教师在授课中并不为学生提供现成的学习资料，而是让学生充分发挥自己的主观能动性，主动发现语音、语法等规律。

(5)有意义学习

奥苏贝尔认为，有意义学习是指“将符号所代表的新知识与学习者认知结构中已有的适当观念建立非人为的和实质的联系”。与有意义学习相反，机械学习是指学习者采用死记硬背的方式，没有充分理解符号所代表的知识，只记住某些无意义的词句或组合。

认知法是一种有意义学习。这主要体现在两个方面：第一，认知教学法是在充分了解学生的语言基础前提下进行的教学。这就保证了教学资源的难度适中，既不会使学生因为难度太大而产生厌学心理，也不会因为难度太小而无法提高学习者的语言能力。第二，认知法侧重实际语境的作用。学生们所学的语言知识一方面要有逻辑意义，另一方面要有实际意义。所以，认知法要求学习者在学习过程中必理解和把握语言材料，只有在理解语言知识和规则的基础上，才能进行有意义的操练。

(6)学习者中心

认知法要求教师以学生为中心。学习者中心理论要求教师在教学中必须重视学习者认知能力发展和身心发展的规律，把学习者当作完整的“人”看。教师的作用不再是为学习者准备好现成的知识向其灌输，转变成了为学习者创造学习的环境和机会，让学习者发挥主观能动性进行自主学习，如果学生在学习中遇到任何困难，教师再去帮助其解决这些困难。

在传统教学过程中，教师是课堂上的权威，每堂课几乎是从头讲到尾，学生在课堂上没有说话的机会。认知教学法则打破了这种授课模式，教师不再是课堂的中心，成了课堂的组织者，真正的核心是广大学生，他们在教师设计好的语境中灵活地运用语言，也不用再担心犯错误，因为这是语言学习者在认知过程中不可避免的。在这样开放的教学环境下，学生没有了压力，可以更加大胆地练习，迅速地提升了自身的外语水平。

2.认知语言学理论在教学中的应用

认知语言学是研究人的思维、想象、记忆、意志等心理活动是怎样对语言产生影响的，它的中心任务是研究人在习得和使用语言过程中的一些规律。而学习的过程是人的思维过程，从这一点来讲，认知语言学中总结出的规律对外语教学具有重要的参考价值。同时，我们也可以总结学生在外语教学条件下学习语言的心理认识过程及其活动规律，来丰富认知语言学的理论体系。

(1)图式理论在外语教学中的应用

理解的过程就是解码的过程和意义建构的过程。图示理论认为，语言分为语意图示和形式图示。其中，语意图示又可以分为多个小的图示，每个图示都可以被某些单词所激活，因此我们在学习过程中，学生要调动大脑中的各个小图示，这有助于增强对新信息的理解。这一理论对外语教学有着极大的帮助。

第一，对于阅读教学来说，在理解一篇文章的时候，应先了解它所涉及的文化背景知识，这会对学生理解文章有很重要的帮助作用。研究发现，学生对文章的背景知识了解得越多，对文章的形式结构预测得越准确，就越能够更好地理解所读的内容。同时，在处理具体的语篇时，学生也可以通过图示知识对文章进行预测和推理，如学生在阅读过程中可以依据自身的经验去理解自己没有读懂的部分，或者根据自身的知识去设计文章的发展。这样，既可以激发学生的阅读兴趣，又可以增强学生理解文章的能力。

第二，对于听力教学来说，图示理论也具有极大的帮助作用。听力对于广大学生来说是外语学习中的难点。在听力的过程中，由于多种原因导致学生没能理解语篇。此时，如果学生能够借助图式知识，许多问题就会迎刃而解。因为对于一个听力语篇来讲，学生了解的图式知识越多，就越容易理解，就能更多地推测出没有听懂的地方。这对理解听力语篇，增强学生的外语自信心具有很大的帮助。

第三，图式理论对于语法的讲解也有很大的帮助。传统的语法教学就是让学生死记硬背一些语法的规则，这种机械式学习的效果往往不是很理想。而通过图式理论的帮助，就可以很容易对一些语法进行合理的解释，学生也可以免去死记硬背之苦。

(2)表征理论在外语教学中的应用

阅读理解是人类独有的一种认知活动，它不仅包括对一个个句子的理解，更重要的是要将当前加工的信息与先前的背景信息相结合，以形成局部和整体都连贯的心理表征。

表层形式是对阅读文章结构最完整的体现，表层形式将词句连贯成篇，并使衔接性和连贯性得以显现。情境模型是表征最持久的水平，它是一种心理表征，源于阅读文章所描述得如同读者所亲身经历的一种情境。如果在精读课堂教学中很好地利用情境模型理论组织教学，就能让学生更容易地理解和接受课文，并且培养学生丰富的想象力和创造力。

(3)语境理论在外语教学中的应用

语境，是指语言环境，具有广义和狭义之分。广义语境泛指一切语言环境，既包括狭义的上下文，又包括语言本身以外的语言环境；狭义语境是指上述的语内语境或词语语境，即我们常说的上下文。

语境对外语阅读教学有着重要的作用。众所周知，语言的理解离不开语境，如果一些单词或句子离开了具体的语境，我们就不能准确地判断其含义，从而影响对整篇文章的理解。同时，在阅读过程中我们难免会遇到一些生词、难句。如果我们可以借助语境知识进行推理，有些难点就会迎刃而解，这都是语境带来的好处。

(4)推理理论在外语教学中的应用

在外语教学中，推理理论有着很强大的作用。例如，语法教学中需要学生举一反三的推理能力，阅读教学中需要学生进行逻辑推理，听力教学中离不开学生的理解和推理能力。可以说，推理理论贯穿于外语教学的各个方面。

(5)工作记忆理论在教学中的应用

目前，认知心理学把工作记忆解释为某种形式的信息的暂时存储并进行加工处理的过程。其将短时记忆分为三种功能：信息的暂时激活、信息的调控、信息加工容量的限制。需要着重强调的是，在外语教学过程中，工作记忆与语境、图式、表征、推理的作用是同时发挥的，一种作用的实现往往要借助其他几种作用的实施。

(6)隐喻理论在教学中的应用

第一，在授课过程中，教师适当地运用一些隐喻，可以增强课堂的趣味性，这有利于营造一个适合学生学习的授课环境。

第二，隐喻是某些单词一词多义的根源，它可以解释其产生的机制，这对学生掌握单词的不同义项具有极大的帮助。

第三，在一些文学作品中，隐喻是一些语言晦涩难懂的根源，懂得了从隐喻的角度看待一些文学现象，有利于提高学生的文学鉴赏能力。

第四，隐喻可以体现不同民族之间思维方式上的差异，这也是导致语言文化差异的原因。深层次地把握语言上的差距，掌握并运用不同的思维方式，对外语的学习具有重要作用。

(7)相似性理论在教学中的应用

认知语言学认为，自然语言与认知现象处于一种可以相互印证的状态，各自可从对方的迹象中反映自身。因此，语言是对客观世界的临摹，语言的规律都能从客观世界中找到依据。

传统的外语教学受语言符号任意性的影响，认为语言和外在的世界没有任何联系，任何语言都是随意选择的结果。这种理念反映在外语教学中的教学方法上就是，由于语言和世界与人的思维没有任何联系，所有的语言符号、语言规则都是偶然性的产物，所以教师在授课过程中一味地强调死记硬背，严重地违背了人的认知规律，教学效果往往很差。而相似性理论指导的外语教学强调语言符号、客观世界以及人的认知中的同构性，通过发现人的认知、外界以及语言的同构性来学习语言，这种方法能帮助人们了解语言的成因，语言不再是没有任何逻辑的存在，而是一个有意义、有逻辑的整体。这种学习方法与人类的认知规律相吻合，对学生学习效率的提高大有裨益，对外语学习具有重要的意义。

（二）多媒体英语教学模式

1. 多媒体教学特点

（1）融合性

多媒体可以将不同的符号信息融为一体，并实现这些符号信息之间的自由离散和结合。

（2）非线性和无结构性

多媒体符合人的思维的非线性化的信息系统，这种信息系统的结构组合是自由的、可变的。它是在超文本、超媒体软件支持下发展起来的。

（3）可编辑性

多媒体中的各种模态信息都可以通过各种电脑技术进行编辑，方便外语教师随时根据学生的具体情况对授课的内容进行更改。

2. 多媒体教学的基本教学模式

（1）讲授型

讲授型的多媒体外语教学最接近于传统的外语教学模式，即以教师的讲授、学生的接受为主。将其归为多媒体外语教学是因为它不是教师在传统教室对学生进行面对面的授课，而是通过电脑和互联网对学生进行授课。这种授课形式主要应用于远程教学的课程。它的优点是：远程教学可以扩大授课的对象，不限地域、不限时间，让学生自由灵活地学习；通过网络，学生可以方便地向教师提问，教师也可以根据学生不同的情况，对其进行个别辅导。同时远程教学存在着一定的弊端：一方面，它缺少教室中授课的氛围和真实性；另一方面，和传统的教学类似，它也主要是以教师的讲授、学生的接受为主，忽视了学生在学习过程中的主体作用，影响学生的学习效果。

(2)探索型

探索型模式是多媒体教学中比较常用的一种教学方法。在授课之前，教师通常利用网络资源，通过多媒体技术事先设计一套集声音、文字、图片、视频于一体的声文并茂的多媒体课件，这样的课件并不是单纯知识点的集合，而是教师精心设计的一个外语情境，这个情境通常是模拟一个语言场景，学生在这个场景中通过各种模态的帮助了解所要学习的知识，同时教师向学生分配一个具体的语言任务，学生通过所学到的和已掌握的语言知识发挥自己的主观能动性，完成此项任务。在完成任务的过程中，学生可以通过网络的帮助，寻找自己所需要的资源和解决问题的方法。这种外语学习方法的优点是，学生在学习过程中能够充分发挥主观能动性，不但可以更好地掌握语言知识，而且可以学会怎样自主学习，从而为今后的外语学习打下更加坚实的基础。

(3)协作型

协作型教学是由教师布置任务、多个学生共同完成的。协作型模式是指利用计算机网络以及多媒体等相关技术，由多个学生针对同一学习内容彼此交互与合作，以实现对教学内容较为科学的理解和深度的掌握过程。其优点在于，第一，学生的语言认知是不同的，让学生分工合作，有利于学生发挥各自的优势，相互之间取长补短，共同完成学习任务；第二，学生可以通过这种学习方式认识自己的不足，明确今后自己努力的方向；第三，学生可以在学习过程中认识到分享和团队合作的重要性，这对学生的人格塑造会产生积极的影响。

随着网络和多媒体技术的发展，多媒体教学已经广泛地应用于外语教学之中，它与传统的外语教学有着巨大的差异，这就对外语教师提出了挑战。当今的外语教师不仅要提升自身的专业素养，还要精通网络技术和多媒体技术，并能够将其很好地与外语教学相结合，设计优良的多媒体授课课件，更要熟悉多媒体教学方法，从之前的传统式教育向当今启发式教育转变。

3.运用多媒体技术的优势和意义

(1)科学合理地利用多媒体技术,可以提高学习效率

学习效率和学习方法息息相关。学生对知识的记忆是其自身的心理过程和外部环境的刺激综合作用所形成的。传统的教学，方法单一，对学生的刺激不强，学生的心理反应微弱，知识只能在学生的头脑中形成短时的记忆，学习效果并不是很好。与之相对应的是，多媒体教学能设计生动的英语场景，通过各个模态对学生的感官产生刺激，并激活学生大脑，集中学生的注意力，加强学生的记忆。所以，相比传统的外语教学，多媒体教学更能提高学生的学习效率。

(2)有利于培养学生学习外语的兴趣

兴趣是学习的关键，在外语学习过程中只有真正对外语产生兴趣，才会达到最佳的英语学习效果。在传统的英语教学中，教师是教学的中心，事先安排好了一切环节，学生在学习过程中缺乏自主性，只是被动地参与，加上传统英语教学形式单一，因此学生普遍感到学习过程比较枯燥，很容易失去学习的兴趣，很少有自主学习的动力和欲望。多媒体网络技术可以将声音、文字、图片、视频等教学资源有效地结合在一起，让学生在丰富多彩、图文并茂的教学资源中自主高效地学习，提高学习效果。

(3)多媒体技术有利于外语文化教学

众所周知，文化知识涉及的范围广泛，在传统课堂中教师的教具只有粉笔和黑板，因此许多视频、音频等丰富的文化资料难以展现，学生只能对教师传授的知识有一个抽象的印象，没有任何直观感受。在外语教学中，教师不仅要讲授语言知识和传授语言技能，更应该帮助学生了解国外的文化。在涉及文化内容的讲解时，多媒体教学更能发挥其独特的优势。在多媒体课堂上，国外的各种文化知识都可以通过各种模态表达，使学生生动直观地感受不同文化的内涵和魅力。

(4)多媒体技术有利于学生综合技能的发展,提高学生的综合素质

在语言学习过程中，信息的传输主要分为输入与输出两个部分。只有有效地输入，才能很好地作用于学生，使学生准确表达。在传统的外语教学过程中，输入的模态形式比较单一，信息输入的有效性较差，不

利于学生听、说、读、写、译等各项技能的综合发展。运用多媒体课件，可以解决这一问题。多媒体课件可以提供多种模态形式的输入，增强信息输入的有效性，使学生的英语技能得到综合发展，全面提升学生的学习效率。

4.存在的不足

多媒体教学有着传统教学方法无可比拟的优势，但也不是没有任何瑕疵的。比如，随着互联网的发展，学生可以很轻松地获得各种类型的资源，但是这些资源良莠不齐，并不都是对学生有用的信息，有的资源甚至会影响学生的身心发展。这就需要外语教师为学生把关，筛除不良信息，对学生进行正确的引导，帮助他们选择网络资源中的有用信息。因此，我们应该清楚地认识到，多媒体教学不可能完全取代传统的教学模式，如果想要在外语教学中取得良好的效果，需要将传统的教学方法与多媒体教学相结合，两者取长补短，这样才能取得事半功倍的教学效果。

第二节　基于多模态话语理论的高校英语教学模式构建

一、多模态话语语境下高校英语教学模式构建

（一）多模态话语语境微课教学模式

1.微课的含义

微课，即微课程，这种教学方式是由美国教师于2008年秋首创的，方法为一分钟课程。此种方式在我国被称为“微课”，是指按照新课程标准及教学实践要求，以教学视频为主要载体，反映教师在课堂教学过程中针对某个知识点或教学环节而开展教与学活动的各种教学资源的有机组合。具体而言，它是以教学视频为主要呈现方式，对教程进行细化、拆分，将知识点、练习题、疑难问题、实验操作方法等与教学有关的资源单独作为一个重点教育单元，利用多媒体制作成3—5分钟（最多不超过10分钟）的短小视频，然后利用直观的教学方式将其

讲深、讲透的一种教学方式。

2. 微课的特点

微课，顾名思义，即微小的课程，形式短小、内容精练、主题突出、追求实效。微课有四个主要特点：主题突出，指向明确；资源多样，情境真实；短小精悍，使用方便；半结构化，易于扩充。微课与传统教学方法相比，具有八个方面的优点。

(1) 教学时间短少

每节视频只有3—5分钟，最长不超过10分钟，符合学生的生理、心理特点和认知规律，相比传统的40或45分钟教学，更有助于集中学生的注意力。

(2) 教学内容精悍

微课将传统课堂上笼统、宽泛的授课内容进行拆分，并针对课程中的重点、难点、易混点等某方面内容单独讲解，内容短小精悍，有利于学生逐项把握。

(3) 教学形式新颖

传统课堂采用单纯讲授的形式，学生容易厌倦。微课的设计与视频、动画、网络媒体相结合，采取形式新颖的形式，有利于增强对学生的吸引力。

(4) 教学资源广泛

不仅课程讲解中的重点、难点、疑点问题可以单独做成微课，实验的操作方法、说理的辅助证据等均可以做成微课的形式，资源相当广泛。

(5) 教学使用便捷

以往的教学，教师上课时要携带教科书、讲义等教学用具，如果利用微课的形式，只需简单操作便可完成，甚至可以事先录制完成而不必在课堂讲解。

(6) 资源容量较小

微课视频及配套辅助资源的总容量最多在几十兆，完全可以将其下载保存到终端设备（电脑、手机、上网小本等）上实现移动学习。

（7）制作简便易行

微课制作方法尤为简单，只需常用的电脑软件即可完成，最常用的是制作PPT影像，并加注录音讲解即可，还可以制作flash动画等，简便易行。

（8）实现反复学习

传统的教学方式，学生无法对所有知识点全面掌握，往往出现“囫囵吞枣”现象，但微课是可以下载的课程设计，便于学生反复学习，深入理解。

3.微课的应用前景

微课在教学领域的出现，已经深得广大教师的喜爱，深受广大学生的好评，随着时代的发展，科技的进步，各类软件的推陈出新，教育水平的不断提高，以及学生求知欲望的不断增强，微课作为一种新颖的教育模式，必定会得以迅速而强势的发展。原因在于，第一，微课设计与应用必将受到教育行政部门和各类院校的关注，并将这种关注作为一种导向，从而激发这种教育模式的深入发展，促使教师学习、掌握制作微课的方法，将微课教学模式广泛应用于教学；第二，网络应用平台、软件开发商也会看到微课模式的广泛运用，将会增大其商机，必会更加致力于平台的搭建和软件的开发运用，这将为广大教师制作微课提供有力的资源保障；第三，教师将更加喜爱此种教育模式，因为微课制作简单易行，资源丰富，自然现象、教育故事、授课经验、经典书目等，不论是何种素材，均可用于微课形式呈现，此外，其时间短的特点也使教师在备课过程中能够更加集中精力；第四，学生的求知品位、审美观的增强，也必将促使教师更加积极地寻求更好的教育模式，微课所展现的新颖性、时尚性、丰富多彩性等特点，使广大教师会期待将其广泛运用于教学。

微课作为一种教育新模式，尽管前景很好，但在其发展过程中，我们也应注意把握四点：

第一，应以教育内容为核心，用更好的形式来展现。微课，尽管微小，但内容作为主核心，主题必须要突出，而不能为了顾及学生喜好，过多地注重形式的体现，否则将会本末倒置，使此种教育模式失去教育意义。

第二，要注重统筹规划，整体推进。微课教育模式的普遍发展，离不开教育部门和院校的统筹规划。当前的微课制作，仅停留在教师单独完成，制作方法简单、内容泛泛，这就需要进一步统一模式、统一培训、统一比赛，在统一的大背景下再追求教育方式和教育风格的特色。

第三，要建立健全微课管理系统。微课要实行统一管理，教师制作完成后应上传到系统，经审查后方可在课堂中运用，同时，要增设浏览、阅批、下载、标注、共享、链接等功能，方便管理者对微课实施管理，方便教师对学生学习情况进行了解，方便学生及时下载学习。

第四，应加强对微课运用的引导。微课，毕竟是教育方式方法之一，尽管深得学生喜爱，但运用微课形式授课的综合实效性还有待于进一步研讨。比如，学生已经通过微课的形式理解了零星的知识点，但对于课程的综合掌握是否全面，这就要求院校在推广微课教学时加以引导，不要因为过于追求新的教学模式，而忽视教育整体水平下滑的后果。

总之，对于微课这种新颖的教育模式，我们只有严格地推广运用，合理地加以引导、把关和控制，才能发挥其最佳的效用。

4. 大学英语微课模式探究

微课的发展与应用能够充分利用多模态话语语境的理论，为其自身提供理论依据。高校英语微课内容构建于语言技能和学习内容的框架，就某个典型技能和内容进行针对性的微型学习。高校英语的授课对象是非英语专业的本科生，该课程是大学素养课程中的必修课程。目前，绝大多数学校会对刚入学的新生进行入学考试，按照成绩打乱原有班级的束缚，重新编班；这样带来的问题是学生来自不同专业，却在同一时间共同学习英语课程，教师在统一授课的过程中，只能尽量照顾到大多数学生的学习情况，无法针对每一个个体进行单独辅导。因此，通过课程组教师共同备课，根据个人的优势，制作多模态微课，让各个专业的学生根据自己的需求，在课下进行自主学习，弥补课上教学遗漏的地方，才能真正做到教学为学生服务，以学生的需求为组织一切教学活动的出发点。例如，教师要求学生就某一话题写一篇议论文、书信或者记叙文，教师认为在课堂上已经讲解了具体的要求和步骤，作业任务就比较容易完成了。然而，学生在课下做起来却十分艰难。因此，除了课上讲解，还需要教师进行课后跟进。可以在微课中手把手地教学生写作。微课的内容中图、文、音等多模态共存，是学生喜闻乐见的学习模式，在玩中学习，大大提高了学生的学习兴趣，是积极有效的第二课堂。教师会根据本学期学生的程度，对作文的具体要求及写作步骤在微课中详细讲解。例如，各类文体的格式、写作议论文的要领、写作书信的注意事项和写作记叙文需要注意时态、人称和数的变化等。相对而言，在国外的课程教学中，不管什么科目，教师都会布置大量的课外阅读，或是自己独立完成，或是以小组的方式完成。教师会布置学生做各种摘要，上课进行讨论，尤其是小组阅读，每个人负责不同章节，大家汇总各章节的摘要，这就需要小组成员的摘要有一个相对稳定、固定的模式及语言表达、篇章结构。有些留学生会抱怨在国内学习过程中，中国教师不注重摘要写作，却让他们练习了大量四、六级作文模式。这不仅是留学生的困苦，对毕业就业的学生来讲也有同样的困惑。在学习和工作中，总结能力非常重要，我们的英语课文结构清晰，非常适合摘要写作。如果教师能够课上通过讲解，课后通过有效的微课进行辅导，相信目前中国学生十分缺乏并有待提高的摘要写作会得到提高，并对他们日后的工作、学习产生长远的影响与帮助。

高校英语学习的基本技能有“听”“说”“读”“写”“译”五项。在这五项技能中“听”和“读”是“输入”（Input）语言知识信息过程；而“说”“写”“译”这三项语言技能是语言知识信息中的“输出”（Output）过程。

当前，以移动设备为载体的微课受到越来越多业界人士的认可。技术的成熟与普及是目前微课设计新颖与否的重要影响因素。微课使用者通过自己的移动终端机，按照不同需求选择适合自己的微课。为了更好地推广微课技术，为教师提供更多的相互学习的机会，全国上下，从小学到初中到高中到各级高校，教育组织机构组织了各种微课比赛。比赛能够促进微课的更快发展，为教师相互学习提供平台。值得注意的是，现在一些民办教育机构已经在网络上开发了有系统的微课，学习者可以通过付费的方式参加课程学习。然而，这是面向部分受众的微课。教育资源共享是我国的教育方针，使教育的优质资源达到共享，使相对落后地区的学生能够享有优质的教育资源，是教育平等的集中体现。

（二）多模态话语语境“3-Class”教学模式

根据目前我国的教育体制和计划安排，普通高等院校大学英语为必修课，学生完成基础课程的学习并修满学分即视为通过。但从学生完成学业的效果看，部分学生尽管能够修满学分，但是对英语知识的掌握和对英语的应用能力却未能达到培养目标要求。为了弥补此项漏洞，使学生学有所得、学有所用，教师可以尝试“3-Class”高校英语教学模式。

3-Class，是Before-Class，In-Class，After-Class的缩写，是一种将课前、课中、课后在时间上有效衔接、在内容上有机结合的全新立体式教学模式。其结构为：Before-Class阶段，教师应做好精心准备，将与备讲课程相关的内容，尤其是重点、难点知识，作为预习任务提前下达给学生；学生应认真预习，按教师要求高标准、高质量地完成预习任务，为顺利进入下一阶段学习奠定基础。In-Class阶段，即教师授课阶段，教师将单元知识讲给已经做好课前预习的学生，让学生更加充分理解和掌握知识。该阶段为3-Class教学模式的核心环节，要求教师充分备课、熟练精讲、精神饱满、务求实效。After-Class阶段，教师应根据本单元所学知识，为学生提供课后拓展补习资料，对课后学习情况进行跟踪、指导、评价。在落实3-Class教学模式时，务必做到周密设计、精心组织，切实达到有效衔接、有机结合的立体化、全方位推进的良好效果。

3-Class教学模式，形式新颖，创新性强，互动良好，极大地提高了学生的学习兴趣，增强了学生学习的主动性。第一，课件内容源自教材却又高于教材，利用高科技条件，分单元设计，实现了形式新颖的创新教学模式。第二，教学设计方面，熟练运用任务、情景等多种教学方法，增设模仿、猜谜、连线等情节，互动效果极佳。第三，课件包容性强，内容丰富；运行顺畅，不会出现“死”“卡”“慢”等现象；运用操作也快捷简便。第四，课件界面布局合理，颜色搭配协调，动画设计新颖、活泼，视觉效果好，符合教学风格，能够满足学生学习心理。

尽管多媒体课件方式教学已经普及，但对大学英语教材进行多模态话语分析，并利用高科技手段实现多模态化教学却是教学法研究的新领域，也是我们高等院校、大学教师需要探讨的新课题。

（三）多模态话语语境高校英语翻转课堂教学模式

1.翻转课堂定义

翻转课堂（F1ipped Classroom 或 Inverted Classroom），是指教师将所授课程录制成视频资料，供学生课前预习，在课堂上教师不再详细讲解课文而仅答疑解惑的一种翻转传统的教学方式。翻转课堂的方式最早是由美国科罗拉多州的两名高中教师为缺勤的学生补习而尝试采用的，后被推广。翻转课堂的实施，是对课堂教学方式的重大变革，《环球邮报》《华尔街日报》等各大主流媒体都曾对这种教学模式给予过专题报道，相关教育专家也纷纷给予其高度赞赏。

传统的教学模式为，学生在课堂上听取教师授课内容，课后进行复习、巩固，以加深理解、全面掌握。翻转课堂则翻转了传统的教学方式，它是教师在课前先以视频方式录制好授课资料，让学生用于课前学习；课堂上，教师仅对学生的预习情况进行检验、指导、答疑和互动交流，使学生在课堂上完成传统课后的任务，实现学习知识的前移，从而全面掌握所学内容。

2.翻转课堂理论背景

翻转课堂是信息技术在教育中的全面运用。随着信息产业的强势发展，计算机和互联网技术已经日益成熟，信息技术的应用也越来越广泛，其进入教育领域也属必然。据资料统计，当前，互联网、多媒体等技术已普及了所有大学，基本普及了中学，相当一部分小学也已经运用。翻转课堂是利用信息技术发展教学的一例典范，它使教学时间、空间不再仅限于课堂，方式也不仅限于“教与学”，而是借助于信息技术，通过计算机和网络信息平台，使学生可以随时随地、不限时间、不限次数地主动学习，课堂则成了深入探讨、相互交流之地。翻转课堂的教育模式，符合我国深化教育改革的整体规划，符合我国当前的教育形势。

翻转课堂的实施更加符合正常人的认知规律。人的生理特点决定了人的认知是有一定规律的，即先接触、产生直观印象，然后慢慢理解、逐步掌握，最后再进入巩固、提高阶段。传统教育模式将重点放在了课堂教学，即理解和掌握阶段，却忽视了准备工作即预习。教师开篇即讲，因为没有经过接触阶段，部分理解能力弱的学生无法实现对课堂所学内容的全面理解和掌握，课后若再不及时复习，势必会出现没有良好掌握学习知识等现象，并且由于学习脱节，最终会越来越与知识脱节，这也是许多学生对学习失去兴趣和动力的原因。翻转课堂的实施，弥补了这项缺陷；它让学生通过网络视频等方式在学习平台上先行预习，即接触、产生印象，然后课堂上通过教师指点，学生即可顺利达到全面理解和掌握的程度，课后的复习也将更有助于学生对知识的巩固和提高，这完全符合正常人的认知规律，使教育更加科学化、效率化。

3. 翻转课堂"翻转的内容"

翻转课堂对传统的教学模式是一次彻底的颠覆。传统的教学模式是"课堂讲授+课后复习"，翻转后的模式为"课前预习+课堂指导"。这样的翻转，看似简单，实际意义深远。传统教学，不论教师还是学生都将全部精力放在课堂上，属于集中时段学习；而翻转课堂模式则将师生的精力分散开来，学生课前预习会投入很大精力，课堂上学习就更容易接受知识，而教师则将全部精力投入课堂，用于答疑解惑、启迪新思想。这将使教学效率大大提高，远远超越传统的灌输式教育模式。

理论是用于指导实践的，实践也将反作用于理论，翻转课堂教育模式的实施即是如此。教师有了教育理念的转变后，便于促进实现翻转课堂教育模式；反之，此种模式也能够促使教师转变教育理念。传统教育理念认为"温故而知新"，便出现了教师反复讲解的局面，而翻转课堂教育模式的实施，则使教师更多地关注学生，应该掌握哪些知识、要求掌握到什么程度，而不再过多地思考课堂上应该讲哪些知识点。这是一种时间的前移，是一种方式的转变，更是一种理念的飞跃。

传统的教育理念认为：教师的角色就应该是教，学生的角色则应定位在学，教不明则学不精，教师是主角，学生是配角。翻转课堂的实施，将教与学的主配角色作了改变，利用信息技术支撑的翻转课堂，使学生具备了课前学习的条件，提高了自主学习的意识，变成了学习的主角；而教师则从繁重的教学任务中解脱出来，把更多的精力用在了答疑解惑、指导学习、开展交流和深入研讨上，变成了学生的配角。角色的转换，增强了学生学习的主动性。

传统的学习方式是强压式的"要我学"，而翻转课堂的实施将有助于向"我要学"的方式转变。这是因为随着信息技术的快速发展，人们将信息技术应用于大学英语教学，实现了教学内容、方法和工具的巨大飞跃。翻转方式的实施，保证了学生宝贵的学习时间，而利用网络等工具则保证了学生的学习空间，同时信息技术的时代性也将使学生对翻转课堂这种学习方式产生浓厚的学习兴趣。翻转课堂的实施不失为一种教学方式的重大转变。

4. 翻转课堂教学模式

此模式根据课上的学习内容及技能培养的方向确定学生自主学习的内容。教师通过课前对要使用的多媒体辅助自主学习软件的设置，可以满足不同语言能力的学习者的需求，一般根据班级学生学习的具体程度可设置为level 1、level 2、level 3三个层次，学生在课后可自主进行选择，真正实现翻转课堂的功能。同样，在课后的自主学习内容的设置上，教师也要充分考虑课上无法完成的练习部分，把这部分内容也搬到课后自主学习的翻转课堂。通过练习，教师找出学生们出现问题的共性部分，在课上教学中加以强调，以便更好地完成教学目标。翻转课堂的自主学习过程，教师是可以步步监控的，选择优质的英语学习软件，通过软件提供的项目，如日学习时间、周学习时间统计、任务完成情况、与教师沟通情况等，教师能够更好地检查学生课后学习的情况，这种监控是以往的教学模式和教学手段无法实现的。

任课教师将翻转课堂学习情况在课堂教学的过程中做阶段性总结，并对学生存在的共性问题在课堂上解决并进一步巩固，保障课上课下的同一性；对个别性问题，教师可以进行课下的个性化指导。英语课堂上经常进行的“头脑风暴”（Brainstorm）活动，在课堂上进行将会浪费大量的时间，而且在学生没有任何心理和知识输入的情况下进行“头脑风暴”，效果并不是很理想，因此“头脑风暴”这部分活动完全可以提前在自主学习平台上发布上课要进行的任务，让学生在有准备的情况下，到课堂上进行此项任务，这样既能够节约课堂宝贵的时间，又能够更好地让每个学生参与到与本单元主题相关的各项活动中。翻转课堂上提供的影像资料，有的比较难理解，教师可以在课堂上对部分内容进行讲解；通过座谈了解，学生对翻转课堂中的视频、音频学习内容很感兴趣，但他们反馈，希望得到教师在课上的讲解及帮助。教师对这部分的处理的方式：根据需要可以给学生写出summary、outline或details。

经过自主学习、课堂学习的阶段，学生的单元任务基本完成，但整个学习过程并没有完成，仍然需要课后巩固，保障学习效果。课后的巩固学习共分两部分：第一，教师布置的课后学习任务；第二，学生根据自己的学习情况进行的查缺补漏。课下巩固的主要环节之一是单元测试，通过多媒体辅助教学软件，可以对语言学习的各个技能进行检测，并给学生做出反馈及对错误题型给出同类型的再次测试，教师在网络平台可以随时为学生提供学习指导，更好地发挥教师的主导作用。在课下巩固这一环节，可以设置一个学生学习的反思部分，让学生对学到的知识进行梳理，对尚未熟练掌握的技能有所了解，在下一个阶段的学习中继续努力，通过不同阶段学生的自我反馈信息，学生对自己整个学期的学习做出个人的形成性评价。

5. 翻转课堂的创新性

英语教学引入多模态的课程资源有其独特的优势，语言学习本身就应该是多模态并行的，以往英语教学的问题主要出在听说上，这个问题的产生是多方面的：会受到当时教学理念的影响；受到师资水平的影响；受到听力材料单一、教学模式单一等诸多方面的影响。多媒体环境下的英语学习是具有跨时代意义的，尤其对提高学生听说能力技能有很大帮助。整合名校的课程资源，通过网络学习平台共享给更多学生，可以真正实现教育资源的配备合理。

课堂教学对象的大众性，使教师无法全面地照顾到每一个个体。个性化学习是根据学生个人的实际情况和实际需要进行的，指在教师指导下的自主学习。多媒体课程资源提供大量可选择的数字化学习内容，比如，学生甲写作不好，那么他可以注册登录批改网，自主写作文，批改网就给他语法、词法和句法的指导；学生乙听力不好，他可以在课程资源网上从最基本的听力内容开始自主练习；学生丙阅读吃力，同样，他可以利用课程资源网寻找个性化的、个人感兴趣的阅读内容进行学习。

教师对学生学业的评价，在传统上基本都是总结式评价。近些年，教师在评价体系中多参考形成性评估，一线教师的课堂记分册经常记得密密麻麻，每次课堂活动情况、出勤情况、作业情况和考试的卷面情况等都被记录在案。那么，如果将翻转课堂的学习作为形成性评估的一部分，监控学生翻转课堂学习的完成情况呢？网络条件下的评价会减轻教师的监控任务，软件可以提供学生学习的各项指标，并提供定量定性分析。

计算机网络平台下的自主学习能够帮助学生养成良好的“定时定量”的学习习惯。无论是小学生还是大学生，除了自律性极强的学生外，自律性一般都比较差，而通过多媒体辅助和相关学习软件的配合使用，能够对学生学习的完成情况进行监控，还有的软件可以设置提醒功能，到了设置的学习时间，软件会自动提醒学生进行学习，以帮助学生养成自我管理的良好学习习惯。

6. 多模态话语语境高校英语实践课教学模式构建

为适应社会对大学毕业生英语水平和应用能力的要求，大学英语教学模式的改革势在必行。应以历年来大学英语教学中的大改革为指导思想，探索大学英语课程的实践教学模式改革。在任何学科的教学过程中，都不能缺失对学生文化素质的培养，任何以牺牲对学生文化素质培养的教育都是失败的，在英语教学过程中，教师尤其要注意到这一点。英语教学可以涉及丰富的知识内容，为学生的个性发展提供思维空间，充分发挥学生在教学过程中的主体作用。英语实践模拟课能够大大提高学生学习的自觉性，充分发挥学生学习的主动性，增强学生的参与意识和竞争意识，使学生全程参与到英语学习的全过程中，即预习、学习和复习的各个环节，大大提高学生学习的连贯性和学习效率。如何在完成规定教学任务的前提下，给学生更多实践语言的机会，对于提高他们的语言应用能力至关重要。在英语实践教学改革过程中，教师可以充分利用语言学习软件和网络平台，让学生在模拟的实践教学环境中轻松学习英语并扎实地应用英语。在英语听力课程中，依托优质的教学软件，教师可以和学生充分互动，把传统的大学英语听力课演绎为一堂堂生动的、学生积极参与的英语视听说课程。

同时，开设实践模拟课对于教师业务能力和教学方法的提升能起到推动作用。这个领域需要英语教师长期关注，该模式对未来大学英语教学会产生深远影响。

以一节大学英语视听说课程为例，来说明应用软件在视听说课程中的实现：

授课对象：大学英语课程学生。

课程目标：锻炼学生英语听说能力。

课程时间：四十五分钟。

课程流程：前十分钟为听语音部分，听力内容可以为对话或篇章。然后，利用听力软件，可以让学生进入两两对话模式，让学生对于所听到的对话进行回顾与发挥。在这一模拟的实践中，让学生充分体验说英语的乐趣。这两部分大概共需二十分钟的时间。接下来学生会进入有声有色的短片欣赏时间，用大概十分钟播放中英字幕的趣味影片，比如电影片段中的经典对话节选和TED演讲等内容。通过这一环节让学生学到最实用、最地道的英语。在剩余的十五分钟里，便进入学生最喜欢的分角色表演时间，学生模仿剧中人物，模拟生活中的场景，进入真正的语言使用环境。这样，教师和同学们共同合作完成了一堂精彩的英语课程，教学效果非常好。通过电影我们可以有效扩大学生与英语亲密接触的机会，从而促进英语教学的广度和深度。

多项研究及实验表明，依托优质教学软件的大学英语听说能力教学，效果远远好于其他读、写、译等技能的训练。在这里，教师和学生都可以充分发挥其主观能动性、积极性、创造性，学生可以通过自主学习的形式完成听力任务并提高听力水平，高效省时地完成原本耗时低效的教学任务。通过教学软件的使用，可以为学生呈现最形象和最真实的英语学习和应用画面，让学生在学的过程中使用英语，在使用英语的过程中提高语言能力，使语言就是交际这一语言教学目标得到最大限度的实现。

大学英语实践教学是实践语言教学从知识型过渡为实用型的必经之路。目前，众多高校相继缩减，甚至取消了大量大学英语教学课时。有的大学在学生一年级时设立两个学期的大学英语素养或基础课程，即传统的大学英语，在第三学期和第四学期学校为学生开设大学英语提高或延伸课程，学生根据自己的需求每学期选修一至两门提高课程或专业英语课程。大学英语实践教学能够促进语言教学的可持续发展，因此能够满足社会需求的大学英语教学模式应运而生。可以说，通过创设大学英语实践教学模拟课，依托优质软件及网络的大学英语实践课符合英语教学从认知到应用的转变，在教学实现过程中，可以极大程度地将科技与教学结合，让英语课堂得到最大限度的扩展，让教师的潜力得到最大限度的发挥，让学生的学习兴趣大幅提高，让人才的可用性达到最大化。结合学生专业特色，教师自主设计大学英语实践课程等丰富多样的大学英语实践课模式，为培养大学英语实用型人才奠定了基础，提升了大学生的就业能力和大学在人才教育方面的主体作用及影响力。

7. 多模态话语语境下体验式英语教学模式构建

(1)体验式英语教学模式的概念

体验式英语教学模式，指的是在大学英语教学中，以学生为主体，以教学任务为主线，以计算机、网络信息、多媒体技术为依托，让学生通过具体体验的方式来了解和掌握语言，并将其与实际紧密结合，从而将其运用到实践当中的一种大学英语教学模式。该种教学模式，以传统教学模式为基础，增设了课前设计、课堂真实情境体验、课后指导练习等环节，是教育改革的一种创新尝试，是适应现代大学英语教育的一种全新体验。

(2)体验式英语教学模式的基础

学习是个认知的过程，通过观察、聆听、接触等方式收集和处理外部信息，可以逐步达到理解和掌握知识的程度。体验式教学，将处理信息的方式再加一道环节，即增加自主体验，通过体验提高学生自主学习的能力，增强学生学习的主动性，从而建立以学生为主体的新的教学模式。该模式的建立符合人的认识理论，对培养学生自主学习、积极参与、勇于实践等方面的能力大有益处。以学生为主体的体验式高校英语教学，必须要有适合学生体验的环境基础，而以计算机和网络信息技术为支撑的教学手段能够有效弥补传统教育的不足，为体验式高校英语教学创造良好的环境基础。信息技术所提供的多模态模式，有利于激发学生的学习热情；它创设的直观环境，有利于增进学生的学习兴趣；它载入的丰富教学资源，有利于增长学生的阅历和知识。教学的方法决定教育的成败。传统教育注重的是“教”，而体验式英语教学模式重视的则是“学”，体验式高校英语教学，通过改变侧重点和主体的方式，能使学生在学习过程中，通过完成任务、扮演角色、交际交流等方式，实现情感体验、角色体验，从而培养学生开展英语实践的综合能力。

(3)体验式英语教学模式的优势

通过真情实景和具体运用，使学生理解、掌握学习内容，从而学会如何运用，而不仅仅是孤立地学习某种语言。这种教学模式以实际应用为原则，呈现了当代英语教学模式的新思路，值得大力倡导。充分利用现代的计算机网络和媒体信息技术，以此为载体开展的教学，有效地提高了学生的听、说、读、写和实际应用语言的能力。充分培养学生自主学习的意识，变“要我学”为“我要学”。通过主体转变，大力培养学生的主动性、积极性思维，以切实地达到培养目的。

全面贯彻体验式教学原则，既围绕课文又不局限于课文开展课堂设计。第一，完成好课前素材的准备，教师在备课时要收集大量的语言、文字、故事、地理等与课程相关的素材，将这些素材以多媒体课件形式予以体现，便于学生开展自主课前学习；第二，在课堂上教师要当好导演，充分调动学生的积极性，发挥好情境作用，让学生体验好每个角色，教师及时有针对性地开展点评，便于学生把握和提高；第三，安排好课后练习任务，学生根据教师布置的任务，结合课堂体验的感触，完成相应的练习，以使所学知识和技能得以巩固和提高。同时，要注意充分利用计算机和网络现代信息技术，特别是运用好网络这个载体，鼓励教学形态多模态化。在硬件建设方面，搭建和完善信息网络平台，创设自主学习中心；在软件建设方面，充分运用多媒体技术，开发、制作大量品质精良的多媒体学习资料，创设优美的网络自主学习环境，促使学生产生浓厚的自主学习兴趣，为学生利用信息技术学习提供条件，将学习延伸到课外。

传统教学方法是“讲解—复习—运用”，以讲为主；体验式教学则是以学生自主学习为中心，故而应充分发挥好任务驱动的作用，使学生通过完成任务达到熟练掌握新知识的技能。根据教学目标和任务要求，在教学过程中，充分设计丰富多彩的活动，采用游戏、互动、交流、辩论、角色扮演、情境表演等有效方式使学生多体验、多感触，以提升学生强烈的参与意识并培养积极主动的学习心态。根据现代评估理论的要求，对于大学英语教学的评估，应该既对教学过程进行评估，也要对达到的结果进行评估，所以应将评价与体验式教学有机结合，方能达到教学目的。建立多方面、多角度、多手段、全方位的评价系统，将教师的教学与学生的自学结合起来评价，设置课程设计、课前学习、课堂参与、课后作业等评价内容，采取打分式、讨论式、反思式、互评式等评价手段，及时总结经验，不断提升体验式教学效果。

体验式高校英语教学模式，是当代教育改革的创新形式，是适合于大学英语教育的一种全新教育模式，该教育模式的充分实施，将会有效提高学生自主学习的主动性，有效激发教师课程开发和设计的积极性，符合大学英语教学的总体目标，符合培养大学生的根本目的，必将为培养新时代的大学生发挥巨大作用。

二、基于认知理论的多模态话语理论英语教学模式

（一）当代认知理论与教学思想的融合

1. 当代认知理论

认知心理学是以信息论、系统论、控制论、计算机科学和心理语言学为基础，采用信息加工的观点解释人的认知过程，其给许多心理学分支尤其是教育心理学带来了巨大的影响，在当前的心理学思潮中占据主导地位。同时，认知心理学以其丰富的研究成果逐渐形成了自己独有的内容体系，一切对认知或认知过程包括感知觉、注意、记忆、思维和语言等的研究统称为认知心理学。这门科学以信息加工为核心，将人脑与计算机进行类比，所以又称为信息加工心理学①。

认知心理学中的信息不同于信息的经典概念，也就是我们日常所说的音讯或消息，也不同于现代计算机科学中数据和文本两类信息的概念，认知心理学中的信息是指认知主体从环境刺激或决策与选择中得到的表征。一类信息源于外部环境的变化，环境的数据或资料的增减会通过主体感官引起主体感知信息的变化，据此分为视觉信息、听觉信息、体觉信息、空间和时间信息等；另一类信息源于认知主体长期经验所积累的知识储存，这些知识作为信息在存储或提取过程中有不同的表征形式，分为描述性知识和程序性知识，前者是关于事物及其关系的知识，包括对事实、规则、事件等信息的表达，可通过口头语言或书面语言描述出来，后者是关于完成某项任务的行为或操作步骤的知识，难以描述，只能在个体操作过程中表现。认知过程就是指信息输入、编码、储存、提取、输出的加工过程。其间，主体大脑内不断进行着编码和解码的信息加工，这一程序从简到繁，低层次的感知觉信息可以流向高层次的知识表征或导致运动和动作意向的决策信息；高层次信息包含着低层次信息，例如记忆信息的过程分为信息的获得、保持和提取等不同的子过程。信息流的动力学原则表现为信息加工的阶段性，同时信息加工还指变换信息的表征形式及其阶段性变换。加工方式通常分为两类：一类

①马丽芬.高校英语多模态教学理论的解构与重塑[M].北京：中国原子能出版社，2020：144.

是自上而下的加工和自下而上的加工；另一类是串行加工和并行加工。

认知心理学发展到近二十年出现了一个新的研究课题——元认知。美国著名儿童认知心理学家约翰·弗拉维尔在对儿童记忆能力的研究中提出了元记忆的概念，并以此为基础进一步演化出元认知理论模式。他对元认知的定义是：元认知是认知主体为完成某一具体任务和目标，根据认知对象对认知过程进行的主动监测、调节和协调的过程。通俗地讲，主体大脑中的认知加工活动并不是简单的输入和输出，而是随着知识经验的积累和成熟，人们逐渐了解并学会了控制它们，这就是元认知。但是，关于元认知概念的界定心理学家各持己见。有人认为，元认知是跳出一个系统后去观察这个系统的认知加工；有人认为，元认知是明确的专门指向个人自己的认知活动的积极反省的认知加工过程；但多数人认为，元认知是对认知的认知，是个人对自己的认知加工过程的觉察、自我评价和自我调节。

按照弗拉维尔的元认知理论模式，元认知由元认知目标、元认知知识、元认知体验、元认知监控四个部分组成。其中元认知知识、元认知体验和元认知监控三者构成了相互依存、相互促进的关系。第一，元认知知识是元认知监控和元认知体验产生的基础。第二，元认知体验可以激活和修正元认知知识，也可以监控和调整元认知策略的使用。第三，恰当的元认知策略的使用能够通过增强元认知体验来充实现有的元认知知识。

随着跨学科的发展，当代认知理论不断渗透到教学领域，形成一种新的认知教学思想，这对于促进学生素质的全面发展、提高教学效率具有重要意义。

2. 认知教学思想

传统的教学受行为主义影响，侧重以结果为中心、以教材为中心和以教师为中心。行为主义认为，教学过程涉及的因素只有两个：第一，教育者的教学操纵；第二，学习者的结果操纵。前者是指呈现给学生的刺激特点和强化方式，后者是指学习者对刺激材料所做出的反应，两者都是外部可观察的事件。教育心理学的任务为研究教学操作对结果操纵的影响方式，并探讨二者之间的关系。同时，行为主义认为、结果操纵由教学操纵决定，这种观点完全否定了学习者自身素质、学习方法等内部因素的作用，把学习者看作消极被动地接受外部环境的强化，因此也就导致了传统教学思想上的误区。当代认知理论不仅重视教学操纵和结果操纵等外部事件间的关系，更重视外部事件与内部事件间的联系，而且注重研究内部的认知过程和结构如何影响教学操纵和结果操纵间的关系，不同的教学方法怎样影响认知过程的结果，从而影响学生的外部行为表现，把教与学结合在一起，既重视教师的教，又重视学生的学。认知派教育心理学家的研究目标集中于教学环境和学习者的特征如何相互作用，从而导致学习者的认知能力增长。因此，认知教学理论包括三个主要论点：加工过程论、认知结构论、学生中心论。

(1)加工过程论

认知心理学把人脑的功能类比为计算机的运行程序，认为认知过程即信息加工过程。认知理论关于教学的研究，主要探讨不同的教学方法如何影响学生的认知过程，从而影响学生的学习结果，而不像行为主义那样仅限于研究教学操纵和教学效果的关系。经典研究表明，认知加工过程是影响学习效果的直接因素，不同的学生，听同一位教师讲课，或是阅读同一篇课文，由于学生思维的加工水平不同，理解不同，学习效果自然也就不尽相同。教材、教学方法和奖惩措施只是影响学生学习效果的间接因素。

在加工过程论思想的影响下，认知策略和学习策略的研究日益受到重视。加涅认为，认知策略是指学习者调节自己的内部注意、学习、记忆与思维过程的各种技能。布鲁纳把认知过程视为最重要的教育目标，认为确定信息加工的阶段和顺序，有利于建立合理、准确的学习模型和总结有效的认知加工策略。弗拉维尔提出的元认知概念不断渗透到教学领域，使认知教学策略不断深化。元认知策略涉及个体在运用一般认知策略时，对必要的计划、监控和调整进行自我调节，是运用认知策略不可或缺的重要组成部分。弗拉维尔将认知性策略分为两类：具备性缺陷和应用性缺陷。前者指学生缺乏认知策略，后者指学生不知如何使用已有的认知策略。这就要求教师在教授一般的认知策略时，应及时讲授元认知策略，使两者形成自然的延伸，教会学生如何有效地控制、调节自身的学习活动，以取得良好的学习效果。

(2)认知结构论

当代认知理论不仅重视认知过程，而且重视认知结构，加工水平的深度是认知结构的一个重要方面。根据奥苏泊尔的观点，学生有意义的学习就是把新知识和原有的知识联系起来，并把新知识纳入学习者原有的认知结构。他说："富有意义的新思想是通过把它们归类到一个已存在的认知结构中去才被学会的。"加涅认为，学习者必须能够进行信息加工，将理解的刺激转变为有组织的网络结构，而且要具有加工深度。言语信息是要被结合到一个较大的命题结构中才能被学会的，加工水平越深，学生对知识的理解越深刻，掌握得越好。学生头脑中的知觉表征方式是智力活动的结果和认知方式的体现。认知结构与教材的知识结构不同：

信息的表征方式不同。主体头脑中的知识多以语义方式简约表征，以直观方式储存，而教材中的知识主要通过语言文字来表述。布鲁纳将儿童的认知图式划分为动作表征、形象表征和符号表征三个水平，认知理论认为信息在大脑中的编码可在不同水平上产生。

信息的构造方式不同。头脑中的知识是非线性的，具有一定的层次网络结构，信息在头脑中的构造方式因人而异，专家倾向于依据高级原则组织知识，而初学者则依据表面特征以零散、孤立的方式储存知识。

知识的完备性不同。教材中的知识是完备的、系统的，而头脑中的认知结构在遗忘规律的作用下常出现漏洞。传统的教学方法相对注重教材的知识结构和逻辑结构，而当代认知理论则重视认知结构的研究。研究学生头脑中认知结构可为改革当代教学方法提供科学依据。布鲁纳强调课程应偏重于学科的结构。他说："不论我们选教什么学科，务必使学生理解该学科的基本结构。"同时他也给出了阐述这一观点的四点理由：教给学生学科的基本结构可使学科更容易理解；把知识放进构造得很好的模式里面更容易记忆；学习一个模式，有助于理解可能遇到的其他类似的事物，是通向适当训练的迁移大道；学科结构能缩小高级知识和初级知识之间的差距。

(3)学生中心论

认知教学理论强调认知因素直接影响、决定学习结果和效率，认为已有知识或认知结构是学习的必要条件，如果没有预先存在的、可利用的、清晰的认知结构就不会产生有意义的学习。学习时学生必须善于把新知识纳入已有的认知结构，进行深水平语义加工，才能理解和掌握新知识。因此，认知加工深度和策略是决定要学到什么的充分条件，教材、教法、环境条件和社会影响等外部条件都是影响学习的间接因素。既然学生的学是决定学习结果的直接因素，那么学生主体作用的发挥就成了当代教学的重要问题。认知教学理论受人本主义心理学的影响，提倡学生主体、教师主导或教学活动双主体，提出了学生中心的口号。这对传统教学思想提出了挑战：第一，这一理论在创造学习的外部条件时以主体内部的认知规律为前提，从某种意义上说，教师的教之所以重要是因为它能影响学生的内部认知过程，即引发学生有意义学习的心向，启发学生进行深水平加工，改进和调动已有的认知结构。第二，这一理论改变了传统的教师主宰天地的教学方法，侧重于集体讨论法，这有助于激发批判性思维和对学科材料的深入理解，提高对新学知识的解释、推理和运用能力，而且对学生的态度和价值观以及后来的行为表现都有积极的影响。第三，认知教学理论树立了教学目标新观念，认为将学生培养成为独立、自主、高效的学习者才是最重要的教学目标。

3.认知教学思想的理论价值

当代教育面临一个重要问题：促进学生素质的全面发展，应该怎样安排教学，即如何促进发展？教育界所提倡的“学生主体、教师主导、发展主线”的三主说恰当地阐明了学生的地位和作用，教师的地位和作用，教学目标和任务的辩证关系。当代认知教学思想为解答如何促进发展的问题提供了新的观念和技术，这一新型发展观可概括为新的知识观、新的学习观、新的方法观三个方面。

认知教学理论强调知识的重要性，但这并不是说头脑中积累的知识越多，解决问题的能力就越强。有时即便头脑中具备解决某个问题所需要的全部知识也不能保证问题得到解决，此时的问题就在于头脑中存储的知识表征不当，组织得不好，进行实际应用时无法提取。现行教科书中遇到的问题基本上都属于知识丰富领域，这些领域问题的解决涉及大量专门知识的应用。传统的教学容易导致知识僵化，而认知教学方法可使学生在大脑中储存知识时将所学知识与该知识应用的触发条件结合起来，形成条件化知识。知识在头脑中是以层次网络结构表征的，加强上下层知识结构点间的连接，能够非常顺利地进行从具体到抽象和从抽象到具体的动力传递。在此方面，专家与新手的知识表征存在差异，专家头脑中的知识按层次排列，关注的是问题结构，新手则会采取水平排列，知识之间是孤立和零散的，更多注意问题表面细节。认知心理学重视另一种特殊的策略性知识，即更多地与学科知识有联系的思维策略知识，知识在头脑中的表征只有做到条件化、结构化、自动化和策略化，才能形成良好的认知结构，才能在解决问题过程中有效地提取和应用这些知识。

认知心理学理论的发展观认为，发展意味着信息加工能力的提高，儿童对信息输入的选择、编码、储存和提取方面的能力不断得到提高，而信息加工能力的发展离不开信息（知识）的作用；认知结构的发展既是发展的表现，也是发展的动力。这一观点使皮亚杰理论受到了质疑。皮亚杰认为，幼儿期儿童的思维是自我中心的，前运算阶段的儿童缺乏守恒能力，但实验证明，儿童头脑中已有的有关知识会影响儿童的守恒能力、推理能力和非自我中心的思维能力。认知教学理论的发展观对儿童的发展持更加乐观的态度。认知属于心理过程的范畴，认知策略可以较快地传给学生知识，较易积累，而智力属于个性的范畴，个性是相对稳定的、难以改变的，因此儿童发展的可塑性很大。皮亚杰把儿童心理发展划分为不同的阶段，认为不到时机的训练徒劳无益。认知心理学家则认为，儿童的发展只有顺序性、渐进性，却不存在阶段上的时间限制，心理能力的发展呈现螺旋式循环发展的轨迹。同时这一理论强调教师的责任，当学生某门功课差时，任课教师应勇敢地承担起学生知识上查漏补缺和方法上有效指导的责任。教育心理学家认为，帮助后进生的最好方法是帮助他们学会学习以提高效率。当学习者发现某种新知识与自己已有的知识矛盾时，就会产生认知不平衡，并由此引发紧张和焦虑。一旦新旧知识建立了联系，紧张和焦虑感则会解除，由此产生一种轻松、愉快和满足的情绪体验，这种积极的情绪体验对认知动机起到强化作用。因此知识的获得能加强学习动机，知识越多的人越求知，学有所得，学而无厌。

认知教学理论强调教师要向学生传授关于如何学习和思维的策略并以此推动智力和非智力因素的发展。这一理论还强调认知加工和结构是影响学习效率的直接因素，两者的结合表现为将新旧知识联系起来从而达到深水平加工的目的。这种联系的实现依赖于学生学习时运用的组织策略，此策略分为群集法和纲要法，前者是一种对学习材料进行归类整理便于记忆的方法，主要用于回忆之类的学习任务；后者是掌握学习材料纲目要点的方法，学生对教材纲目的掌握，不仅有助于回忆细节，而且有助于创造性解决问题能力的提高。

认知理论与教学思想的融合，使当代的教与学获得了新的含义，这对于提高教学效果，促进学习和思维，发展学生良好的心理素质，实现教学目标具有重要的理论价值。

（二）三位一体的多模态高校英语课堂教学的构建

多模态教学的过程是教与学的互动过程，其中主要涉及教师使用哪种模态来教和学生使用哪种模态来学两个方面。实现课堂教学的关键因素是教师的教，而课堂教学的最主要目的是让学生有效学习。因此，在设计多模态教学过程中一定要遵从一定的原则，从教与学两方面促进学生的学习效果。此外，我们还要对多模态教学进行有效评估、总结和反馈，进一步改善教学方法，促进学生学习。

多模态信息认知教学是由多模态、信息和认知三位一体的教学因素构成的。在该教学模式中，多媒体课堂是教学环境，多模态是教学手段或教学途径，信息便是教学内容。其中信息包括两类，即语篇信息和非语篇信息。该模式中的认知是指对信息的处理和加工过程。由此我们可以看出，培养学生的认知能力至关重要。所以，良好的认知能力便成了教学要达到的重要目标之一。信息的处理和认知手段是多模态的。在这一教学模式中，教师应多模态地教，学生应多模态地学；课堂教学结束后，双方应进行多模态的评估。这便是多模态信息认知教学模式，它要求教师依照教材提供的内容设计。组织多模态教学，对学生进行多模态知识传授、多模态技能训练、多模态经历体验。在向学生传授知识的过程中，教师要设法通过运用多种模态教学手段去传授语言知识，使学生有效地了解和习得要学的知识。教师的主要教学任务是帮助学生理解其所学的知识，并把知识记牢。因此，其主要教学目标就是运用一切可能的多模态手段来帮助学生理解和记忆所学知识。在这一教学过程中，主要活动可以包括演示、讲解、问答、讨论等，待知识传授完成后进入下一阶段，即多模态技能训练。该教学过程可以获得演示、模仿和操演等技能训练。多模态技能训练过程主要以“做”为主，它是帮助学生掌握一定技能的必要手段。知识传授只是技能训练的辅助教学，教师应设法通过各种模态手段帮助学生进行实践训练，直到学生能够较为熟练地应用所学知识。多模态教学的最后一阶段是经历体验，其教学目标是帮助学生获得所需的交际能力，应把该教学过程看作一种经历，让学生参与实践。这种教学理念旨在让学生亲身经历和参与交际，切实地培养学生的交际能力，让学生在实践中亲身体会所学语言的实际功能。特殊用途英语多模态教学的主要目标不仅涉及传授学生特殊用途英语语言知识和相关的社会文化知识，也涉及培养学生获取所需的相关交际技能，从教学的途径上讲，由于教学目标的综合化，教学的构架也应呈现综合化，在交际语境中实现话语的手段综合化。

1. 教师的多模态教学

(1)高校英语教学中多模态选择原则

根据系统功能语言学的语境理论，情景语境包括话语范围、话语基调和话语方式三个方面。在英语教学中，这三个方面分别表现为教学内容、师生特点和教学条件。教学内容是指所教授课程的知识领域、难度深度以及所要培养的学生的听说读写译等基本技能，是课堂教学要实现的首要目标，也是制约模态选择和教学方法选择的主要因素。比如，听说课使用的主要模态是听觉模态和语言模态，还可以增加与教学内容相关的视频或图画，或者由教师设计一定的身体姿态来调动学生的视觉模态。教师的个人特点、教学理念和学生的水平及个性差异也同样制约着具体教学模态的选择。因为教师是实现课堂教学的主导因素，所以教师的教学理念和个人兴趣起关键作用。例如，从教师与学生的关系上看，如果教师认为学比教重要，就会侧重培养学生的实践能力，而不是把教材当作圣经，这样一来，学生就会成为课堂的活动主体，教师则会注重调动学生使用多种模态来强化、提高多方面的语言能力；相反，如果教师认为教比学重要，就会利用课堂上的大部分时间进行教材的讲解，学生的主要任务就是听讲，那么他们课堂学习过程中使用的主要模态相对而言就会比较单一。教学条件包括教学环境和教学设备等客观因素。目前，现代化教学设备已经比较普及，教师可以通过多种模态呈现教学内容，不过这对教学设计的要求也更高了。

基于以上三方面，教师在英语教学中要相应考虑三点：第一，话语范围，即教授的内容、深度、长度等；第二，话语基调，即教师的性格、特长等和学习者的知识及能力结构等，以及二者之间的关系；第三，话语方式，包括硬件设施、教学环境等。如：针对知识获取型的教学目标，教师主要采取解释、说明等方式；针对技能训练型教学目标，教学过程以训练、行动为主等。这三方面对意义的建构会起到重要的作用。

有了这些做基础，我们便可以考虑具体模态的选择问题了。模态选择的原则是以模态选择的动因作为基础的。为了取得更好的教学效果，教师要尽量选择多种有效的措施和方法，特别是技术手段；但从经济的角度讲，模态的选择则是越简单越好。所以，教学模态的选择是在最优化和最简单化的矛盾之中进行的。但从两者的先后顺序上讲，最优化原则是首选原则，这就解释了为什么虽然运用现代技术不仅昂贵而且非常复杂，而很多教师却还是尽力选用最先进的多媒体技术作为教学媒体。这样，我们可以把获得最优化效果作为总原则，即：充分利用现代媒体技术，最大限度地表达讲话者的意义，取得最佳效果。在这个总原则指导下，还有相互联系的几个原则：有效原则、适配原则、经济原则。

有效原则是指选择任何一个模态的前提都是要取得更好的教学效果，避免出现某个模态的无效使用，或者某一模态产生的负面效应等于或者大于正面效应。例如，用多种模态来解释同一知识或事物能够强化学生记忆，但这样也会分散学生的注意力。如果这个负面效应过大，就会使其效果在整体上是零，甚至是负的。这样使用这种模态组合就是多此一举。

适配原则是指在选择不同的模态时，要考虑不同模态之间的相互配合，以获得最佳搭配为标准。例如，几个独立的模态各自都可以产生很好的正面效应，但组合在一起则可能会发生无法相互配合，而是相互之间发生摩擦，从而降低总体效应的情况。例如，在英语展示活动或口语课中，口头讲解和角色扮演都是行之有效的教学方法，但如果教师非要将二者混合在一起，在角色扮演的过程中强行加入讲解，这样就会影响角色扮演对学生能力的培养，产生不了应有的效果。

经济原则通俗易懂，就是表示选择模态时越简单越好。有效原则和适配原则都有各自的次级原则。有效原则包括工具原则和引发原则。工具原则是说在教学中，用某种模态为教学主程序提供便利，如提供真实语境等。虽然英语课堂不是真实的社会交际环境，但多媒体技术可以为其提供尽可能真实的语境；如将图像、录像、声音等作为教学的实际环境，可使教学接近最佳效果。利用从真实交际场景中得到的录像材料作为英语教学的学习材料，学生会了解和认识真实语境的实际情况，获得更加具体的语境知识：或者将其作为交际对象，让学生与录像中的交际者在录像提供的语境中进行交际。发展现代多媒体技术的一个最基本的理念是多模态交际。它可以使受话人通过多通道获得信息，比单模态话语更容易使受话者理解和记忆；如PPT可以通过视觉和听觉提供文字、语音、图形、图像、录像等形象，即使多模态出现或者不适当的模态搭配可能会影响效果，也不影响别人讨论它的使用。另外，如新视野大学英语视听说教材中，编者为每单元的Speaking out部分提供了三段视频，不仅能让学生听到原汁原味的英语，更能对每个对话的背景有深切体验。如此一来，学生在编写相应对话过程中能够将所学的交际用语运用得更加灵活，也能掌握得较为牢固，增强了语言实际运用能力。引发原则表示现代技术还可以从内部提供动力，使学生发自内心地愿意从事这种活动，把外因转化为内因。具体方法有很多，在此仅举一些简单常见却非常有效的例子：第一，提供特殊的东西、大的东西、颜色艳丽或者浓的东西，因为这些东西更能吸引人们的注意力。这就是突出事物，把事物前景化。例如，教学中在PPT画面上用艺术体、黑体、大体字，可以使文字突出；在文字中加上图片更能吸引学生的注意等。第二，提供美丽、怪诞、幽默的东西，因这些东西更能引起人们的兴趣，提高学生的参与度。所以，在教学中，用现代技术提供美丽的图片、幽默的简笔画、秀丽的环境介绍等事物，都可以使学生积极参与，注意力集中。第三，提供有挑战性的环境或对抗的环境、幽默的环境，因为这些环境可以激发人们参与的热情，如提供一些有一定难度的破解题、谜题，描述一个对抗的语境，或者提供一项交际任务等。

适配原则的次级原则包括强化原则、协调原则、前背景原则、抽象具体原则。强化原则表示在同时选用两个或以上模态时，一般是一个为主模态，另一个对它进行强化，使传递的意义更加突出。协调原则表示不同的模态联合或交叉使用时，各种模态之间要相互协调，还原人类社会交际的本来面目，一种媒体不能独自完成的交际任务可以由其他媒体来补充。例如，我们在讲一个语境依赖性强的对话故事时，如果没有图画，学生会觉得不知所云。但是如果我们配上图画就很容易了，而且还可产生幽默感等附加效果。但我们要注意，联合或交叉使用并非指多种模态任意地结合或交叉，因为模态间也会形成相互排斥和抵消的关系。比如，学生在做快速阅读或限时阅读时，如果在PPT中插入flash动画或背景音乐，会与文字内容冲突，分散学习者注意力。前背景原则表示，在同时选用两个或以上模态时，其中的主模态处于前景中，其他模态为它提供背景信息。在英语教学中，口头交际显然都是处在前景中，由其他模态提供背景。例如，一场戏剧开始时，演员开始说话前和说话中会出现背景，提供事件发生的时间、地点、环境，还可以包括人物等。或如在介绍奥运会会歌时，作词、作曲等介绍的书写模式为主模态，对音乐的播放则背景化了，起辅助作用。抽象具体原则表示在同时选用两个或以上模态时，一种模态来表达比较抽象、概括、偏僻、理解难度大、深奥的道理或结论等，用另一种模态来提供实例、说明、关系等使理解更加容易。例如，在谈论龙时，在中国人头脑中出现的形象是中国雄伟荣耀的、代表皇帝的龙。而如果我们说的是西方的龙，如果不加说明，也会在中国听众中产生相似效果。用文字说明就需要很多的话语。但用图形方式表现则十分容易理解，因为根据图像本身人们就可以明白，西方的龙是邪恶的化身。

(2)多模态高校英语教学中教师角色的培养

在多模态教学模式下，教师要从主导角色转变为引导角色，主要精力要放在自我提升和辅助指导上面，课堂则要充分留给学生。

那么教师如何做到自我提升呢？在多模态教学中，教师要先精心准备课本知识，并进行课外拓展，掌握和了解所教授知识的重难点，明确教学目标，根据课程内容选择合适的教学模态。同时，教师应对学生进行深入了解，掌握他们的实际英语水平、具体的英语输入和输出等方面的情况，根据他们的课堂语言反馈及时调整教学策略，因材施教。此外，教师要熟练掌握多媒体技术，可以采用PPT教学，并充分利用网络资源和学习软件，通过电子邮件、QQ、微信公众号、微博等网络工具，与学生展开交流；教师还应掌握音响、摄像等技术，能运用各种视听手段，设计真实的、针对性强的、具有可操作性的任务并构建多模态教学模式。如此教学，就能突破时间和地点的限制，由课内延伸到课外，从而激发学生的学习兴趣，调动其积极性。至于教师的辅助指导角色，在多模态教学中，教师的主要任务是帮助学生辨识各种符号及其意义，并指导他们利用各种符号资源建构知识，增强其对各类文本的批判能力，以获得新知识。教师的辅助指导主要体现在：

合理设定小组。教师要根据学生的背景、知识和经历合理划分学习小组。学习小组的划分要有助于每个组内成员积极主动地参与到学习过程中，并能够彼此协助支持以提高学习效率。

进行积极明确的指导。教师应引导学生积极进入情境，分辨各种多模态资源并辅助他们独立思考和探索。例如，可以组织学生小组讨论或辩论等，引导和激发他们主动去解读各种符号资源并建构意义，使学生用语言描述事物，提出自己的见解，并与小组成员交流讨论，以实现知识的扩展和强化，从而提高学习效果。

进行合理评价。教师可以鼓励学生进行反省思考，并与同伴互相交流，根据自己的背景知识、文化体系，对所讲的内容进行评价和批判性解读，让学生采用个人陈述或辩论等多种形式，展示他们对同一语篇的不同理解，同时教师要对学生的表现做出合理的评价，这样就可以提升综合英语教学效果，实现学生的自主学习，提高其知识应用能力。

(3)基于多媒体技术的多模态教学模式

课件演示模式，是指教师通过使用教学课件开发程序或工具，把英语教学中要传授或涉及的教学内容制作成多媒体教学课件，并将其通过多媒体投影设备呈现给学生。这种教学模式在学生较为集中的情况下比较方便使用。

课件演示模式的特点：

课件制作过程简单。制作课件的前提是教师明确教学的目的及要求，熟悉课程内容，准备好所需的信息资源。可以利用的工具有很多，最常见的是PPT，通过该程序，教师无须花费很长时间，便能将某个单元课程需要涉及的文字、图像、声音或视频等多媒体英语教学信息整合安排，最终制作成课件。

教学信息量大，教学效率高。教师在课前事先制作好的多媒体课件包含有各种形式的教学内容以及大量与教学内容相关的资料，还包含适当的教学设计以及电子板书。所以，相对于传统的课堂教学活动，教师在教学过程中能够更多地调动多种教学素材，如此一来，不仅能调动课堂气氛，使课堂活动活泼、充实，还可以节省很多原来用于写板书的时间，从而有效地提高教学效率和效果。

第五章　高校英语生态理论与教学方法研究

第一节　课堂生态的整体架构

一、课堂生态的构成

（一）课堂生态的主体

教师和学生作为课堂生态的生命体，又被称为课堂生态的主体，课堂环境常被称为课堂生态的客体。“但由于课堂生态的首要任务是促进学生发展和成长，因此学生又是课堂的主体，从这种意义上讲，它应该在课堂生态中处于首要位置。但由于学生是发展中的人，是需要教育和培养的，通常情况下，和教师相比，学生个体处于相对劣势位置。”

1.教师的课堂生态角色

现代教学论认为，随着教学方式的变革、信息技术的发展和教育本身的发展，教师的角色也发生了一系列变化。课堂教学的本质属性是教师的价值引导和学生自主建构的辩证统一，这就要求教师从当代教育发展的趋势出发，树立以学生发展为本、以学生为主体的现代教育教学理念，转变自己的教育教学方式，培养具有多元化知识结构、乐学会学、具有创新精神和实践能力的人。

（1）学生学习的引导者、参与者和合作者

在传统课堂中，教师作为知识的垄断者，拥有对知识的分配权和教学方式武断权。随着网络时代和信息社会的到来，知识不断更新换代，教师不可能是知识的垄断者。正如《教育—财富蕴藏其中》一书所讲，教师要从“独奏者”的角色过渡到“伴奏者”的角色，从此不再主要是传授知识，而是帮助学生去发现、组织和管理知识，引导他们而非塑造他们。这就要求教师改变传统教学中学生消极被动地接受知识的状态，把教学视为学生通过自主活动主动建构学习意义的过程，使学生真正成为知识的建构者。同时，教师要改变单向传递知识的教学行为，坚持在“做中学”，教师不再是传统教学中教学过程的控制者、教学活动的支配者、教学内容的制定者和学生成绩的评判者，而应是学习环境的设计者和学生学习自主活动的引导者、组织者和指导者。为此，教师要对教学方式进行变革，把自主学习、合作学习、探究学习作为学生学习的主要方式，在教学过程中为学生的学习提供资源和环境的保障，提供学习的课题，帮助学生制订适宜的学习目标，组织学生的学习，为学生指点迷津；要激发学生的学习动机，培养学生的学习兴趣，调动学生的学习积极性，了解学生的感情和想法，引导学生对学习过程形成积极的情感体验；还要研究学生，研究学生内在的知识结构、生活经验及社会文化背景等因素，研究学生的思想状况、行为习惯、认知策略和自我调控能力，以指导、帮助和促进学生的自我建构，使学生充满生机和活力。

(2)学生人格的培育者

学生的品德、能力、性格、潜能和兴趣的发展，在价值上已经超越了知识的学习。因为学习型社会内在要求知识的积累不是唯有学校或者唯有通过教师才能获取。教师的角色职责应该从单纯的知识灌输转向关注学生整体人格的发展，教师的工作除了教书以外，更为重要的是教学生做人，让学生有一个健康的、美好的心灵。当今，德育问题心理化成为一种趋势。它告诉我们，学生的很多问题并不是品行问题，而是成长过程中的一些心理问题。因此，教师应该是学生的心理保健医生，维护并促进学生的心理健康。教师要善于走进学生的心灵，使学生正确认识自我，排除心理困扰，预防心理疾病，形成坚强、自制的意志品质和完美人格，促进学生的心理健康发展；在学生的人格发展过程中，教师还应该是一个积极的培育者，应该善于了解学生的兴趣，发现学生的潜能，发展学生的能力，培育学生健全的性格，养成学生良好的品德。课堂教学中，教师要竭力为学生创造一个自由、竞松、愉悦的心理环境，使学生获得良好的情感体验；教师健康的精神状态、良好的师德、坚强的意志、开朗的性格、敏锐的洞察力，既是课堂生态环境的一部分，又对学生有很好的感染和促进作用①。

(3)自我专业发展的实施者和教育教学的研究者

在后现代课程观念的影响下，教师在课堂上的职责将会是越来越少地传递知识，越来越多地鼓励学生思考，教给学生学习方法和激励学生追求真、善、美。教师在构建生态课堂的过程中，在促进学生发展的同时，使自己成为自我专业发展的实施者和教育教学的研究者。生态课堂不仅仅是学生个性张扬的空间，也同样给教师提供了专业发展的平台。在构建生态课堂的过程中，教师要充分发挥自己的教育智慧。新课程要求教师成为孜孜不倦的学习者、教育教学问题的探索者和研究者、先进教育教学理念的实践者。教师通过对自己的教育教学行为的反思、研究和改进，实现自我发展和自我完善。教师要在打造生态课堂的过程中了解、审视、评价、研究自己的学生，反思和研究自己的教育、教学过程和方法。当教师以“思考”的目光审视校园，以“探究”的姿态从事教育，以“反思”的襟怀走进课堂时，教师无疑就具有了“研究者”的特质。正如苏霍姆林斯基所说：“如果你想让教师的劳动能够给教师带来乐趣，使天天上课不至于变成一种单调乏味的义务，那你就应该引导每一位教师走上从事研究这条幸福的道路上来。”

(4)学生活动的组织者

以往，教师作为高高在上的管理者，或多或少有这样的观念：学生是不懂事的，生来就需要大人管，教师和学生的关系是管与被管的关系，而不是平等的关系；服从管理的是好学生，不听话的是坏学生。然而，就是这样的“管理”培养了一批批平庸的“标准件”。新课程要求教师成为引导学生主动参与的组织者。这里所说的组织者好比谈话节目的主持人，而不能像维持纪律、不断施加压力的监工。作为主持人，教师的首要任务是要营造一种接纳的、支持性的、宽容的课堂氛围，创设能引导学生主动参与的教育环境。研究表明，80%的学习困难与过重的压力有关，解除这些压力明显有助于学习效率的提高和创造潜能的开发。当学生处于轻松愉快的状态时，视觉、味觉、嗅觉、听觉、触觉就更灵敏，记忆力会大大增强，联想也会更加丰富，学习效率会大大提高，学习潜力可以得到更大发挥。对教师来说，是否能够为学生营造宽

①赵艳芳.基于课堂生态视角下的高校英语教学[M].长春：吉林人民出版社，2020：30-31.

松愉悦的成长环境，比自身的学识是否渊博更为重要。当然，宽松并非不要纪律，不要学校管理准则和行为规范。教师要在营造宽松愉悦的环境的同时，让学生成为能够对自己的行为负责的人。要让学生参与制定制度、参与管理过程、参与评定过程，使学生产生责任心和使命感，使学生从他律走向自律，从自律走向自觉、走向成熟、走向成功。

2. 学生的课堂生态角色

课堂生态系统中，学生的角色与传统的课堂是不同的，他们不仅是求知者，还是知识的主动建构者，是学习的主人，是课堂教学活动的主体因素。他们与教师课堂环境相互联系、相互作用、相互影响。他们不仅是环境的适应者，还是环境的制造者和利用者。

(1)知识的建构者

建构主义学习理论认为，知识不是通过教师传授得到的，而是学习者在一定的情境（即社会文化背景）下，借助他人（包括教师和学习伙伴）的帮助，利用必要的学习资料，通过意义建构的方式获得的。学习过程不是学习者被动地接受知识的过程，而是其积极地建构知识的过程；学习不单是知识由外向内的转移和传递的过程，更是学习者主动地建构自己的知识经验的过程，即通过新经验与原有知识经验的相互作用，来充实、丰富和改造自己的知识经验。也就是说，学习的结果不是学生接受了知识，而是学生个体知识经验得到了改组。学生在教学情境中并不是被动地接受或服从，而是在已有的经验基础上，对来自外部的教学影响的主动建构。所以，教学不能无视学习者的已有知识经验，而应当把学习者原有的知识经验作为新知识的生长点，引导学习者从原有的知识经验中生长新的知识经验。教师应重视学生对各种现象的理解，倾听他们对时下各种现象的看法、他们这些想法的由来，并以此为据，引导学生丰富或调整自己的解释。学生是教学活动的积极参与者和知识的积极建构者。因此，在生态课堂中，学生主动进行知识意义建构的过程，是教师讲授所不能替代的。学生通过这种主动的知识建构，获得新的知识和技能，形成对世界的新理解，使自己的潜能、天赋、创造力得以发挥，情感得到熏陶。

(2)同学的合作者和探究者

生态课堂要求学生转变学习方式，进行自主学习、合作学习、探究式学习。自主学习是基于学生对学习的内在需求，在学习中表现为“我要学”“我能学”，是一种高尚的学习品质，是一种自觉行为，是一种精神的愉悦；学生有内在的独立学习愿望和独立的学习能力，我们要充分尊重学生的学习独立性，培养学生的独立学习能力。合作学习是指学生在小组或团队中为了完成共同的任务，有明确的责任分工的互助性学习。合作学习有利于培养学生的团队精神、团队意识和凝聚力，能弥补一个教师难以对有差异的众多学生进行有针对性教学的不足，从而真正实现每个学生都得到发展的目标。探究学习是通过学生自主、独立的发现问题、实验、操作、调查信息搜集与处理、表达与交流等探索活动，获得知识、技能，特别是促进探索精神和创造能力的发展的学习方式和学习过程。探究的过程是开放的，它注重学习过程中获得丰富的学习体验和个性化的创造性表现。在生态课堂中，学生不仅作为同伴的环境，影响学生的学习，更多的时候是他们自主学习、直接合作、探究学习，这也符合生态课堂的宗旨。《基础教育课程改革纲要（施行）》明确指出：“改变课程实施过程过于强调接受学习、死记硬背、机械训练的现状，倡导学生主动学习、乐于探究、勤于动手，培养学生搜集和处理信息的能力、获取新知识的能力、分析和解决问题的能力以及交流与合作的能力。”

（3）教师专业成长的参与者

生态课堂的生长性要求每位教师都成为学者型、研究型教师，教师要准确把握任教学科中学生终身发展所必需的基础知识和基本技能，扩展自己的知识储备，让课堂成为自己专业成长的舞台。从这个意义上讲，生态课堂的生长性决定教师在培养学生成长的同时，自身专业也得到了成长。而且这种成长是同步的、等效的。也就是说，学生学得越好，教师专业也就成长得越快。一个教师实验一种新的教学方法，必然会通过学生获得反馈，以此来检验其研究效果。这个过程既是学生自身成长的过程，也是学生参与教师专业成长的过程。例如，“学生试教”教学方法的实践和研究，学生按照教师和自身发展的要求组建试教小组，通过备课、授课、反馈评价、布置和批改作业等环节，培养自己的认同感和求知欲，增进生生之间、师生之间的沟通与互动，增强团队的凝聚力，获得更深的生命体验。教师在此过程中及时地参与、组织、协调、指导、促进和帮助，在“学生试教”的过程中，学生是这一实践和研究的参与者和受益者，教师也取得了专业上的成长。

(二)课堂生态的功能

和谐教学观的内涵告诉我们，审视课堂功能离不开动态观念，就是要用发展变化的眼光看问题，不仅看静态的结构，还要看结构的动态表现。任何事物的结构与功能都是统一的，各部分结构能组成和谐的整体，自然离不开各部分功能间的协调统一。有各项具体功能有条不紊地实施，才有整体功能的良性运作。生态课堂的整体功能就是培养人，它是由具体的整合功能、交流功能、生长功能相互配合与协调完成的。

1.整合功能

一定区域内的某一生态系统，都有自动整合的机制，当原有生态平衡被打破后，系统内的各种因素做出相应调整，并通过相互之间的协调、对话（社会生态中）共同促使系统向新生态平衡的方向发展。由于课堂生态系统的各种要素之间是一个复杂的非线性关系，它们之间的相互作用、力量的此消彼长，在一定范围内自动地保持着动态的平衡，消解外界的干扰因素，维护着生态的完整性。课堂生态系统的这种自动的自我调节力量相比于自然生态系统是微弱的，主要靠隐性的文化和隐性的课程发挥作用，它不像自然生态系统那样自动整合是唯一的调节方式。课堂生态的整合功能主要还是人为的，它的调节水平与系统中的人是否具备追求自然协调、完整的生态素养有关。

(1)自组织式的整合

课堂是一个有机的组织，但也不排除有类似于自组织的性质的可能。自组织最通俗的解释是：如果不存在外部指令，系统按照相互默契的某种规则，各尽其责而又协调地自动地形成有序结构，就是自组织。解释自组织现象的观点很多，有系统论的观点、热力学的观点、统计力学的观点、进化论和结构论的观点。系统论的观点认为，自组织是指一个系统在内在机制的驱动下，自行从粗糙向细致、从简单向复杂方向发展，不断地提高自身的精细度和复杂度的过程。课堂系统的“自组织”机制使其具有自我调整的诱因与动力，从而不断地由无序状态达到更高层次的、更具有适应性的有序状态。进化论的观点认为，自组织是指一个系统在“遗传”“变异”“优胜劣汰”机制的作用下，其组织结构和运行模式不断地自我完善，从而不断提高其对于环境的适应能力的过程。

排除了外因的主宰作用而从内在遗传突变的自然选择机制的过程来解释物种的起源和生物的进化。从以上观点出发，对课堂生态的自组织做分析：

第一，系统是在不断变化的、进化的，而且是向着好的方面变化的。课堂的整合作用也是一种变化，整合后内部的成分复杂了，但是变得更有序、更精致了。就课堂生态系统而言，刚入学的新班级，开始很松散，后来就慢慢地形成了一个有自己风格的班集体，在这个集体里面，大家有了集体归属感和集体荣誉感，都会视自己为集体中的一员。再如，师生间的行为方式的调整，有时也是无意识地进行的。教师对待学生的态度与学生接收到教师刺激信号后的反应方式有关，当教师发现批评学生成本很高时，会无意识地调整自己对学生的方式，在没有接受别人指导的情况下，学生行为的改变是那种由“替代强化”所致的，也属于一种自动调控。

第二，系统变化是内在调节机制所致。系统内部各成分，天然存在着一种不定向的变化，而环境定向地选择了他们的变化，使一些变化成了“适者”，生存了下来，而另一些变化成了“不适者”，被淘汰了。这一切都在自然之中悄然发生。例如，在课堂中，学生的一些行为是无意识的、不定向的，但若被教师不断地认可、表扬，则这一行为就会定向地发展，并固化成自己的行为方式。

第三，课堂生态系统中与整个社会生态系统中的现象，也是人们常说的“物极必反”“此消彼长”等自动保持动态平衡的现象。各种观念相左的教育思想在对峙中走向平衡与整合，中外的可以整合，古今的也可以整合，如同行驶在大海中的轮船，左右颠簸着驶向彼岸。究其自主调控的机制，有社会、心理的多方面因素。例如，课堂中的集体感形成，是因为学生心理的归属需要这一实现整合作用的心理基础。师生行为方式的改变，其心理基础是他们有反思智慧与灵感。其实，孟子的“性善论”早就回答了行为自我调控的本质所在。孟子提出了性善与四端的学说，认为这就是道德价值的根源。他认为，“善”是人的基本自觉，这种自觉是表现于恻隐、羞恶、辞让、是非四心。用“四端”说明道德价值的自觉是与生俱来的。“四端”是内在于自觉心的，属于人的本质，即所谓人的“性”。人们能调整自己的行为，维持整体的和谐，是天生的善性所致。

(2)组织整合

组织整合体现了外在的要求与内在的主观努力之间的协调与统一，它往往与社会历史发展的背景有关。课堂生态系统属于人工生态系统，具有目的性。“培养人”这一根本宗旨把课堂各要素联结成一个整体。课程的设置、师生的活动、课堂内容的具体选择都要服务于培养目标。这种整合功能体现了外在力量的要求。另外，服务于教学目的的教学活动，将系统中的课程、教师、学生三元素串联成一个整体的新课程理念，促使课堂发挥整合功能。新的课堂理念提倡课程关注生活、关注问题，反对割裂人类整体知识与思想。任何时代的课堂生态系统，都是社会系统的一员，会面对不同的社会问题。若课堂三要素对社会问题有相同的关注，有一致的倾向性，则三者会形成一种合力，共同维持课堂生态的整体性。当前，人与自然不和谐、人类社会的不和谐等方面的问题，对课堂整合功能提出了新要求。对人类生存问题的关注与思索，使教师、学生、课程凝结在一起。

由于客观世界的有机统一、问题的错综复杂，现代科学出现了综合化、协同化的趋势，这从客观上要求课程整合，以便给学生呈现一个完整的世界。当前，世界许多高校都十分重视学生的基本知识、基本能力、基本价值观，更加强调课程的整合性和融通性。这就属于一种组织化的整合。哈佛大学的核心课程有八门之多，哥伦比亚大学的基础课程占总学分的一半。这种整合的理念旨在加强大学生普遍的文化修养，形成共同的知识文化背景。在课堂生态系统中，除了教育内容的整合外，整合还体现在三个方面：第一，学习方法的整合。随着课程内容的生活化，教学从以学科为中心逐步倾向于以问题为中心，因此，客观上也促使学生整合学习方法。全面发展要求学生在知识、能力、情感及态度价值观各方面学有所获，而这些内容的掌握必须依赖于多种学习方式的整合，必须有综合的学习策略。第二，教学方法、策略的整合。由于生态课堂追求开放、平等的交流，以及师资培训手段的现代化，从而使教师的教学方法有机会取长补短、自我修正，教学策略得以整合；学生学习方法的多样化，离不开教师灵活的教学方法，对教师教学方法的整合提出了更高的要求。第三，教学力量的整合。由于教师的主观能动性的发挥，各种教育力量在课堂中也得以融合，如教师常与家长、社区交流、沟通，可形成教育合力，共同促进课堂的和谐和学生的成长。

2. 交流功能

自然生态系统的主要功能是生态系统的能量流动，它直接关系生命和生态系统的存在。确保这一功能的结构为食物链，这是使生态系统保持生机和活力的纽带。课堂生态系统的重要功能也在于包括知识在内的各种信息的流动。由于它的流动有别于自然生态系统，它既有单向流动，又存在双向流动，故表述为交流功能。交流是维持系统整体性的基础，也是开放实现的前提。确保交流功能的结构基础是类似于食物链的课程链。

(1)课程链的内涵

这一概念的提出是基于对自然生态系统的思考，自然生态系统能成为一个整体，关键在于物质循环与能量流动，而让这一功能得以实现的物质载体是"食物链"。生物之间靠捕食、竞争、共生等关系，联结成由食物链组成的复杂的食物网。这个网中的生物，分处不同的营养级，共同构成一个有机的整体。在课堂生态系统中，当然不存在与生物界完全相同的关系，但系统的维持、生态性的体现，一样离不开以符号为主要表征形式的人类经验的传递。这些进入教育系统的符号，就成为课程的形态。课程概念的扩大与延伸，使人们可以从更为广阔的视野来关注、研究课程，也使研究找到一个能从动态角度串联广义课程概念下各课程形态的核心概念，即"课程链"。它是实现以符号为主要表征形式的人类经验传递的载体，它的作用如同自然生态系统中的"食物链"对生态系统的作用。

(2)教学内容在"课程链"上的传递

不同层面的课程组成的"课程链"是信息传递的主渠道。这一链条上的各层课程形态为：理想的课程、文本的课程、理解的课程、运作的课程、感悟的课程。知识在各层之间顺利传递、流动才能保证课堂生态系统的运行。"理想的课程"反映在一个国家的意识形态上，是国家决策层对教育的一种理解与追求，是对培养什么样的人、怎么培养人这一问题做出的最高层面的回答。这一课程内涵包含的是一个非常抽象的思想和理念，常融合于政治、经济、文化等领域，成为国家治国方略中的内容，这一层面的课程反映了国家对教育乃至对人类自身未来发展的总体安排。在我国，理想的课程一般是以教育方针来表述的，或从教育发展纲要中加以体现。比如，我国实施的素质教育，其中的思想、观念就是理想的课程。目前，从国家政策和社会舆论的导向上可以看出，素质教育的观念已成为主流意识。教师在表达自己的看法与认识时，都会顺应社会主流意识，做出符合社会期望的选择，但他们一旦触及很现实的问题，又很难从传统的应试教育中脱离。这说明，理想的课程很容易就停留在理想状态之上。理想的课程进入课堂生态系统的主要方式就是将其转化成一种文本，并赋予一定的实质内容。这时，课程内容就进入了下一级的课程形态，即“文本的课程”。另外，理想的课程也可以以一种文化的形态渗透进课堂生态系统。“理解的课程”在教师头脑里，绝不是知识的堆积，而是已经被教师整合为自己教学的资源、资本。一般情况下，教师对文体课程的理解程度越高，越能有效地将信息充分表达出去。但这并不是必然的，而是有条件的。因为教师在实际的课堂教学中将理解的课程表达出去时，还受一些其他因素的制约。如教师的语言表达能力、表现动机的强弱、个性特征、课堂环境，尤其是教师的教学策略等因素，都制约着课程信息从理解的课程向运作的课程的传递。所以说，即使对理解的课程具有同样把握水平的教师，运作的效果也不一定相同。教学中常见的个别教师“有货倒不出”的现象，体现的就是从理解的课程到运作的课程之间出现了障碍。所以对于师资培训，不应仅仅是学历补偿式的，也不应仅仅是理念的宣传，应该增加教学能力培训方面的内容。运作的课程是教师在教学过程中实际展示的课程。

“感悟的课程”是学生真正收获到的课程，这才是生态课堂功能的最根本体现。影响信息从运作的课程到感悟的课程的因素也很多，教师方面的因素是主要的，教师的教学水平越高，对学生学习的帮助越大，收获也就越多。但好教师不一定都教出好学生，这是因为学生的学习是建立在已有的基础之上的，越有知识的学生越容易接收新知识，另外，学生的学习方式是影响感悟的课程质量的关键。如果学生的主体性得以充分尊重，能感受到脑力劳动的愉悦，能自由参与探索与创新，而且有更高的自我期待，那么，感悟的课程的效益就达到了最大化。各方面知识在各级课程形态组成的链条中的传递，体现了课堂的生命力。一个整体能否正常运行，各组成元素的和谐是重要基础，而各元素的和谐离不开它们的“一脉相通”。若课程承载的内容（知识、技能、文化、精神等）能顺利地在“课程链”上流动，则是“通”的表现。若对课程内涵的理解出现冲突，则影响生态课堂功能的发挥。在这一知识的传递链中，会出现知识的衰减、变异，如普遍存在的遗忘、选择性地接受；另外，传递中也会增加新的意义，如在已有经验上重新组合成新的知识单元。

(3)信息传递的多向性

上述是课堂生态中信息传递的主要方式，实际的课堂中信息的传递表现出多向性。如在同一学校生态系统，各个以班级为基本单位的课堂生态系统之间存在着横向的信息交流；不同层面教育生态系统之间的交流存在着纵向交流。在这些交流中，校园文化是实现交流的中介与载体，它体现了社会对学校的要求及学校自己的办学理念。校园文化包含的各种信息传递到课堂，会影响课堂生态系统的走向。反过来，课堂的文化取得强势地位后，也会流向整个校园，成为校园文化的主导。计算机网络技术，特别是第三代通信技术的兴起，使信息传递的多向性有了新的特性。信息的发出与接收，不一定是单向的，且信息传播速度极快，容量也极大。教师很方便将学生的学习情况及学校的要求传递给家长；师生交往增添了电子渠道、视频渠道；学生还可以通过掌上书院查阅所需的学习资料，甚至作业的答案。随着师生平等关系的建立，学生知识面及社会接触面的扩大，课堂中的信息还可能发生学生向教师逆向传递的情况。这时候是教师向学生学习。另外，信息传递的多向性也表现在隐性课程上面，它的信息传递是弥散性的，没有明确的方向。

3.生长功能

课堂生态系统实现着知识传递与创新的功能。在这一系统中，教师和学生在认知、情感等方面都在生长和发展，实现着生命的成长。另外，由于课程的价值被不断地挖掘、新的意义被不断地生成，加上隐性课堂正向意义的积累，消极作用被不断地发现与克服，课程在课堂生态系统中也得以生长。

(1)学生的生长

学生的生长表现为身心的健康成长，以及学生的知识、能力、品性全面和谐的发展。这些正是生态课堂第一位的功能，是教育者的共同追求。学生的发展有自然成熟的因素，但与自然生态系统中生命的发展、演变是完全不同的。学生发展的主要因素是学习，这种学习与自然生态系统中生物的模仿与适应有质的区别。人的学习是能动的、有目的的，学习带来的发展是主体性的发展，所以学习的质量关系发展的质量。主体性发展的好坏直接与教师的课堂行为方式有关。教师的工作直接面对生命，关系人类最宝贵的财富——生命的成长。没有什么东西的价值比生命的成长价值更重要了。学生正处于生命成长中最重要、最关键的时期，教育在这个阶段的影响会延续到终身。但部分学生并不完全知道该时期对于自己发展的价值，他们还缺乏生活经验和对生命的体验，全然不清楚应该如何选择、如何学习、如何努力。所以，此阶段是最需要高素质教师的时期。

由于生态课堂追求自然、自由、中正、平和，崇尚平等，遵循学生身心发展规律、教学的规律，注重整体协调，所以对学生发展的关注点是：自主的发展、有特色的发展、可持续的发展。这种发展观既包含了生态的元素，突出了整体与国情，又有现代对人性本质的认识。在这种发展观下，我们把学生看成有着完整的人的生命表现形态，是处于发展中的、以学习为义务的人。这种学习的个体价值也应是全方位的。第一，学生通过学习，掌握生存的常识和技能，以便独立地面对世界；第二，学生通过学习，学会遵从生活的律则与规矩，以便和谐地与人相处；第三，学生通过学习，探索生命的价值与意义，以便有尊严地立于天地之间。这种发展观能优化教师的课堂行为方式，使之更加关心学生完整的精神生活、终身学习的愿望以及学生的兴趣和能力；关注学生独立思考、有效的自我表达的能力；关注学生服从真理与崇尚智慧、宽容与尊重个人价值、快乐地生活的品质。

生态课堂中学生的成长是一个知、情、意融合的生长过程，是学生根据内在的法则与外在环境交互作用的结果，学生进入某个生态环境有一定的偶然性，但与自然生态系统中的生物不一样，学生在自己的生长过程中，既可以自觉地调整自己的生物钟、心态，以适应特定生态环境的内在要求，也可以能动地反作用于环境，建构环境的生态意义，使潜在的规定性转化成为现实，促进自我的生长。人的一生要面临各种不同的生存环境，人的生存可以说是一种关系性的生存，人成长的过程实际上就是与他人、他物建立、保持、发展或终止某种关系的过程。生态课堂是学生成长的重要环境，它不仅为学生提供了与心灵自我感悟、与教师平等对话、与同伴友好交往、与课程里的精神世界“相合”的时空境遇，而且设法使学生获得在其他或未来生存环境中的生存本领与智慧。

(2)教师的生长

课堂同样是教师成长的场所，课堂为教师成长提供了广阔的天地。课堂中有许多潜在的、无意识地促使教师学习成长的因素，但大部分都需要转化成教师的自觉行动，才能对教师的成长起实质性的作用。教学的自觉行为主要指教师的学习，一是在职研修，二是外出进修，最主要的还是需要教师在生态课堂上发挥“教中学，促成长”的这一生长功能。这种“生长”主要来自两方面：一方面，课堂中有得天独厚的课程资源，教师始终都在与课程发生着交互作用，课程是师生共享的精神食粮，它如同自然生态系统中的生长者，“养活”了整个生态系统。因此，教师是否真正做到将课程融会贯通，自由、自在地驾驭课程，既关系学生的成长，也关系自我的成长。另一方面，教师时刻受到学生学习的期待，感受到学生发展的需求，以及感受到社会对自身角色的期待，因此较易发生学习行为。

(3)课程的生长

在课堂生态系统中，课程不是静止不动的教科书，是具有与自然生态系统中“生产者”相似功能的“类生命体”，有类似于生命特征的“生长”现象。课程的生长不仅仅是某门具体课程知识量的增长，而且是课堂生态系统中课程整体的发展变化。它是新成分的增加与旧成分的改变或消退两个方向运动的结果。课程经常被比喻成那些经过精心挑选后提供给学生的精神食粮，它养活了整个课堂生态系统。课程的生长是课堂生态系统的一项功能，具体表现为：课程在学生、教师不断解读过程中，由于想象与创造而生长出新的意义，一些隐性的课程转化成显性的课程。课堂本身的开放性使外界新信息能及时输入系统，使课程内容变得更加丰富；教师、管理者会因课程理念的改变而去主动调控课程内容、改进课程实施方式、主动创造知识，最终使课程代谢与生长。另外，随着观念的更新，个人的情感、直觉与经验有可能成为新的知识来源，从而具有课程的意义。课程生长的实质是课程内容的一种调整，是一个不断优化、精品化的过程。借用生物学的概念表述，也就是代谢的过程，即同化作用与异化作用交互作用的过程。从课程生长的几种表现方式可以总结出：课程内涵的增长，第一内部转换；第二外部输入；第三教师创造。课程的生长走向既受内在规律的调控，也受人有意识的定向作用的影响，生长最根本的内在机制在于课程不只是逻辑化的知识存在，而是一个开放的系统，是能接受主体参与、诠释和建构的文本。

在新课堂理念指导下，教师教学行为发生着变化，对待课程的观念也在改变，教师自身的角色定位也在改变。教师不仅是教学内容的研究者，教学艺术的探索者，也是课程的开发者。加之，教学技术的现代化，教学手段的多样化，这些都为课程的生长提供了广阔的空间。现代的课程理念认为：整个世界都可以成为课程资源，成为课堂中课程生长的土壤。可见，课程的生长离不开自然与社会，离不开社会发展的需要。课程生长表现为它所承载的知识的变化与成熟。虽然固定的课程知识易落后于人类活动领域，常缺少时代感，但正是由于新的问题不断发生，人类认识世界的手段与方式日趋多样化，课程才有了生长的动力和空间来面对时代的发展。教师应把握不断发展的课程观，不断融入新知识、新思想、新方法，既要适应课程的生长，又要促进课程的生长，既要关注学生的学习与成长，也要关注课程的生长，积极参与课程改革。当前基础教育课程改革对课程内容的基本要求是：改变课程内容过于繁杂、过于艰深、过于陈旧，脱离学生的生活经验的现状。面对这一课程改革目标，教师不能完全依赖教材的改变，应从课程生长与学生生长的和谐关系中，主动找到课程的最佳生长状态。

课堂三要素的生长是相互关联的，任何破坏系统平衡的因素都会干扰三者的正常生长。只有在生态课堂中，“教学相长”才能得以充分体现。从三者生长的关系来分析，课程的生长起基础性的作用，课程在与教师、学生的交互作用中生长，同时，课程里凝聚了众多课程专家的心血，它的生长与整个教育系统，乃至整个社会的精心呵护密不可分。课程的生长就是灵魂的纯化与升华，教师、学生的生长是悟“道”的必然结果。

第二节　高校英语生态理论与教学方法研究

一、以教师为主的建构方法

（一）英语教师专业发展的时代背景

教学活动离不开学生、教师两个主体。学生是“学”的主体，在以学习者为中心的教育理念下，充分发挥学生中心地位意义重大。但作为“教”的主体，教师在教育教学过程中则起着主导性作用。高校英语师资队伍建设对于深化高校英语教育教学改革至关重要。近年来，高校英语师资队伍不断壮大，师资在学历层次、专业水平等方面都有了较大幅度的提升。现行高校英语教师队伍中，随着20世纪50年代出生的教师陆续退休，现职教师大多都是本科以上学历，其中有国外留学或工作经历的占有一定的比例。很多重点大学要求教师必须通过各种方式到国外访学深造，否则在职称评定和提拔任用等方面就会一票否决。外籍教师也成为高校英语师资队伍中不可或缺的组成力量。在中外合作办学项目和某些民办特色学校，外籍教师甚至成了高校英语师资队伍中的主力军。在高校英语教材不断更新、升级的市场机制推动下，基于新教材的高校英语教师培训使高校英语教师在教学理念、教学方法等方面与时俱进，不断发展。广大教师开始注重学生英语综合能力培养，在以教师为主导的同时，普遍关注、探索以学生为中心的教学法，并取得了显著的成果。近年来，在高校本科教学质量评估的政策推动下，高校英语教学条件建设发展迅速，多媒体教室和大学英语网络自主学习中心得以普及，为高校英语教师探索基于计算机和课堂的教学模式、改善教学效果奠定了坚实的基础。为了确保高校英语教师队伍的健康发展，各校英语教学部门完善了制度，改进了工作机制，通过教改、教研、教师专业发展一体化的团队建设，加强了观摩教学、师资培训与学术交流，推动了学习型师资团队建设，提升了高校英语教学团队整体理论水平。现在的高校英语教师发展已不仅是“站好讲台”，还积极地投身教改、教研，发表学术论文，编写、出版校本特色英语教材。

当然，随着高校英语课程体系改革的不断深入，高校英语师资队伍建设出现了一系列难题，面临着来自各方面的挑战。例如，我国高校英语教学改革正处于一个从普通用途英语EGP到特殊用途英语ESP的转型时期，急需具有ESP背景的“双师型”教师队伍。高校英语教师面临着职业转型的挑战，不仅仅要讲授传统的语言技能，还要根据学生的专业学习和就业需求，给学生开设各类学术英语（EAP）或职场英语（EOP）。但高校目前缺乏行之有效的ESP师资队伍建设规划或举措，大多数英语教师对特殊用途英语有畏难情绪且不愿转型，而且由于“双师型”师资在学科专业归属、职称晋升等方面缺乏政策引导、鼓励和支持，合格的ESP师资严重匮乏。高校英语“教”的主体无疑就是高校英语教师，但在我国高校，高校英语课程建设是一个系统工程，其主体不能局限于传统意义上的教师，也离不开教学管理者的参与，也就是说，高校英语教学具有教师、学生、管理这“三个主体”。在我国高等教育的体制中，管理者这个主体的作用不可低估，有时候也会起到决定性的作用，深化高校英语教学改革离不开管理者的充分重视和参与。我国高校英语改革管理者的主体是一个广义的概念，既包括高等教育各级各类行政主管，如教育部、省市教育厅的相关主管，以及学校分管领导、教务处领导等，也包括高校英语教学部门主管，还包括教育部、各省市大学英语教学指导委员会等学术机构。这些管理者主体是高校英语改革的决策者、组织者和管理者，他们对高校英语课程建设的理解、支持与付出是高校英语教学改革的决定性因素之一。以学校教学管理职能部门教务处为例，高校英语课程教学管理与改革的各个方面都离不开教务处的关心和支持，如本科人才培养方案中对英语课程性质的定位、学分和学时分配、教学资源、教学改革立项、学生分级分班、课程排课、教学场所安排、学生资助、教学奖励等。但其实，除了上述主体，英语教学改革的顺利开展也离不开学校各专业学院、学生处和团委等职能部门主管领导的关心和支持。为了充分调动各方积极性，类似高校外语部或外语学院这样的英语教学部门，必须加强与学校有关领导和职能部门的交流互动，保障高校英语教育教学改革的顺利实施。

（二）生态英语教学观指导下的教师角色反思与转变

1. 教师角色的反思

在高校英语课堂教学改革实践中，教师应对其所使用的课堂教学理念进行透彻的理解与把握，并且这种理解与把握还要外化为教师在课堂教学中的行为举止，即教师的角色。“角色”一词最早源于戏剧，指舞台上的演员根据剧本需求来扮演某一特定人物。在现实社会中，它主要用来指个人在社会关系位置上的行为模式。把角色的概念引入高校英语的课堂教学，目的是用其来研究与分析课堂教学中教师与学生的言行、举止、地位及相互之间的关系，以便更好地发挥两种角色的不同功能。传统的教育观认为，在高校英语课堂教学中，教师是领导者，是文化知识的灌输者，是绝对的权威；学生是被领导者和接受知识的“容器”，处于绝对服从的地位。而生态化课堂则以生态思维的方式重构课堂教学理念，师生平等相待、和谐相处是其最基本的特征。生态课堂模式下的高校英语教学生态系统是以学生为本、关注学生可持续发展的，生态课堂中的师生关系摒除传统的主、客体之间的关系，强调师生是和谐相融、互惠共生的，这种师生关系的终极指向是达到师生的共同、全面、健康发展。为了实现此教学目标，必须对教师自身角色进行重新定位，并在此基础上建立新型的师生关系。

2. 教师角色的转变

一直以来，教师被奉为是传道授业解惑者，但在高校英语生态课堂的教学模式中，如何才能让教师的这种角色得到真正回归呢？第一，教师应是课堂教学活动的组织者和学生学习的引导者。课堂教学是高校英语教学的主要渠道，教师的主导作用贯穿于课堂教学的始终。在组织高校英语课堂教学活动时，教师要根据教学目标和教学要求，根据学生的实际水平和需求，精心设计课堂教学的结构，组织安排丰富多彩的课堂教学活动与内容，帮助学生顺利完成教学任务。教师又是学生学习和价值的引导者。当学生学习遇到困难时，教师相对于学生而言具有知识与经验上的优势，这时要引导学生正确理解学习的意义与价值，鼓励学生敢于面对困难、正视挑战，培养学生树立积极向上的学习观；当学生对生活、理想、人生、社会等基本概念和重大问题的理解导向出现偏差时，教师要充分尊重学生的自由意志和人格尊严，引导学生明白解决问题的关键所在，培养学生自己解决问题的能力。第二，教师又是异域文化的传播者。语言是人类社会文明发展到一定阶段的产物，文化的传承与发扬光大主要是通过语言才得以实现的。随着社会信息化、全球化的迅速发展，各个国家之间的交往日益密切，英语作为非常重要的国际语言担负着越来重要的交流使命。这对高校英语的课堂教学提出了新的要求与挑战，即不但要培养学生实际的语言应用能力，还要培养学生的文化内涵与素养以及恰当地使用语言进行跨文化交际的能力，进而提高学生的整体素质与综合能力。因此，语言教学不能只是简单的语言知识与技能的教学，还应为学生开启一扇文化之窗，通过这扇窗，学生能够更好地了解世界不同国家和民族的历史、文化、风土、人情等，这样有利于学生借鉴与吸收外国优秀文化资源，丰富和提高自身的文化素养。第三，教师还要成为高校英语课堂教学的反思者。在如今的高校英语课堂教学中，反思能力是一名生态型大学英语教师所应该具备的一项基本技能，它包括对课堂教学设计、教学目标、教学过程、教学行为、教学效果等的反思。这种教学反思，不是简单的教学步骤的回顾与教学经验的小结，而是对整个高校英语课堂教学的全过程进行反思，与此同时，能发现问题、正视问题，直至最终解决问题。只有高校英语教师不断地对自己的课堂教学进行反思与评估，分析其中的或缺之处，提出改进方案，才能不断努力成为“生态型”教师。

(三)高校英语课堂教学中教师生态角色的定位

1.扮演好高校英语课堂中生态关系“协调者”的角色

师生关系、生生关系、学生与教学环境关系等是高校英语课堂中几种主要的生态关系。在教学过程中，教师应认识到学生与自己同为课堂生态系统中重要的生态因子，是有相同的权利与人格的。基于认识与职责，教师需要协调各种课堂生态关系，给予学生足够的理解与尊重，尽最大可能以公正、理性的态度来对待所有学生。教师除了要与学生建立起民主、平等的良好关系外，还应对学生之间的协调关系及发展给予高度关注，在消除彼此之间矛盾的基础上，为学生创设团结互助、积极向上的学习环境。

2.扮演好各项学习活动“引导者”的角色

随着社会的快速发展，学生获取知识的渠道越来越多样化，教师的职能也逐渐从传统的传授知识及思想教育转变为学生各项学习活动的引导者。基于此，为了让学生学会学习，成为学习的主人，教师就需要创设良好的探究学习氛围，对学生自主探究及学习能力进行全面培养，在促进其问题分析与解决能力提升的基础上，实现学生良好学习习惯及正确思维观念的养成，从而引导学生自主学习。除此之外，教师还应帮助学生开展社会实践活动，锻炼学生应用英语的能力，这也是英语教师引导学生发展的重要目标之一。

3. 扮演好学生学习热情“激发者”的角色

在现代教育理念的影响下，教师除了要传授学生知识，扮演好引导者的角色外，还需尽最大可能激发学生的学习热情及自主性思维。当前，信息技术发展迅猛，在促进社会进步的同时，也给学生带来了各色各样的诱惑，分散了他们的注意力，导致其学习兴趣缺失。针对这一现象，教师就需要采取一系列行之有效的方法激发学生的学习热情。而为了达到让学生对前沿领域的资源学习及新课题的研究产生浓厚兴趣的目的，教师就必须提升网络技术水平，学会熟练使用多媒体设备，并借助其丰富教学内容，让自己的教学方式更能为学生所接受。

4. 扮演好促进学生知识迁移氛围“营造者”的角色

生态学理论显示，当一个物种发生进化后，与其相关的物种同样会出现协同变化。而在属于特殊生态系统的高校英语课堂中，则体现为学生、教师、课堂环境等生态因子的变化。当前，教师单方面传授知识的权威性愈发减弱，而作为课堂活动实践者的学生，不但担负着主动生成及建构知识体系的任务，同时也体现了课堂教学的效果，因而具备重要的生态意义。基于此，教师就需要扮演好促进学生知识迁移氛围“营造者”这一角色，确保学生在开放、和谐的生态课堂中开展学习。

5. 扮演好学生学习“合作者”的角色

对于广大教师来说，向学生传授知识，使其形成正确的人生观、价值观只是工作之一，实现教学相长则为教学工作的本质所在。在高校英语课堂教学中，教师扮演旁观者的角色，尽管能让学生占据主动地位，却存在不足之处。例如，有的学生由于自身英语能力及水平不高，在与其他同学的交流与探讨过程中，可能会发生语法错误，但教师受到“旁观者”这一角色的限制，难以及时纠正错失。教师在扮演“旁观者”的角色时，会对学生自信心及安全感产生不良影响，进而导致学习信心的降低。基于此，教师应扮演好学生学习“合作者”的角色，有意识地加入各个学生小组的交流及讨论，尤其需要注意的是，教师要通过建议的方式委婉指出学生的错误，切不可随意打断学生对话，以免影响学生的学习积极性及自信心。

（四）生态教学观引导下高校英语教师教学优化

1. 树立从师任教意识

高校英语教师只有具有从师任教的意识，才能在在校期间自觉践行教师专业发展的行动。学科教学论、教学法课程以及担任课程的教师对学生的影响是很大的。教学管理者应该注重教师从师任教意识隐性课程的开发。为了树立他们从师任教的潜意识，帮助他们更好地开展教学活动，可以适当播放《陶行知》《蔡元培》《海伦·凯勒》以及有关《这里的孩子早当家》《老师，听我讲》等视频节目，对学生的心灵起到震动作用，使其明白一名优秀的高校英语教师对教学工作的重要价值。学校可以向教师发放小黑板供学生练习板书、简笔画等，还可以发一些优秀的教材供他们潜心研究。除传授教育教学理论知识和方法外，教师应重点立足于培养学生的课堂教学技能。教学的科学性和艺术性只能建立在教师广博的专业知识和熟练的教学技能基础上，毕竟其备课、说课、上课、评课能力和课堂组织教学能力是他们未来就业的核心竞争力。因此，树立教师的从师任教意识是潜在激发他们成为未来教学名师的长久的内在动力。

2. 构建生态课程体系

胡春润教授指出，英语教学法是一门发展中的学科、多边缘的学科、实践性很强的理论学科。英语教学论的教学目标、教学内容、教学形式、教学手段和教学评价应随基础教育教学改革不断变化发展，它与哲学、教育学、心理学、语言学、社会学、人类学有密切的联系，它要面向学生实际，解决实际问题。它不仅是一门课程，也是一门学科，更是一门艺术，它是集学术性、师范性、示范性和人文性于一体的前沿课程。为了达到这一目标，教学管理者应构建英语教学论大课程观，融理想课程、正式课程、领悟课程、运作课程、经验课程于一体，集理论课程、实践课程、显性课程、隐性课程、长学期课程、短学期课程于一体，提高课程的实效性和实用性，促进课程的可持续发展和学生教育教学能力的提高，从而达到课程与教学在师范与示范层面的本体意义回归。不同的课程结构基本构建了校内与校外、教师与学生、理论与实践、显性与隐性、静态与动态、课内与课外相结合的生态课程体系，有助于更好地将英语教学与实践教学融为一体，促进教师专业化发展，凸显生态化的课程体系。

3. 改革课堂教学方法

英语教学论课程应凸显“教师为主导、学生为主体、训练为主线”的特点。该课程兼具前瞻性、理论性、实践性、操作性、示范性诸多特点，这就要求教学论教师采用多元教学方法。唯有如此，英语教师才能建构自己的教学理论基础，才能将理论内化为信念和观念，转化为个人知识，才能切实提高教学实践能力。对于缺乏教学经验的高校英语教师而言，要实现英语教学理论知识的个体化，就要重视在学习过程中将理论内化为观念，重视在教育实践中使用和检验理论，并在理论的使用与检验过程中使自己的教学行为不断熟练化，将理论外化为熟练的教育行动。针对英语教育理论知识，教学论教师采用让学生自主学习原版英文教材后集中解答疑难问题的方法，有助于提高他们的英语水平。教学论教师可以邀请课标研制专家、课程改革专家、英语教学专家、优秀教师进高校课堂给教师进行指导。专家引领报告和教学观摩活动能让教师从中学到许多书本上、理论知识中学不到的东西，促进教师教学经验的提升。这是帮助教师加深对英语教学的认识、提高英语教学能力最为重要的实践活动。教师还可以适时组织教学人员开展教案撰写、教学设计、说课和评课等竞赛活动。这种集教学论教师、课程专家、音像资源于一体的教学者能传授给教师多元教学方法，使他们真正做到集众家之长、扬个人之长，彰显课程的多样性和可持续发展性。

4. 实施多元评价机制

课程评价基于终结性评价、形成性评价、三维评价（教师、学生、同伴）三个部分。终结性评价和形成性评价为刚性评价，教师、学生、同伴三维评价为柔性评价。终结性评价、形成性评价、三维评价占比分别为30%、50%、20%。终结性评价采用课程学期测试，包括外语教育学、国外教学法流派、英语新课程、本土教学法、学期论文等。形成性评价包括课堂学习、课外活动、教师素质三个层面。课堂学习涵盖出勤、参与讨论、课堂发言、试讲试教等表现；课外活动涵盖课件制作、教学简笔画、教学视频观摩、资格教学、文献阅读、教育调查等；教师素质涵盖教师仪态、教学用语、歌曲演唱、公开演讲、教案撰写、教学设计等。在20%的三维评价中，教师评价、学生评价、同伴评价的比例分别占50%、30%、20%。学生的最终课程成绩评价由终结性评价、形成性评价（刚性评价）、三维评价（柔性评价）三部分加权平均合成。该课程实施多元评价后，改变了过去较为单一的评价方式，体现了生态课堂的动态开放性、多样性和系统共生性，在很大程度上提高了教师的职业能力，能有效地促进、激励和改善教学功能，真正做到通过评价促进教师教学水平的提升，使高校英语生态课堂呈现勃勃生机。

(五)新媒体环境下高校英语教师的生态建设

1. 新媒体时代下的高校英语教学生态

以教学资源、教学媒体等为主的教学总体环境以及以教育者、学习者为主的课堂环境之间互相关联、互相作用，同时形成了可持续成长的课堂生态系统。传统高校英语教学系统在生态学角度概括的特点：师生间关系单向、不平等，教师处于主导地位，统领整个教学过程，学习者则身处被动地位，接受自上而下传授的知识；教学价值目标趋于功利性；外界环境相对封闭。这些对学生的学习内需形成和进步不利。而在新媒体时代，以教学资源、教学者、学习者等生态因子为主的高校英语教学生态系统，以英语课堂为媒介，利用新媒体实施动态教学并传递信息，从而保证高校英语教学系统的有序运转。其中，外界资源主要包括硬件设施、教学网络、课件、教参材料等实物和信息资源。高校英语课堂环境中的重复运动是在“教学资源”“教学者”“学习者”三者之间产生的双向非静态运动。

2. 新媒体时期高校英语教师角色定位

(1)教师是课堂生态环境的协调者

学习者是教学重复运动中的重要生态元素，在这个特殊的系统中，其身份和权利都表现出与教学者的一致性。教师作为教学生态主体，是不可替代的主导因子。因此，要突显教师生态位，更新教师固有教学理念非常重要。在实践教学中，教师不仅要平等对待每个学生，还要热爱学生、尊重学生，并始终坚持以学生为本的教学理念，构建平等、民主、合作和互赢的新型生态师生关系。

(2)教师是教学资源的建构者

新媒体环境下，原有的英语教学出现了新的模式，教学者的角色定位也发生了改变。因此，教师应适时调整教学任务和课程设计，积极开发新的教学资源，如微课、慕课、多媒体课件和练习库等，以此作为教学辅助手段，提升教学效率和效果。同时，也可通过网络平台创建英语练习题库，以检验学习效果为主，提供听、说、读、写、译等不同形式的练习。教师可按需从数据库选择题目，组织单元测试或组织期末课程测试。教师要与时俱进，跟上时代发展步伐，及时收集、更新和整理相应的网络教学资源，并分享给学生，同时关注学生在使用资源过程中的各种情况。英语教学应突显实用性，体现创造性，教师可以依靠新媒体资源，适当修改教材、调整教学大纲、丰富教学内容、完善评价方式，因地制宜，以满足应用型大学人才培养的需求，建立多元化、立体化、生态化的高校英语课堂。

(3)教师是学生学习的促进者

新媒体时代下高校英语教师的角色从知识灌输者转化为知识传播者，从学生学习的包办者变为教学对象学习的引导者。在教学过程中，他们应充分挖掘学生潜能，激发学生的学习热情，调动其学习积极性，营造合作、探究、互助、和谐的生态课堂教学环境，并以此为课堂教学基础，培养学生独立的学习、协同、合作能力，加强感性激励，鼓励学生探究实现学习目标的途径，努力成为学生学习的鞭策者。教师要积极探求各种有效影响因子，潜心研究分析教学对象，明确把握并加工处理课堂生态环境中各个元素之间的关系。与此同时，教师应不断提升自身的专业技能，与时俱进，掌握前沿的文化知识，提高自身素养，构建有效课堂。另外，由于网络的普及以及微课、慕课的大量兴起，网络上的各种教学资源浩如烟海，教师要辨别、选择，加工有用信息作为教学的重要资源。同时，构建高效知识传递路径，切忌盲从、轻信网络资源。另外，教师要积极培养学生自主学习能力，帮助学生确定合适的学习策略、学习进度和学习目标，提高课堂效率。

(4)教师是学生学习兴趣的激发者

兴趣是学生学习的动力。教学者与学习者之间对等共赢的关系是高校生态英语课堂教学的基本特征，师生处于对等地位。在教学过程中，教师应选用合适的教材，精心设计教学内容，注意传授与接受的关系，注意理论知识与语言交际能力的关系。从总体上培养学生的语言运用能力，避免偏向集中发展了某项技能。更大地完善课程内容，使之更具时代感、针对性和实用性，活跃学生思维。丰富课程内容，组织多种练习形式，实现个性化要求和因材施教的学习目的，制定多元化的课程设计，带领学生积极投入教学过程，把大学讲堂转化为理论传授和双方情感交流的生态场所。生态化的高校英语课堂气氛和谐、公平、放松，教师应致力于构建师生间、生生间互助、合作的关系，实现教师与学生、学习小组乃至整个班级的学生，以及学生与学生、学生与学习小组间的交流、合作，以实现共同进步的目的。这样的课堂教学气氛有别于传统的一成不变、死气沉沉的课堂教学气氛，是融洽的、公开的、平等的和互助的，学生可以通过与人合作和探究，获得相应的成就感，增强自信心，产生归属感，激发学习热情，带动学生的自主性，提高学生外语学习的兴趣，创造积极正向的高校生态英语教学课堂。

(5)教师是学生学习能力发展的促进者

教育生态学是一种全新的教学理念，全面分析学生的具体情况和基础知识掌握程度，重视基本技能训练，培养学生良好的道德品质和个人素养。新媒体环境下，网络资源为教师和学生提供了丰富的材料，教师可以根据学生的具体情况，制定适合学生发展的学习目标和方法，选择配套练习，加强语言技能训练。同时，教师也可以从网络上下载更新教学资料，不断调整和丰富教学内容，与学生共享教学资源，也可适当与学生探讨教学、交流学习经验。通过多媒体的延伸，引导学生走向更宽广的知识海洋，鼓励学生主动获取知识，培养学生可持续发展的能力，使之顺应大环境发展的步调，达到当前产业界对高级外语人才的各项标准。在此过程中，教学者是其教学对象学习能力发展的促进者。

3. 新媒体环境下高校英语教师的生态位建设

当前，由于新生代网络技术的推陈出新冲击了固有的高校英语课堂的教学形式，再三强调尊重学生的主体生态位，教学的首要任务就是要培养学生的自觉主动学习能力和长期持续学习能力。在高校英语教授大环境下，每一个组成部分都有独立的生态位，要积极配合优化高校英语教育工作者生态位建设，正确定位教师角色，明确教师地位，转变教师教学观念，提高教师教学水平，构建和谐、互助、可持续发展的高校英语生态课堂。希望对广大英语教育者起到一定的帮助作用，提出两点新媒体环境下高校英语教师的生态位建设措施：

(1)明确新媒体在高校英语教学中的地位

新媒体应用可以说是一把双刃剑，给传统的高校英语教学带来了新异的教学方式和新鲜血液的同时，使原有的教学生态系统滋生一些不良现象，很大程度上影响了教师的生态位，阻碍教学人员、学习者的长期性发展。例如，部分教学者过分依赖新媒体技术，将电子课件作为教学的唯一手段，课堂成了播放PPT的载体，难以吸引学生兴趣，导致课堂效率低下。另外，有些大学生过度依赖互联网，借助网络平台进行作业抄袭、英文写作等现象屡见不鲜。要消除新生代媒体技术对高校英语课堂教学生态系统的不良影响，就要综合、科学地认识和确定多媒体技术在高校英语教学过程中的地位。传统的高校英语教学生态系统引入新媒体技术，有效改善了知识传播的环境，丰富了知识吸收的形式，加快了高校英语面对面教学改革的步伐，深入贯彻落实了大学英语素质教育的方针。但必须时刻警惕，在享受新媒体技术带来的便利的同时，要尽力避免其带来的种种弊端，明确各种非传统技术在高校英语课堂中仅为辅助作用，不能过度依赖新媒体，而且新媒体设备也不能忽略成本盲目增加，必须坚持适量原则，以满足于师生和教学为目的。

(2)教师教学观念要与时俱进

当前，在信息化的高科技社会，高校英语教师深刻感受到终身学习的紧迫性，其观念体系受到巨大震动。因此，要重新调整观念，与时俱进，主动出击，不断反思，明确自身在英语教学中的生态位，采取各种方法，全面提升个人知识水平和能力素质，重复思考，革新教学理念，并做出科学合理的调整。广大教育者要正确认识新生技术在高校英语课堂教学中的作用和影响，改良授课模式，凸显新生媒体技术在高校英语教学中的积极作用。不断自我反省和提高，深入分析教材内容、学生的学习行为、教学方法等英语教学中的生态因子，扬长避短，总结不足，加强改进。因此，高校英语教师要努力进行自我提高，以实现自我价值，构建生态课堂，提高高校英语教学水平。

3. 恰当利用新媒体技术

新媒体环境下，要构建生态英语课堂，就要形成教师、学生、教学资源各要素间相互补充、相互支持的高效课堂。充分利用新媒体技术，丰富授课方式，构建多元网络课程平台，打破教学时空界限，拓宽授课内容。引入慕课、微课等新型课堂形式，打破传统，不断采用新型授课方法，为学生量身打造个性化学习环境。全方位考虑不同学习者的不同学习基础，因材施教，创建教师和学生之间互动的高效、生态英语课堂。目前，大部分高校英语教育者对新媒体技术的掌握程度并不高。具体体现在：高校英语教师对新媒体技术认识不足、新媒体素养不高、难以适应并满足学习者学习需求，难以获取英语课堂的生态平衡等方面。部分高校英语教师资历老、因循守旧，不接受新媒体技术，或者自身学习能力较弱，难以获取新媒体环境下的信息搜索、筛选以及整理的能力，不懂如何制作新技术教学文件，更不会自觉主动分析和处理音频影像等教学资源。部分高校英语教学者甚至因为不懂这些技能，而产生一种排斥心理，拒绝使用新媒体技术。然而实践证明，新媒体环境下的各种教学资源，包括多媒体课件、微课、慕课、音视频等以其图文并茂、声色俱全的个性特征，能够极大地满足学生学习之需，充分提升学习者外语学习的自觉性，使学习者变被动为主动，从而改进英语课堂教学成效。站在教育生态学的角度来看，多媒体课件作为一种课程资源，成为高校英语生态课堂不可或缺的生态角色，这在某种程度上降低了传统教科书和英语教师的生态位。因此，重新调整自身的生态位，正确认识新媒体技术的重要地位，并加以充分利用，发挥两者最大的合力作用成为当代高校英语教育者的关键任务。同时，学校应丰富教师的培训平台，提升教师的教学水平。第一，重视岗前培训。即新毕业的高校英语教育者应该在真正实施教学活动前参加培训，掌握新媒体技术，跟随时代发展步伐，学习并加以应用当前最新的教学理念、教学手段和教育资源，将新媒体技术与高校英语课堂教学灵活交织，形成一个高效、动态的生态英语课堂。第二，在职教师培训。学校要积极为在职教师开展不定期的专业培训。委托相关培训机构，举办各种形式的在职培训，帮助高校英语教育者熟悉并掌握目前最新的教学理念，及时更新、放弃过时的教学思想和观念，提高自身的新媒体技术基本素养。

二、以学生为主的建构方法

（一）学生主体论

学校里教师与学生、学生与教师、学生与学生的交往是主体的交互作用。一种教育思想认为，教师与学生交往往往是教师作为主体对学生客体的作用过程；另一种教育观认为，学生教师交往应是以学生为主体，教师故意隐退为客体的过程。学校教师与学生之间理应是一种交互主体，只承认教师主体或只承认学生主体是工业经济社会的结果。但由于年龄的差异而造成教师是学校的强主体，学生是学校的弱主体。教师和学生之间的主体体验可分为两种：教师对师生互往的经验和学生对师生互往的经验。前者作为课程资源主要是通过教师进入课程活动；后者作为课程资源则主要通过学生进入课程活动[①]。

主体概念有两层意义：第一，指事物的主要部分；第二，指与客体相对的哲学范畴。主体指实践活动和认知活动的承担者，客体则是主体活动所指向的对象。从古希腊，尤其是近代以来，主体的语义历经演变，在现代与后现代语境中构成了西方哲学和文论话语的一个关键性概念。人、主体、自我是既相联系又相区别的概念。人不等同于主体。在古希腊哲学中，主体并不专指人，任何实体都可以作为主体而存在，唯其主体和人不直接同一，所以在古希腊哲学中没有专指人的能动创造性的主体性的概念。主体不是个实体性范畴，而是价值关系范畴。人作为一个主体并不在于他是一个实体性的人，而在于他与世界的关系中处于一种能动性的地位，如果失去能动性的地位和对世界的积极主动的关系，人尽管还是人，却不会是主体。可见，主体之所以成为主体，即在于主体性的存在。

（二）以学生为中心的高校英语生态课堂

1. 丰富教学内容，寻求整合与发展的教学目标

课堂教学目标是以系统的方式存在，是一个有教学总目标、学校总目标、课程目标、单元目标和课时目标组成的具有递进关系的系统。综合运用语言的能力是建立在语言知识、语言技能、学习策略、情感态度和文化意识等多种素养整合发展的基础上。课程教学内容，是实施教学

①范兆雄.课程资源概论[M].北京：中国社会科学出版社，2002：19.

目标的一个重要手段和体现。因此，为了实现教学目标应该丰富教学内容。在课堂上，不但要关注语音、词汇、语法、功能及交际的语言知识，更要关注听、说、读、写等语言技能，学生学习英语的信心、动机、意志等情感态度的变化，英语做计划、复习、元认知等学习策略的训练及跨文化交际意识的讲授和培养等。教学内容应强调发展学生语言综合运用能力的基础上，着重提高学生用英语获取信息、处理信息及分析问题和解决问题的能力，特别注重提高学生用英语进行思维和表达的能力，形成跨文化交际的意识和跨文化交际的基本能力，并帮助学生形成健全的英语情感、态度、价值观，为未来发展和终身学习奠定良好的基础。

2.创造性解读英语课程，处理教材与课外学习资源之间的关系

教学是师生之间、教师与教材之间以及学生与教材之间相互作用的过程。在生态教育的视角下，教材不仅是教师与学生之间的媒介，教材本身也是对话者。它强调教材作为师生不是消极的、被动的、静态的东西，而是能积极地、主动地发挥的东西。建构主义认为，学习不是教材知识由教师向学生的传递，而是学生应该主动地获取教材的意义，通过有意义的学习和训练把教材的知识内化为自己的知识。因此教师在课堂上，应该钻研和精读教材，充分领会教材的编写意图，并研究高中英语新课程标准，把握教材的重点、难点和关键点，而不能照搬教材。要创造地解读和使用教材，根据所教学生的实际情况，对教材内容进行语言的转换、内容的取舍、内容的增补及内容的调整和再加工。同时，要处理好教材与课外学习资源之间的关系。教材是国家课程中心经研究由专家和一线教师编写的，符合学生的认知需求，也是训练语言基础知识和基础技能的重要参考；课外资源一般是以习题的形式进行编排，是课程内容的补充，是学生对课堂内容消化、吸收和检验的重要方式。因此在高校英语课堂上，英语教师应以教材为主，在基础知识和基础技能训练的基础上，进行课外学习资源的扩展，这样才能收到良好的教学效果。

3.变革教学方式，注重教学过程的互动生成与发展

生态学的观点认为，教学应该打破“满堂灌”的局面，课堂教学应该是教学互动与相长的活动。在高校英语课堂上，教师应努力唤起学生

的主体意识，充分调动学生学习的积极性、主动性，并自动参与英语课堂活动，建立起师生互动、生生互动的课堂局面；教师也应该不断学习和反思课堂教学，促进自己的教师专业发展。这种课堂是通过师生之间的话语、信息的交流，提问的方式、课堂活动的设计、课堂讲解的内容及精神交往来实现的。生态的英语课堂，教师应该变革传统的教学方式。通过与学生的对话、提问、讨论、小组合作学习、角色扮演等学习方式，丰富与学生生活经验相关的教学内容、改善教学方法和提问方式等，充分调动大学生的英语思维能力，将教学过程变为师生积极互动，师生主动交往，促进和谐师生关系生成及共同发展的教学过程。

4.完善课堂评价体系，关注大学生的全面发展

评价不是教学的目的，而是促进学生发展的一种手段。为了更好地评价学生，以促进学生的发展，必须完善课堂教学评价体系。第一，使评价主体多元化。传统的评价主要是教师说了算，学生成了被动的评价者。在课堂教学实践中，应让学生参与评价的过程，并对照自己，发现问题，确定改正的方法；同时，也会提示和建议别人，从而实现评价功能向学生内在需求的转变。第二，评价手段和形式应该多样化。在新课标中，英语的总目标是培养学生综合运用语言的能力，而当前英语教学，学习英语的效果主要是通过分数来实现。在英语课堂上，教师应注重学习过程的变化，多观察学生，为学生创造参与教学活动的机会，客观公正地评价学生。对学生在课堂发生的变化，应及时具体有针对性地给予鼓励或批评，这样才能激发学生的学习积极性，使学生在每节英语课上都能感觉自己的变化，同时使自己对问题的认识提升到一个新的高度。第三，评价的内容要全面。英语课堂上学生不仅仅是一种单纯的认知活动，也涉及学习者的情感、态度、价值观、跨文化交际意识等。目前，很多学校把考试作为评价学生学习效果的主要手段，甚至是唯一手段，将量化结果根据考核的内容来测定。这种局面，不能全面地反映学生英语学习状况，也不能促进学生的全面发展。因此，为了较为全面体现学生的发展与变化，高校英语课堂不但要评价学生的语言知识、语言技能掌握与否，也要关注学生学习策略、情感态度及跨文化交际意识及能力的变化，同时要关注学生个人修养、素质和人际关系的提升及自主、合作和探究能力的发展。

三、以环境为主的建构方法

（一）英语教学中的校园英语环境建设

良好的英语环境对于学习者起着潜移默化的作用，为学生提供尽可能真实的材料和尽可能真实的语境，已经成为当前高校英语教学面临的一项任务。为此，我们有必要从英语教学与日常生活的环境入手，对学生每天接触最多的校园软硬件环境进行改造和建设，使之成为有利于英语语言习得的外在因素，并最终激发学习者自觉提高英语综合素质的内在动力。

1. 英语教学与校园硬环境的建设

校园硬件环境主要是指校园及课堂的基础设施和教学环境，是学生每天学习生活的主要场所，加强硬件设施的英语环境建设，最能激发学生的英语学习兴趣，培养他们理论联系实际、学以致用的实践能力。例如，在校园的各处建筑、景点、教学和办公等场所可以布置双语的标识牌，外语教学单位的宣传板或通知栏中都可以使用英文作为工具语言，营造英语学习的浓厚氛围，培养学生对周围事物的语言认知。在图书馆、电教室等学生学习场所，可以提供英文杂志和原版书籍阅览、英文原声影视音像等英语资源，让他们在寓学于乐中增加对英语的感性认知。在学生的日常生活场所，还可以建立英语角、英语沙龙、英语咖啡屋等交流空间，吸引和鼓励中外学生互动交流，让英语走出课堂、走进生活，为学生提供以英语为交流工具的真实环境，提高他们对日常生活的英语语言学习的水平。同时，在校园硬件环境的各处细节中，也要有融入英语的意识，校园广播安排形式多样的英语节目，电视频道里增加英语新闻频道，校园网设有英文网站等，这样便可以让学生随时随地置身于英语的环境，在潜移默化中培养英语语言习得和使用习惯。

2. 英语教学与校园软环境的建设

校园英语软环境建设主要是指英语语言及相关文化背景知识在日常教学和生活各个环节的合理使用和有效介入，对于促进学生形成英语语言习得具有示范引导的作用，有利于培养学生的跨文化交际意识，因此在高校英语教学中常常取得比传统英语教学更为显著的效果。第一，教师要保证在高校英语课堂中全程使用英语授课，鼓励和督促学生使用能力范围内的英语进行课堂互动，在教学中合理使用英语教学课件和辅助设备，创造一个用英语思考和研究的教学氛围。第二，在课堂以外，教学及教辅人员要处处起到模范带头作用。英语教师在校园中可以英语作为主要交流语言，给学生课下答疑或课外辅导尽量使用适合学生水平的英语表达，只有教师起到时时用英语的表率作用，学生才会达到处处练英语的学习效果。第三，校园学习生活中教师还应该为学生更多地安排与英语有关的学习和文化活动，如组织各类英语演讲、影视配音、翻译比赛等，让学生在竞争中认识自己的不足，增强英语学习的进取心；组织各类与英语和西方文化有关的戏剧表演、文化节、创新实践活动等，让学生增强英语兴趣，开拓文化视野，提高应用水平。当然，校园英语软环境的建设还远远不止这些，学校、院系和教师必须注重影响学生英语水平的环境因素，处处为学生创造有利条件和实践机会，只要想到并做到这点，高校英语教学水平便一定会从一点一滴的量变达到质变的飞跃。

创设良好的校园英语软硬件环境具有情景真实生动、语言丰富多样、理论实践结合紧密等特点，不仅可以丰富教学资源和教学手段，极大地提升学生学习英语的积极性，还有利于学生在生动真实的语言环境感受到地道的英语语言表达，获得语言知识，并了解所学语言的运用环境，在潜移默化中提高英语综合运用能力和实践水平。

（二）社会文化生态环境与语言教学

1. 语言与社会

语言是社会的内在属性，所以我们对社会文化生态环境能够影响语言能力并不感到奇怪。作为人类交际的语言是一种社会现象，它与社会有着十分密切的关系。语言与社会的密切关系主要体现在三个方面：

第一，语言是社会的产物。语言是随着社会的形成而出现的。人类自存在的第一天起，就必须与自然力进行斗争，以取得生活资料。在与自然力进行斗争的过程中，为了达到支配和改造自然界的目的，人们不得不联合起来，组成集体，以便共同行动和相互帮助。形成集体后就需要有一种媒介来传递和交换信息，以协调人们的共同活动。这样，作为交际工具的语言便出现了。换句话说，语言正是为了满足人类社会交际的需要而产生的。第二，语言是社会约定俗成的。语言是由音、形、义组合而成的一种符号系统。符号系统内，音义的结合带有一定的任意性，即语言是由一个语言社团的人们约定俗成的。例如，阿拉伯数字“1”，在汉语里是“yī”（一/壹），而英语则用“one”来表示，而在法语里则是“un/une”；我们所说的“地图”，汉语读dìtú，而英语用map，俄语则是kapa。因此，形式和意义没有必然的联系，任何语言都只是使用该语言社团的约定俗成。第三，语言随着社会的发展而变化。语言的变化与社会的发展有着密切的联系。社会结构的变化、社会制度的变革、社会生产和科学技术的发展，以及商业的扩大和教育的普及等，都会促使语言产生一些相应的变化。语言的这种变化主要体现在语言的交际功能和语言的结构系统两个方面。在语言的交际功能方面的变化有诸如语言的方言分化和增多、语域的形成与扩大等；在语言的结构系统方面的变化则具体表现在旧的语言事实的消亡和新的语言事实的出现，以及部分语言事实的改变等。语言结构系统方面的变化在词汇方面体现得尤为明显，如由于社会的发展，英语中的knight（骑士），foe（敌人），coach（四轮大马车）等词语已不再或不常在现代英语中使用；而像generation gap（代沟），picture-phone（电视电话），super-market（超级市场）等新的词语则越来越广泛地出现在现代英语中。

长期以来，语言学重在研究语言本身，如语言的语音、语义、语言的结构、语言的历史、发展乃至演化等，即研究的对象是索绪尔提及的“语言”，而不是“言语”。在美国，无论是1960年以前的结构主义语言学对“语言结构”的研究，还是1960年以后的乔姆斯基对“语言能力”的研究，大致都撇开了语言的社会环境、社会制约。这种情况从1960年初开始发生了一些变化，重心逐渐从结构转向功能，从孤立的语言形式转向在社会环境中使用的语言形式，从而导致了一门新兴的语言学边缘学科即“社会语言学”的出现。

2.语言教学与社会文化生态环境

英语学习社会环境主要指学生所处的国际大环境、社区环境和家庭环境，也包括国家政治、经济、文化及教育政策等现实环境。社会环境对英语教学有着不可替代的导向作用。从某种程度而言，社会环境直接制约和影响英语教学的产生、发展及命运。当代社会，随着世界经济一体化，商务、文化、旅游、科技等领域国际交往的日益增多，世界已经发展为一个名副其实的“地球村”，这就直接导致了对外语人才的大量需求。世界各国越来越多的有识之士已经认识到，外语不仅仅是学校里的一门学科，更是日后社会生活和个人发展的一种必需。这种共识成为许多人学习外语的强大动机，推动了我国英语教学的发展。与此同时，我国教育行政部门也更重视外语教学。英语教材编写体制的改革，英语教学设备的更新，英语教学条件的不断改善，使学校环境不断得到改善，从而促进高校英语教学的发展。

3.高校英语课堂教学语言生态环境的拓展

(1)利用英文原版电影进行英语教学

英文原版电影语言真实、诙谐幽默，是促进高校英语教学的有效手段。一部好的英文原版影视作品既能涵盖英语语言学习中的语音、语调等要素，又能通过生动的画面反映英语国家的社会文化和风俗习惯。在高校英语教学过程中，英文原版电影欣赏有助于为学生创设语言学习环境和氛围，提高学生英语基础知识和听说读写各方面的技巧，使学生从自我兴趣和生活经验出发，在学习过程中形成积极的情感态度、主动思维和大胆实践，提高综合语言的自主学习和运用能力。

在实施英文电影赏析这一情景教学方法之前，教师必须慎重选择教学影片。英美电影作品繁多庞杂，但并非每一部都是精品，也并不是每一部作品都适合英语教学。当然，所有英文原版电影从故事情节上都具有休闲娱乐功能，但是若忽视了选择标准，则最终只会停留在休闲娱乐的层次，浪费课堂教学的宝贵时间。为保证课堂教学的质量，教师必须按照内容是否健康向上、能否忠实反映英语国家主流文化、是否具有深刻的教育意义等标准尺度对影视作品进行筛选，选择语言多样化、文化内涵丰富的影片。在观看影片的过程中，教师应该组织多样而灵活的练习活动，如角色扮演、自主提问等，继续深化观影感受。课后，教师还要有意识地引导学生进行不同形式的英语技能训练，如小组讨论、写影评、学生自主推荐喜爱的影片供下次欣赏等，提高学生的学习主动性，强化课后学习效果。英文原版电影教学是当前高校英语教学活动广泛使用的教学方法，在长期的教学实践中收效显著，深受学生喜爱，但是开展此教学活动切忌从头到尾放映电影，教师要正确处理好电影教学与正常听说教学的矛盾，紧紧围绕英语教学目的，恰如其分地推进影视教学，提高高校英语教学效果。

（2）阅读英语原版书刊

通过大量阅读材料，可以为学习者提供生动有趣、丰富多彩的语言输入。阅读对学习者的提升不仅仅停留在提高语言水平的层面，并且可以拓展人的视野、丰富人文理念、满足智力追求。比如，阅读*The New York Time*之类的英文报纸，以及《国外风情面面观》《培根散文集》《爱默生演讲录》《世界上最优美的散文》等英文书籍，不仅可以丰富学习者的语言知识，还可以让读者获取或更新信息、开阔视野、了解外国文化。因此，阅读原汁原味的英语报刊文章以及语言优美的英文读物，可以让读者体会英语语言的节奏感，通过品味这些读物精准的用词，可以提高英语语感和整体英文水平；可以在一定程度上弥补我国英语语言学习真实材料缺失的问题，同时能为学生学习英语营建良好的学习环境。

（3）利用互联网，畅游英语世界

网络改变了现代人的生活方式，足不出户便可环游世界。因此通过网络资源，英语学习者不仅可以搜索英美国家政治、经济、文化、科技和体育等各方面的最新英语文字资料，还可以收听优美动人的欧美流行乐曲，甚至聆听各国首脑或名人的英文演讲片段。互联网上强烈的图像、文字和音响效果，可以更好地激发学生的求知欲望，使英语学习成为需要和乐趣。计算机媒体交互环境不仅可以为学生提供真实的语言交互空间，而且便于教师收集学生通过计算机媒体交互环境产出的语料。

（4）运用浸入式教学方法创设英语学习环境

语言学习环境指的是本来客观存在的或者专门为语言学习者提供乃至创设的有利于语言学习者语言学习的教学场地。就语言学习而言，人刚出生就开始对其周围环境的语言进行模仿。语言学习环境对语言学起着不容忽视的重要作用，个人的运用语言能力在一定程度上是语言学习环境内各种因素综合作用的结果。一个有利于语言学习的环境能够激发学生的语言学习兴趣，为学生提供原动力，从而促进学生更加活跃地学习语言。反之，一个枯燥乏味的语言学习环境将阻碍学生的语言学习，让他沉默，甚至不会说话。一个正常的孩童在一群狼的怀抱里成长，离开了人类语言的学习环境，结果只能发出狼的嚎叫。由此可以推理出语言学习环境对语言学习的重要性。因此可以说，语言环境孕育了语言。

在高校英语教学中创设语言环境，为学生营造不怕犯错误、透过错误不断改进学习方法的愉快学习环境，帮助学生克服心理障碍，不失为值得借鉴的高校英语教学方法。

第六章　高校跨文化交际理论与教学方法研究

第一节　跨文化交际与英语教学

一、开展英语跨文化交际教学的基础

（一）中西思维模式差异

思维是语言和文化的媒介。思维方式体现于民族文化的所有领域，是造成文化差异的一个重要原因。思维方式是精神产品的生产方式，是主体在反映客体的思维过程中，定型化了的思维形式，思维方法和思维程序的有机综合。思维方式是历史的产物，不同的时代有不同的思维方式。另外，每个民族生活在特定的自然地理环境中，形成了不同的思维方式。

1.直觉性与逻辑性

直觉是综合的、统观的、具体的，逻辑是分析的、割裂的、抽象的。直觉是体会出来的，逻辑是推论出来的。

（1）中国的直觉性思维

中国传统思维注重实践经验知识，注重整体思考，因而借助直觉体悟从总体上模糊而直接地把握认识对象的本质。直觉思维通过静观、体认、灵感、顿悟，未经严密的逻辑程序，直接而快速地获得整体感觉和总体把握，重直观内省，轻实测论证；重内心体验，轻实验实证；重直觉领悟，轻逻辑推理。直觉思维因省去许多中间环节，因而能够高效、快捷地领悟认识对象，但偶然性多，准确性差。这是一种超越感性和理性的内心直觉方法。

儒、道、佛三家都注重直觉体悟宇宙本体，力求达到“天人合一”

的境界。中国的直觉思维具有直接性、意会性、整体性和模糊性，但如果以逻辑思维为前提，并与逻辑思维相结合，就可能发挥其创造性。直觉思维对中国哲学、文学、艺术、美学、医学、宗教等的影响尤为深远。

直觉思维方式使中国人对事物的认识只满足于描述现象和总结经验，而不追求对感性认识的深层思考与对现象背后本质的哲学思辨。中国人对事物的认识常常是“只能意会，难以言传”，习惯停留在表面现象上，缺乏探求现象背后的深层原因与本质特征的精神。

(2)西方的逻辑性思维

西方思维传统注重科学、理性，重视分析、实证，在辩论、论证和推演中认识事物的本质和规律。

亚里士多德开创了形式逻辑，提出了形式逻辑的三大基本规律，创立了演绎推理的三段论以及整个形式逻辑体系，使逻辑性成了西方思维方式的一大特征。形式逻辑还使西方思维方式具有理性、分析性、实证性、精确性、系统性等一系列特征。西方逻辑思维的发展导致思维的公理化、形式化和符号化。

2. 求稳性与求变性

(1)中国文化的“求稳”思维

中国传统哲学以“天人合一”为最高境界，强调求得整体的动态平衡，以和谐、统一为最终目标。中国传统文化成为世界上唯一绵延不断、自我调节的“超稳定”文化。稳定性、循环性成为中国文化的特征。“变”与“不变”是万事万物的两种状态。群体主义取向决定了“求稳”的心态，因为群体的“变”受到限制。中国文化深受儒家中庸思想的影响，习惯于保持和谐。中国人主张国家和家庭的和睦，“求稳”的观念扎根很深。事实上，“变”是绝对的，“不变”是相对的，中国几千年来正是在“稳定”中求进步的。这就是中华文化得以延续并保存的历史原因。

(2)西方文化的“求变”思维

西方绝大多数哲学倾向和流派都强调“主客二分”。智者们将自然和宇宙作为客体加以研究，为探求真理，热衷于辩论，包容不同观点，不断求异创新，形成了探索未知世界的科学精神。西方思维方式善于随着不同时代尤其是科学发展的不同历程而变化。西方思维的理性主义决定了其批判性。

崇尚个人主义取向的西方文化倾向于“求变”。变化表现为不断打破常规，不断创新。对西方人来说，变化、进步与未来几乎都是同义词。“求变”集中表现为不同形态的流动，如事业追求、求学计划、社会地位、居住地域等。

3. 整体性与分析性

(1)中国的整体性思维

中国人善于发现事物的对立，并从对立中把握统一，从统一中把握对立，求得整体的动态平衡，以和谐、统一为最终目标。任何现象都是对立的，这两方面相互依存、相互包含、相互转化、相互轮替，必须注意对称，兼顾两面，只有当这两方面处于均衡对称状态时，才能取得整体稳定感。

(2)西方的分析性思维

柏拉图首先提出了“主客二分”的思想。15世纪下半叶以后，自然科学进入对事物进行分析解剖的阶段，从定性走向定量，从宏观走向微观，以孤立、静止、片面的观点考察和分析事物。17世纪以后，西方注重分析事物的因果关系而不再注重事物的相互关联。笛卡尔明确地把主体与客体对立起来，提出“精神实体”与“物质实体”同时存在但彼此独立的二元论世界观，以“主客二分”作为哲学的主导原则。后来的后现代哲学，改变了这一认识模式。

分析性思维明确区分主体与客体、人与自然、精神与物质、思维与存在、灵魂与肉体、现象与本质，并把两者对立起来。分析性思维有两个不同的层次：①把事物从其所处的环境分离出来，注重其特性，以便归入一定的范畴；运用范畴的规律来解释和预见事物的表现。这要求把复杂的事物分解为具体的要素，把各要素割裂开来、孤立起来，然后深入考察各要素的性质、联系，从而为了解整体及其要素的因果关系提供依据。②因为第一个层次的不足，思维必须上升至第二层次，就是以完整而非孤立、变化而非静止、全面而非片面、相对而非绝对的对立统一的辩证观点去分析复杂的世界。马克思主义哲学大力提倡这种思维层次。另外，系统论方法、控制论方法和信息论方法也表现了综合性的思维方式。

（二）中西价值观念差异——学校教育观对比

1. 教学内容

（1）中国的“精”

在教育内容上，中国的教育属于“精”的教育，如果学生不能够将知识学得足够精深，则会无法得到继续深造的机会，从而被淘汰。

中国的教育十分注重巩固基础知识，以知识灌输为主要方式，以熟练掌握知识为主要目的，重视知识掌握的“精”和“深”。例如，学习数学时，教师最常采用的是题海战术，让学生重复练习，直到熟练掌握为止。

（2）西方的“博”

与中国“精”的教育相反，西方教育在教育内容上更注重对知识的灵活运用，重视学生创造力的培养，重视教育的“广”和“博”。西方教育不会像中国教育一样灌输知识，在为学生传授知识时只是点到为止，学生在达到基本教育要求的情况下，可以有更大的选择空间。

2. 教育方式

（1）中国的灌输式教育

中国的教育方式更多的是灌输式的。这种教育的方式就是先将先人的经验告诉学生，然后学生在已有的成功经验基础上进行操作，通过经验的指导进行学习和实践活动。

这种教育方式造成的一种不良后果就是，由于学生难以跳出在先人经验影响下形成的固定思维模式，而造成了创造性思维的欠缺。

（2）西方的尝试式教育

西方的教育方式，可以称之为一种尝试式的教育模式。这种尝试式的教育就是先让学生尝试进行体验，通过体验发现其中的问题，然后通过解决这些问题而逐步积累经验。随着经验的积累，学生真正属于自己的研究成果就会产生，并逐渐增多，学生的自信心也会增强。

二、跨文化交际理论应用于高校英语教学的主要任务

(一)培养跨文化意识

《英语课程标准》明确指出，英语教学要拓宽学生的文化视野，发展学生的跨文化交际意识和基本的跨文化交际能力。可见，文化意识不但被列入英语教学的内容标准和目标要求，而且其在目标描述和内容标准中具有详细的描述。

文化意识是指学习者对目标语文化的社会规约、价值观、信念等的了解。根据人们对文化的了解程度，文化意识可以分为四个层次：

第一个层次是学习者了解明显的文化特征，但认为它奇特不可理解。

第二个层次是学习者通过文化冲突，了解到与自己文化明显不同的某些有意义、微妙的文化特征，但是仍然不理解。

第三个层次是学习者通过理性分析，了解那些微妙、有意义的文化特征，并从认知的角度认为可以理解。

第四个层次是学习者通过深入体验所学语言的文化，学会设身处地地从目标语文化的视角看问题，达到视其所视、感其所感的理解[①]。

根据文化意识所划分的四个层次，文化教学应该包括两个层面：

1. 文化知识

文化知识是指学习者需要了解的有关语言文化的知识，包括衣食住行、风俗习惯、生活方式、行为规范等知识，具体来说，就是教材或其他学习资源出现的地理、历史，人物、风俗、文学、艺术等知识。文化涉及广泛的内容，所以文化知识也多种多样，而文化知识其实就是对某种文化现象的了解。

2. 文化理解

20世纪90年代，在文化知识传授的基础上，外语教学获得了另一种挑战，即文化理解。文化理解是指学生对中外文化及其差异的理解过程或理解能力。主要包括两个方面的问题：

理解具体、个别的文化知识或文化现象的渊源、背景、宗教含义、文化含义等，及其所反映或所代表的道德观、价值观、人生观等。

---

①叶林雅，卜梦然．高校英语教学中跨文化交际与文化身份的交融[J]．英语广场，2022(29)：71-73.

将文化视为一种客观存在。每一种文化都包含精华与糟粕，文化知识的传授需要选择性地进行。一方面，我们要客观、宽容地对待异国文化，拒绝任何异国文化是一种狭隘民族主义态度，并且尽量不用自己的文化、道德、价值观作为标准去衡量、评判异国文化；另一方面，为了避免盲目地追随异国文化，在学习异国文化的同时，还要坚持自己的优秀文化传统，并且对两种文化异同的比较可以使自己恰当、得体地进行跨文化交际。

（二）提升文化素养

现在的社会是一个复杂多变的社会，知识和技术的更新让人应接不暇，这就对人们提出了终身学习的要求。要想获得持续的发展，文化素养的提高是一个必备条件。因此，教师必须做到两点：

1. 必须尊重学生的内心世界

学生对周围的人和事以及社会的看法都直接影响着他们的英语学习过程。教师应该意识到学生有着丰富的内心世界，拥有不可预测的学习潜能，所以不能将自己的观点、态度、价值观凌驾于学生之上或者强加给学生。教师要和学生多做内心的交流，成为学生的良师益友。由于时代变化，现在的学生更具个性化，他们的思维更加有创意，如果教师能和学生形成一种平等友好的关系，则有利于帮助学生提高学习成绩。

2. 要注意在英语教学中实行情感教学

要落实情感教学，教师就要创造和谐的课堂气氛，和谐的气氛在一定程度上胜过教学方法的作用。教学实际上也是一种人际交往的过程，人际交往在良好的气氛中才能顺利地进行。那教师应该如何创造良好和谐的课堂气氛呢？第一，教师要重新正确定位师生关系，给学生自由发挥的空间，让他们多多体验学习带来的乐趣和成就感。第二，教师要时刻保持自己的教学热情，并展现一种积极乐观的生活态度，因为情绪情感是有着强大的感染力的。第三，要对学生所犯的语言错误予以宽容。功能主义语言理论指出，英语学习中出现的错误是一种常态，是学生向掌握语言过渡的必经之路，如果不影响理解和交际，可以忽略不计。对学生有错必纠，容易打击学生的积极性。

第二节 跨文化交际理论在高校英语教学中的应用方法

一、跨文化交际理论下的高校英语教学模式概述

(一)文化教学

文化教学可采取几种不同的形式:第一,在英语教学过程中开设文化课程;第二,将文化因素融入英语课程;第三,课外文化体验或实践活动。文化教学的对象主要是在校大学生,他们有机会参与各种形式的跨文化交流活动,如听外籍教师讲课,参加国际学术会议,短期或长期出国学习,参加国际夏令营,去跨国公司实习等。文化教学致力于提高语言学习者的跨文化意识和培养其跨文化交际能力。在英语课堂教学过程中,教师可采用专题讲座的形式传授那些直接或间接参与交际的目标语言文化知识,也可把文化教学融于语言教学,通过两种文化的对比,使学生对文化差异有较高的敏感性,并能在两种文化间自如地进行角色转换,从而达到成功交际的目的。

传统意义上的文化教学是指教师讲授目的语国家的历史、地理、政府机构、文学艺术等背景知识。这些文化背景知识有助于跨文化交际的成功,但由于不直接参与交际,具有一定的局限性。自20世纪中叶以来,由于受到人类学和社会学的影响,英语教学研究者开始认识到了解目的语言民族的风俗习惯、生活方式、思维方式、价值观念系统等文化因素对于学习该民族的语言十分重要。国内外学者纷纷著书立说,阐明文化与语言的关系,研究如何选择文化教学的内容,如何将文化教学与语言教学有机地结合。

在文化教学研究方面,国外学者各抒已见,提出了许多有价值的见解。诺斯特兰德指出,文化教学的总目标是跨文化理解和跨文化交际,文化教学除了认知因素以外,还应包括社会和情感因素。西利认为,文化教学应该从七个方面启发学生:第一,受文化制约的行为意识;第二,语言和社会变量的相互作用;第三,一般情况下的常规行为;第四,词和词组的文化内涵;第五,对目的语言文化通性的评估;第六,对目的语言文化的探究;第七,对其他社会群体的态度。

通过教学实践和社会检验，我国大学英语教师普遍认识到文化教学不仅仅是讲授英美国家的文化现象或介绍一些文化事实，而是要培养学生的文化意识，采用有效的教学模式，寓文化于英语教学，方可达到培养学生跨文化交际能力之目标。如果学生只是死记硬背一些文化事实，往往会造成在跨文化交际过程中因循守旧、不善变通的后果，因为文化不是一成不变的。只有让学生真正地理解跨文化交际的原理，懂得跨文化交际的技巧，掌握英美文化和语言，才能达到得心应手地进行交际的境界，这才是文化教学的真正内涵①。

鉴于文化概念的复杂性和文化内容的宽泛性，文化教学不可能涵盖所有的文化因素，因此国内外学者一般认为，语言教学添加文化教学内容或者渗透文化知识应该遵循四项教学原则：实用性原则；阶段性原则；适度性原则；科学性原则。由于英语教学的最终目的是培养学生的跨文化交际能力，文化教学必须贯穿于语言教学的整个过程。文化因素的复杂程度与语言形式的难易程度并不一定成正比，即使是简单的语言形式也可能因为文化的问题而导致语用失误。例如，在打招呼、表示歉意、表示感谢等情境下使用的一些基本的日常用语，虽然在形式上非常简单，但在实际交际过程中学生对如何得体地运用这些简单语言却常常觉得没有把握。

所以在英语教学中教师要自始至终将语言与文化结合起来教学，即把语言形式置于社会语境进行教学，让学生按照一定的语用原则操练或使用语言。这样的教学才能使语言知识富有生命力，使学生具备跨文化交际的能力。那么文化到底包括什么内容呢？从宏观上看，文化包括三个方面的内容：观念文化——历史、哲学、文学、艺术、科学技术、价值观念等；制度文化——社会制度、政治制度、法律制度、经济制度、风俗习惯、生活方式等；物质文化——服装、饮食、建筑物、交通工具等。由于文化内容纷繁复杂，在实际的课堂教学过程中，教师有必要对文化内容进行适当的调整、归类并与语言教学科学地结合起来。具体到英语课堂教学实践，英美文化教学的内容可以概括为五个方面：

1. 英语词语的文化内涵

任何一个民族的语言，其词语承载着民族文化的大量信息，是外族

①王永莲．跨文化交际视野下本科英语专业文化教学探究[D]．太原：中北大学，2016：27.

人理解该民族文化的重要线索。英语词语的文化内涵包括指代范畴、感情色彩和联想意义，以及成语、典故、谚语、俗语的比喻义和引申义。由于词语在英汉两种语言之间的文化差异是英语学习的主要障碍之一，教师在进行词汇教学时要注意英语词语的文化意义在英语和汉语之间的对比。

2. 英美文化背景知识

背景知识是英语文化的重要组成部分。研究表明，在阅读过程中，理解文章的关键在于激活阅读者的“知识图式”（knowledge scheme），即让学生正确地使用已有背景知识去填补文中一些非连续实施空白，使文中其他信息连成统一体。英语语言国家的民族习俗、社会行为模式、历史、地理等方面的知识是学生产生合理的推测和联想的基础，有助于学生更好地理解文章的含义。

3. 英语句法、篇章结构特点和英美思维方式

英语句子较长，以动词为核心，其主干旁支结构分明，主从成分层次明晰，呈树形结构。英语句子语法结构严谨，逻辑关系明显，重分析轻意合。而汉语句子较短，无严格的语法约束，重意合。英语的动词曲折变化形式可表示时间概念，而汉语则要用时间状语表达时间概念。英语的篇章结构一般呈直线型，而汉语的篇章则呈螺旋型或曲线型。英语文章主题明确，脉络清晰，逻辑性强。而汉语文章的特点是含蓄委婉，谓之“曲径通幽”。教师通过对比分析，让学生掌握英语句法和篇章结构特点。

4. 英语交际风格和行为方式

英美人士和中国人在交际习惯和行为方式上存在着巨大的差异。一般来说，美国人在交际时倾向于直截了当，开门见山，直奔主题；美国人相信只有通过言语进行详尽严密的交谈，才能达到交流和解决问题的目的；美国人喜欢就事论事，不太注重社会因素和人际关系对交谈主题的影响。美中两种文化的交际风格差异很大，双方只有事先对交际风格差异有所了解，并且在交际时有意识地调整自已，才能取得良好的交际效果。教师还应该引导学生了解英美人士在言语行为和非言语行为方面的表现。在言语行为方面的表现主要包括：称谓、打招呼、告别、问候、祝愿、致谢、表扬、禁忌、委婉语等。在非言语行为方面的表现主

要包括：身体动作、面部表情、衣着、服饰、音调、音量、守时、体距等。

5. 英美价值观

与跨文化交际关系较为密切的价值观主要包括：人与自然的关系，是“天人相合”还是“天人相分”；人际关系，是群体取向还是个人主义取向；人对“变化”的态度，是求变还是求稳；动与静，是求动还是求静；做人与做事；时间取向。

陈申在《语言文化教学策略研究》一书中共总结了三种文化教学模式：地域文化学习兼并模式；模拟交际实践融合模式；多元文化互动综合模式。里萨格尔（Risager）的四种文化教学模式是：外国文化模式；跨文化模式；多文化模式；超文化模式。这些模式为我们构建了跨文化交际大学英语教学模式，提供了有价值的参考，特别是里萨格尔的“跨文化模式”具有示范价值。

（二）教学目的

应用视角下的英语教学目的以语言应用技能为目标，对学生进行听、说、读、写、译五个方面的技能训练，以提高学生的英语综合运用能力。跨文化交际视角下的英语教学则注重学生整体沟通能力的建构，语言技能作为沟通能力的一个方面，包含于宏观的能力和素质之中。根据我国最新的大学英语教学大纲——《大学英语课程教学要求》，综合两种视角下的英语教学，在培训语言基本技能的英语教学过程中添加文化内容，增设文化知识的课程、跨文化交际课程、双语文化类课程等已成为必要之举。根据跨文化交际能力的构成内容、大学英语课程的教学目标，以及课程体系特点，跨文化交际大学英语的教学目的可细化为四个方面：

1. 培养学生的英语综合运用能力

就英语语言教学而言，从语言能力、语言技能和语言运用等方面对学生进行培养。根据新生入学时的英语水平、摸底测试结果和专业特点、就业需求、深造需求等，除了确定适合学生的英语培养目标外，还从《大学英语课程教学要求》中选定了适合具体情况的“较高要求”列入《高校英语教学大纲》。按照“较高要求”，从听、说、读、写、译、词汇六个方面确定教学内容，决定教学策略和教学方法，开设相应的课程，以提高学生的英语综合运用能力。

2. 培养学生的跨文化交际认知能力

英语综合运用能力是跨文化交际能力的一部分。大学英语教学的终极目标是培养学生的跨文化交际能力。跨文化交际能力是进行成功跨文化交际所需要的能力，即与不同文化背景的人进行有效的、适宜的交际能力。

跨文化交际能力一般包括三个基本因素：认知因素、情感因素、行为因素。认知因素是指跨文化意识，即人们在对本国文化和外国文化理解的基础上形成的对周围世界认知上的变化和对自己行为模式的调整。情感因素是指跨文化交际过程中人们的情绪、态度和文化敏感度。行为因素指的是人们进行有效的、适宜的跨文化交际行为的各种能力和技能，比如获取语言信息和运用语言信息的能力，如何开始交谈、在交谈中进行话题转换以及如何结束交谈的技能和移情的能力，等等。跨文化交际过程中的认知是指人在特定交际环境中处理和加工语言和文化信息的过程。跨文化的认知能力是获得跨文化知识、跨文化交际规则以及提高跨文化交际意识的基础，包括文化认知能力和交际认知能力。在跨文化交际高校英语教学中，我们应该优先培养学生的跨文化的认知能力。

（1）文化认知能力

文化认知能力是指在了解母语和目的语言双方文化参照体系的前提下所具备的跨文化思维能力和跨文化情节能力。跨文化交际要求交际者既了解自己所在文化体系的文化习俗、价值观念、思维模式和行为取向，又了解目的语文化的相关知识。只有了解双方文化的参照体系，交际者才可以在跨文化交际语境调整自己的行为，模拟预测交际对象的行为取向，为有效交际做准备。

跨文化思维能力是指交际者在了解交际对象文化的思维习惯的基础上，能够进行跨文化的思维活动，是高层次的跨文化交际能力。交际过程中交际主体的认知对象主要是组成沟通环境的各种事物，即交际行为发生在一定的语境中。福格斯为情节下的定义是“某一特定文化环境中典型的交往序列定势”，跨文化情节能力是交际者在特定语境按照交往序列定势交际的能力。

(2)交际认知能力

跨文化交际能力既包括对目的语交际模式和交际习惯的了解，又包括对目的语言体系、交际规则和交际策略的掌握。高校英语教学的主要内容是语言，掌握语言知识和应用规则是重要的教学目标之一。由于各文化体系中人们的价值取向不同，交际规则差别很大。如果不了解对方文化的交际规则，即使正确使用目的语言，也不能保证有效的交际结果。因此，英语学习者只有了解交际对象在文化方面的交际规则，学习其交际策略，才能在行为层面上表现出跨文化交际能力。

3. 培养学生跨文化情感能力

《心理学大辞典》对“情感”的定义：“情感是指人对客观事物是否符合自己需要而产生的态度体验。”情感反映的是具有一定需要的主体与客观事物之间的关系，是对客观世界的一种特殊的反映形式，属于心理现象中的高级层面，能够影响认知层面的心理过程。情感、态度和动机能够影响对事物的认识和解决问题的方式。交际过程中的文化情感能力主要指交际者的移情能力和自我心理调适能力。

移情能力。培养学生的移情能力是指培养学生克服民族中心主义的能力、换位思考能力以及形成得体交际动机的能力。作为文化群体的一员，交际个体都有民族中心主义的倾向，以本民族文化为标准评价其他文化，对其他文化存在文化思维定势、偏见和反感情绪。培养跨文化交际能力的课程体系能够增加学生对其他文化的认识，提高跨文化交际意识和克服民族中心主义的负面影响。

自我心理调适能力。在跨文化交际语境，交际主体会因文化差异产生心理焦虑或感到心理压力。例如，文化休克。因此，培养学生的自我心理调节能力（包括困惑和挫折时，自我减轻心理压力的能力）、对目的语言文化中不确定因素的接受能力和保持自信与宽容的能力是重要的文化教学目标。

4. 培养学生的跨文化行为能力

跨文化行为能力是指人们进行有效的、适宜的跨文化交际行为的各种能力，比如正确使用语言的能力，通过非言语手段交换信息的能力，灵活地运用交际策略的能力，与对方建立关系的能力，控制交谈内容、方式和过程的能力等。

跨文化交际的行为能力是跨文化交际能力的最终体现。跨文化行为能力的形成需要以认知能力和情感能力作为基础。在跨文化交际大学英语教学过程中，着重培养学生的三种跨文化行为能力：言语行为能力、非言语行为能力、跨文化关系能力。

言语行为能力。言语行为能力的基础是语言能力和语言行为。语言能力包括词法、语音、语法、句法、语篇等语言知识，语言行为是正确使用语言的能力。因此，教师应该从跨文化交际角度培养学生言语行为能力，使学生了解目的语言词汇的文化隐含意义，句法构成习惯以及篇章结构布局等。

非言语行为能力。培养学生非言语交际能力，提高有效沟通能力。非语言交际行为包括肢体动作、身体姿态、面部表情、目光接触、交流体距、音调高低等。在交际中，非语言交际行为所传递的信息量远远超过言语行为所传递的信息量。

跨文化关系能力。培养学生的跨文化关系能力，保证跨文化交际的顺利进行。跨文化关系能力包括与目的语言文化交际对象建立并保持关系的策略能力，在不同的交际情境的应变能力、语言综合应用能力、跨文化认知能力、情感能力和行为能力构成了跨文化交际能力的主体，是跨文化教学的重要目标。这些能力需要通过跨文化交际课程体系实现。

(三)教学的方法和教学策略

文化教学的方法：英语教育中的文化教学采用三种教学法，即显性文化教学法、隐性文化教学法、综合文化教学法。

1.显性文化教学法

显性文化教学法是指相对独立于英语教学的、较为直接系统的、以知识为重心的文化教学法。显性文化教学法的省时、高效是显而易见的，而且这些相对独立于语言教学的自成体系的文化知识材料可以很方便地供学生随时自学。但是显性文化教学法有两个致命缺陷：第一，使学生对异文化形成简单的理解和定型观念，影响跨文化交际的有效进行；第二，让学习者始终扮演着被动接受的角色，导致他们缺乏文化探究的能力和学习策略。

2.隐性文化教学法

隐性文化教学法是指将英语教学与文化教学自然地融合的教学方

法。其优点在于：课堂的各种交际活动给学习者提供了一个认识和感知异文化的机会。其缺点是：学习者在语言学习的过程中自然习得的外国文化缺乏系统性。

3. 综合文化教学法

综合文化教学法是指将跨文化交际能力作为最终教学目标，综合了显性文化教学法和隐性文化教学法各自的优势，并且兼顾了文化知识的传授与跨文化意识和行为能力的培养的教学方法。

文化教学的策略：大学英语教学中有效实施文化教学离不开系统的文化教学策略的支持。在涉猎了国内外语言文化教学研究和跨文化交际研究的书籍以后，引进了综合文化教学法，借鉴了胡文仲和高一虹、陈俊森、严明等学者的研究成果，整合了一套适合实际情况的基本文化教学策略，并设计了一系列的课堂活动。

采用的文化教学策略有：文化讲座、文化参观、文化讨论、文化欣赏、文化会话、文化合作、文化表演、文化交流、文化谜语、文化冲突、文化研究、文化渗透、文化体验、文化旁白、文化片段、文化包、文化丛、文化多棱镜、关键事件分析、角色扮演、案例分析法、文学作品分析等。

二、构建跨文化交际能力培养体系

（一）跨文化交际能力培养的认知体系

大学英语跨文化教学中的认知体系，包括对于目的语言民族也就是英语民族的文化知识、自身价值观念等方面的意识。在大多数学者专家的观点中，跨文化交际能力就是指语言使用者能够在目的语言的文化情境得体恰当地使用目的语言进行交流沟通，并且能够用目的语言的思维习惯、情感感知方式去理解、表达自己看待事物与世界的观点与看法，从而在此形成新的对于世界的体验的能力。具体就大学英语的跨文化教学来说，认知也就意味着对于教学理念、教学目标以及教学过程中的一切看似矛盾但又各自密切相连的关系的处理以及教学原则的确立。

1. 树立正确的教学理念

教学观念的更新、教学认识的提升，对于当前的大学英语跨文化教学及其所面临的改革来说，具有十分重要的意义和作用。我国整个大学英语跨文化教学的现状来看，我们所提出的跨文化教学仍然属于一种较为先锋的教学观点。而我国大学教育行政管理部门，其思想意识将直接影响作用于我们的大学英语跨文化教学的改革与发展。

因此，基于此现状，当前我国的大学教育行政管理部门应该有着战略性的眼光与视野，充分借鉴学习西方欧美一些国家比较先进的跨文化经验，从更高的战略性目光看待我国需要进行的跨文化教学所具有的时代意义，明确大学英语跨文化教学的内涵与目标，以便更好地制定同我国当前的国情和教学实况相符合的大学英语跨文化教学的目标、原则和方法，为我们当前的英语教学提供更为明确的目标与方向。

在高校英语跨文化教学过程中，第一，教师必须先要明确自身教学理念更新的重要性。在进行高校英语的跨文化教学过程中，能够做到始终坚持“语言教学与文化教学相结合”的教学方式，分别从语言意识、语言学习、文化意识以及文化经历四个相互紧密相连的层面着手，将母语文化在大学英语学习过程中的正迁移作用充分发挥出来；第二，教师对于自身素质的要求不能够仅仅将自己定位于一个传授知识的教书匠，而应该注重对自身各方面能力的培养，努力使自己成为一名学贯中西的学者型教师。

此外，在大学英语跨文化教学过程中，除了教师教学理念的更新与教师自身文化素养的培养与提升之外，对于大学英语跨文化教学中的文化理论框架的建构，也是一个必须明确并且需要进一步深入分析探讨研究的重要课题。

2. 明确合理的教学目标

我们现在的大学英语教学是以2020年教育部修改制定的《大学英语课程教学要求》为标准。在《大学英语课程教学要求》中，极为明确地规定了大学英语教学的目标，那就是以培养学生的综合素质与应用能力为目标。这一目标同此前的目标有所不同的是，改变了过去那种重知识传授轻知识运用、重知识点记忆轻能力培养的目标，新的教学要求意味着我国的高校英语教学提升到一个新的境界。在这一新的目标的规定下，交际意识和文化能力都得到一定的强调与重视。

高校英语跨文化教学的目的其实就是培养英语学习者在进行跨文化交际时能够用得体合适的英语民族的语言与文化进行交流的能力。因此，这就需要学生必须对目的语言的词汇极为丰富的文化内涵有所了解与认识，这样才能够更好地掌握目的语言的使用规则。

经验表明，相较于结构规则而言，语言的使用规则要显得更为重要。在跨文化交际中，若仅依靠语音、语法、语调的正确流畅运用，这是不够的，这根本就无法保证我们的跨文化交际的顺利进行与完成。高校英语的跨文化教学不仅仅只是帮助学生认识了解英语民族的人们观察世界的方式和思考问题的方式，更为重要的还是能够协助学习者运用英语民族的视觉与思维方式来表达其所看到的事物、行为习惯等，以便真正学会用得体的语言与方式同英语民族的人们顺利地进行跨文化交际。

此外，除了一定的应用能力的培养之外，对于异域文化的敏感度以及容忍度在很大的程度上也决定着跨文化交际的成败。学习者不仅仅要对异域民族的生活习惯、思维方式、认识模式以及合作态度等有所认识与了解，更需要对自己的交际对象所拥有的文化背景与风俗习惯等有着一定的敏感度与包容性。在跨文化交际过程中，其实交际者最容易犯的一个错误便是以自己母语文化的视觉去审视目的语言的民族文化与思维习惯，而不去深入探究隐藏在文化表象背后的深层内容。

因此，这就需要教师尽可能多地为学生创造一些真实的文化体验情境，通过直接的经验感受，引导学生对隐藏在文化背后的深层含义有着更为深切的解读与理解。同时，教师还可以通过参加培训班等多种方式来拓宽体验渠道，引领学生能够用目的语言的文化思维去进行思考判断，以更好地提升大家的文化敏感性、包容性以及面对着不同民族之间存在的文化差异处理的灵活性，从而确保跨文化交际的顺利成功进行。与此同时，对于学习者来说，在提升他们对外来异域文化进行吸收学习借鉴的同时，也能够将自己本民族的优秀文化传统传播出去，从而使大家成为融会贯通中西方文化的学者型人才，这既是当前英语教学面临的大势所趋，同时也是高校英语进行跨文化教学的最终目的所在。

(二)跨文化交际能力培养的情感体系

1.英汉文化并重

在全球化发展的背景中，中国的发展需要引起世界关注的目光，同时世界的发展也离不开中国这一重要角色给予的关注。也就是说，在全球化的发展过程中，我们不只是单向地把世界的先进技术与文化引入中国人的视野中并为我所用，同时，还要将中国的先进文化、科学传播到世界各国人民的视野之中。

2. 消除母语的负迁移，发挥正迁移作用

其实，从本质上来说，学习一个民族的语言就是对这一民族的文化的学习。大学英语的学习就是在对中西方文化的学习与交融过程中，以中国学生早已有的母语文化知识为基础，导入英语民族的文化知识内容，从而使其具有双语表达的能力，并且在此过程中对于两个民族的思维方式等方面的差异性都存在着较为深刻的认识与理解。学生的本民族语言文化是早已深入学生的头脑的，在此基础上文化的迁移作用必然会发生在英语的学习过程中。那么，在高校英语的跨文化教学中营造一种合适的语言文化氛围，在突出语言知识技能的同时，也能够更好地强调其客观的文化背景、交际环境以及思维方式等方面的差异性学习，从而使他们真正进入跨文化交际时能够得体地使用英语，避免文化冲突矛盾与交际的尴尬，这是当前高校英语教学面临的一个亟待解决的问题。

所谓迁移作用，就是在学习的过程中，学生本身已经拥有的知识必然会对其学习新的知识内容产生一定的影响作用，这就是所谓的知识的迁移作用。那些能够促进新知识内容学习的迁移，被称为正迁移；那些对于新知识的学习产生阻碍的迁移，被称为负迁移作用。根据行为主义者的观点，语言学习者在学习过程中产生的母语负迁移就是英语学习中犯错误或者是产生障碍的原因。文化迁移的主要表现就是在跨文化交际过程中语言使用的不得体性。这种不得体性就是跨文化交际不能顺利进行、发生矛盾冲突的原因所在。对于母语的迁移作用应给予足够的重视。因此，在大学英语教学的过程中，教师有意识地提升英语学习者的文化素养，对于英语民族的文化知识内容进行认真的学习与理解，从而提升语言学习者的语言敏感性，以消除母语文化的负迁移作用，对于跨文化教学具有重要的意义。

3. 树立语言、文化平等观，加强学生文化移情能力的培养

任何一个民族的语言与文化都有其产生的渊源与理由，它们之间是平等的，没有高低贵贱之分，都是世界文化的重要组成部分。因此，高校英语跨文化教学过程中，教师一定要注重培养学生树立起语言、文化平等的观念，引导学生对于世界各民族的文化特性给予重视，从而提升大学的多元文化的意识，强化学生文化移情能力，引导学生能够用一种

平等的观念与视角来看待本土的母语文化与异族文化，用科学的态度对待母语文化与异族文化之间的差异性与平等性，消除观念中的大文化观，使学生明白对于本民族的母语文化过分的自信或者是过分的妄自菲薄都不是正确的态度。

4. 建立跨文化交际意识，提高文化认同度

通过大学英语阶段的学习，相信大多数学生能够组织英文句子进行交流沟通，但是若想做到用地道的英文来进行表达，那就有些困难了。究其原因，就是因为忽略了语句中文化因素的存在。有时导致的文化交流的失败，就是因为没有能够使交际双方在交际过程中得到文化的认同。所谓文化认同，其实是一种归属感，是个体对于自己所处的社会群落的文化产生的一种依附性与归属感，个体在此基础上获取属于个体的文化，并且对其加以保留与丰富的一种社会文化心理过程。

文化认同涵盖的面极为广泛，包括社会价值规范、文化观念、思维方式、风俗习惯、语言、艺术等。伴随着世界各国间交流与合作的日益频繁，各民族在发展壮大创新自己文化的同时，对于其他民族的文化也在潜移默化地接受并且受到一定的影响。各个民族在同其他民族的交流过程中，必然对自己民族文化同异族文化之间的异同进行不同程度的比较与认识。在此过程中，为了更好地寻找彼此对话交流的平台，必然意味着要放弃一些民族文化中原有的规则与习惯，以达到求同存异的目的。与此同时，要不忘坚持自我民族文化的认同感，以求在跨文化交际过程中保持本民族的文化意识，为母语文化的生存发展求得相应的权利与位置。

文化认同是人类在对大自然认识的基础上的一种升华性的认知，对人类的价值取向、认知过程产生较大的影响作用，是以人类对于文化内涵产生的共识与认可为基础的。因此，文化认同经常作为跨文化交际过程中的语用原则对具体的交际活动进行有效的指导。

（三）跨文化交际能力培养的行为体系

从跨文化交际能力的行为层面来看，可以分为解决问题的能力、建立关系的能力、在跨文化交际中完成行为的能力。交际者所具备的良好的个人文化适应能力与互动能力是跨文化情境中顺利完成跨文化交际任务的良好保证。而在高校英语跨文化教学过程中，教材的选用以及教学

策略的运用，对于培养学生跨文化交际行为能力具有较为直接的影响作用，甚至是完成跨文化交际任务的关键因素所在。

高校英语跨文化教学所用的教材是教学的主要内容承载者，对于师生的教学来说，是主要的依据与导向。高校英语跨文化教学任务的完成，英语教材起着关键性的作用。就目前我国的大学英语学生的状况来说，可能他们对于英语民族的文化传统、风俗习惯、价值观念、思维方式等方面的了解与认识是非常不充分的。其实，这同我们目前大学英语教学中教材的编写与选择有着极为直接的关系。这样，高校英语跨文化教学在选取教材时就需要既考虑提升学生跨文化交际能力可能涉及的各个方面，又要能够通过设计多种形式的练习题将复杂的跨文化交际中所需要的各种技能与知识融入其中进行锻炼。比如，从跨文化知识的导入开始来解释语言表达中所深蕴的文化内涵，从而拓展和文化有关的知识内容。

通过对具体案例的分析与点评来培养学生的全球文化意识与跨文化的敏感度。通过真实的情境扮演与角色分析来引导学生体验跨文化交际中可能出现的文化冲突与矛盾，从而增强学生的文化分析能力与判断能力。通过真实的新闻媒体的报道等方式来锻炼如何处理学生对于跨文化交际中的生活场景或者是工作场景中可能出现的跨文化问题，提升学生解决跨文化冲突的能力。

如果在当前的高校英语跨文化教学过程中忽略了实践的教学环节，那么或许可以培养学生的跨文化交际意识和文化敏感性，但是却并不能够提升他们的跨文化交际能力。只有带领学生进入真实的跨文化情境，引导学生进行真实的跨文化体验实践，才能够真正使大家培养跨文化交际意识，并且将这种跨文化意识和敏感性切实转换为跨文化交际能力。

第七章　高校英语教学模式创新实践

第一节　基于学生主体的有效高校英语教学模式

一、以学生为中心，充分运用情景式教学

课堂教学是教学的基本形式，其效果的好坏直接影响学生对语言的习得。基于学生需求的教学目标决定了英语教学必须“以学生为中心”。教师要设计丰富多彩的课堂教学活动，根据不同的课程需求、不同学习者的语言水平，采用灵活多样的课堂学习任务，提高学生的自主学习能力和参与能力，使教师成为学生的合作者。教师可以根据教学内容，创设特定的场景，让学生通过看、听、说和角色扮演，再现课文所描绘的情景表象，使学生仿佛身临其境，充分发挥自己的想象力，强化训练，提高运用语言知识和获得语感的能力。这种方法使课堂成为双向交流与互动的实践场所，可以极大地提高学生的学习兴趣。案例分析、项目研究、角色扮演、模拟和小组讨论等方法对英语教学都非常有效①。

如高校旅游英语口语训练很多都是在特定场合下发生的，如入住宾馆、饭店进餐、景点讲解等。教学中可以通过对导游活动中实际情景的模拟，比如接待客人的时候如何致欢迎词、如何办理酒店入住手续、如何向客人说明行程安排等，让学生掌握一般旅游活动中的基本流程和基本技能。通过会话训练、阅读训练、翻译训练，使学生能够承担一般旅游活动中的英语交流工作，翻译基本的英语材料，用英语介绍指定的旅游景点等。

二、利用多媒体技术创设岗位语言环境

高校英语课堂需传授的知识面广、内容多，而课时数又有限，教师很难在有限的理论课教学时间内既将重点、难点讲透，又扩充学生的知

①王磊.互联网+背景下高校英语有效教学研究[M].长春：吉林人民出版社，2019:192.

识面。因此，必须借助先进的多媒体技术来设计高效的高校英语教学过程。现代计算机技术的发展为此提供了先进的教学设备和素材。多媒体教学信息量大，通过图片、文字的演示，超级链接各种相关资料，使学生在课堂教学的有限时间内接受大量的信息，扩大学生的知识面。对于一些复杂的内容，教师可以收集有关的插图、图表、案例等插入其中，使问题变得直观简单。

多媒体技术还有利于学生学习兴趣的培养和听说读写综合能力的提高。语言交际能力的培养要求首先有大量真实语言材料的输入，再通过反复操练和实际运用，逐渐转化成学习者内在的语言能力。英语教学听、说、读、写技能的培养，离不开大量的语言输入和一定强度的技能训练。教师可以设计教学模拟软件，创设学生目标岗位的实际环境，在多媒体上虚拟实际工作环境中的操作情景，使学生直观地认识岗位环境中英语的运用，把理论教学和实践教学有机地融合在一起，让学生在电脑上直接实现人机交互，完成一次能力的真实体验。利用先进的多媒体技术，让学生模拟实习各种商务活动，熟练掌握导游解说技巧和进行各项专业语言训练，从而达到良好的教学效果。教师还可以利用多媒体教学，给学生播放国外旅游的导游过程，让学生来翻译一些简单的句子，通过听说练习，大大提高了学生的学习热情。多媒体教学使学生在轻松活泼的课堂氛围中感受和掌握目标岗位所需的语言应用能力。

在课外拓展练习时，还可以在语音试验室里利用全数字语言学习系统让学生自主进行听力练习和句型操练，使课堂教学变得生动，学生更乐于参与课堂交际活动。此外，网络也是一个重要的途径，它不仅可以提供最新的高校教学信息资源，还可以建立英语聊天室，利用学生感兴趣的网络虚拟环境进行英语交流，提高学生的专业知识水平和英语运用能力。高校还可以用网络连通学生、教师和企业，建立教学与就业的直接联系，实现外语教学的全方位、立体化，为学生获取资料、学习实践、顺利就业开拓更广阔的天地。

三、结合专业英语提高课堂教学效率

高校英语教学与专业英语教学应是彼此融合、互相渗透的，教师在课堂教学过程中要有意识地将基础英语教学与专业英语教学相结合。根据专业特点和就业需要，指导学生优化学习方法，掌握英语应用的能

力，引导学生在实践中去发现问题、分析问题、解决问题，使学生从被动接受单纯的理论知识转变为主动运用理论知识和学习方法提高英语应用能力。如在一些句型操练时，可以穿插专业名词，在选择课外阅读材料时，可以采用一些内容稍浅的、实用的、有代表性的专业文献，让学生自己上网查找一些专业术语词汇。在一些教学图片、道具、场景的选择上，要尽量往专业靠拢，培养学生在专业岗位场合使用英语的能力。在教学句子长、结构复杂的专业英语时，也可按基础英语的分析模式来分析、简化句子结构。比如教学旅游英语时，为了提高学生的学习兴趣，可以采用基础英语教学的听说训练方法，从简单地介绍学院的建筑、风景练起，在一些句型结构的帮助下，让学生用英语简单地描述，并逐步加大句型难度和词汇广度。同样的，教师还可以要求学生注意观察生活，收集身边出现的一些产品说明书或英文介绍，教师在课堂上进行讲解，并让学生进行场景模拟。例如，在学习和导游相关的英文后让学生在校内现场导游，学生能迅速进入角色，把具体的景物和英语词汇、句型联系起来记忆，学生印象会更加深刻，从而提高教学效率。

第二节　整体化教学模式

高校英语课堂教学中，如何实施整体化教学模式值得探究。在实际英语课堂教学中，应注重贯彻整体教学模式中的导读、阅读、叙述、讲评四个主要环节，通过课堂实践使英语课堂教学整体化是区别于传统外语教学法的一条行之有效的途径。

一、导读

导读好比那种介绍背景、人物故事情节以至高潮的电影预告节目，能使学生对阅读的内容有个预先的了解，从而提高理解能力。英语教学中必须注意它的文学性。在导读中对教材中的文学作品的作者、背景及人物传记等应该用英语向学生做个概括的介绍，就以《大学英语》第二册第三单元和第五单元为例，课文是分别讲述美国总统托马斯·杰斐逊和伟大科学家爱因斯坦的。第三册第六单元的“A DAY'S WAIT”的作者是海明威。教师要不失时机地介绍他们的生平和所选课文的背景知识，这样做，既扩充了学生的知识，又为学生提供了练习听力的有益材料。在这基础上让学生听录音，以激发学生的阅读欲望，提高他们的能力。知识是能力的基础，一个人的知识越丰富，那么他的思维就越活跃，创造能力就越强，阅读能力也会得到相应的提高。

二、阅读

乌申斯基说："不是教，而是帮助学。"就是说，教师的责任在于组织学生的认识活动，提高学生的自学能力。我们在教学中不仅要给学生以面包，更要给学生以猎枪。对于语言来说，形为意先，意为形用。我们在教每篇课文时都应该经历一个先泛后精的过程，制订Reading Purpose，利用一个课时让学生通读全文，指导他们哪些要略读，怎样猜测词义，怎样找出主题句、过渡句等。迅速正确地理解段落是培养学生阅读能力的进一步要求，在教学中引导学生用英语说出段落大意，这是培养学生分析和概括能力的有效途径。

在整体教学实践中我们采用了四步教学方法：指导好课前课文预习；反复阅读整篇课文，逐步理解课文的内容；学习课文的语言结构；运用课文的语言结构。这四个步骤是一个整体，相辅相成，抓住整体求侧面①。

三、叙述

爱因斯坦说："一个人的智力发展和他形成概念的方法很大程度上取决于语言。"因为语言是思想直接进行现实思维的结果，要在思维过程中获得，在运用语言的过程中学生的思维才能得到激励，语言能力才能得到发展。那么，怎样培养学生的叙述能力呢？

（一）模仿叙述

任何创造均始于模仿，模仿叙述是创造叙述的准备。通过叙述有助于学生理解课文、丰富词汇和提高口头表达能力。

采用的方法有三种：

1. 摘要叙述

启发学生寻找课文中的主题句、关键词，抓住材料的主要内容，编

①方燕芳.英语思维与英语教学[M].成都：电子科技大学出版社，2017：58.

写读书提纲。

2. 详细叙述

变动课文顺序，添加适当词汇，模仿课文做详细叙述，在此基础上对课文做理解性背诵。

3. 简略叙述

控制叙述节数，浓缩课文内容，限制所学词汇，对课文做概括性叙述。

（二）创造叙述

创造叙述是叙述的高级阶段。引导学生在叙述中联想，在叙述中创造，启发学生突出作品的关键，发展故事情节。采用的方法有拟人化法、改换体裁法、分配角色法、变换人称法、综合法等。

四、讲评

英语学习是实践—认识—再实践的过程。所以我们说，课外作业布置和批改是教学中的一个重要环节。在批改和讲评的过程中，必须遵循教师的主导作用和学生的积极性相结合的原则。

美国心理学家布鲁纳告诉我们："发现法就是学习法，就是说不仅要学会寻求事物，而且要动脑筋寻求获得知识的方法。"我们在作业的过程中启发学生发现问题，提出问题，鼓励他们开动脑筋，自己解决问题。教师抓住提示、疏导、设疑、释疑这四个环节，发动学生自己改错，自获结论，从而逐步减少教师对学生学习的控制。

学生的作业全由教师收来"精批细改"并无多大益处，而是应该采取师生结合批改的方法。我们可采取学生自改、学生互改、教师评改、共同讨论这四个步骤，从而对错误进行分析，经过错误识别、错误释义、错误解释三个过程，创造活跃的智力背景，开阔学生的思路，巩固所学知识。

教师在批改作业的过程中应该养成这样一个习惯：罗列学生的错误，归纳错误类型，然后展示给学生，引导学生自己纠错。归纳起来有：第一，选择改错，给学生一组似是而非的答案，让学生加以辨析，而后选择正确答案；第二，综合改错，罗列学生知识上的错误，而后边评述，边做小系统的概括和复习；第三，比较改错，列举几个正确答案，启发学生找出更为合理、更为科学的答案。

改错法是贯彻发现法的一个很好的途径。学生在改错中比较，在比较中鉴别，在鉴别中掌握知识。发现问题是解决问题的前奏。教师在评述作业中让学生自悟，促进知识的内化，这就是教师的主导作用。

导读、阅读、叙述和讲评是贯彻整体教学模式的四个重要环节。把课文作为一个整体来教，这是符合学校情况的教学方式，我们通过符合学情的教学方式进行系统的控制，可以取得最优的教学活动效率。

第三节　任务型教学模式

一、任务型教学模式的实施

（一）教学内容的设定

在英语教学中第一，要设定任务的目标，即通过让学习者完成某一项任务而希望达到的目标。它可以是培养学习者说英语的自信心，解决某项交际问题，也可以是训练某一写作技巧等。第二，输入材料必须具有真实性，应以现实生活中的真实交际为目标，使学习者在一种自然、真实或模拟真实的情景中体会语言，使学习语言不再是局限于教材。第三，要根据教学材料设计相应的多种教学活动。任务的设计要由简到繁，由易到难，前后相连，层层深入。形式是由初级到高级任务，再由高级任务涵盖初级任务的循环，并由数个微任务构成一串“任务链”，使教学呈阶梯式，层层推进。

任务型教学模式可根据不同层次学习者的英语水平创造不同的任务活动，在充分体现以学生为主体的教学理念的前提下，让学生通过与学习伙伴合作、协商去完成任务。整个的学习过程充满了反思、顿悟和自省的活动型的学习方式，从而可最大限度地调动学习者学习的积极性和主动性，提高他们发现问题和解决问题的能力，发展他们的认知策略，培养他们与人共处的合作精神和参与意识，并在完成任务中体验成功的喜悦，获得成就感，实现自我的价值。

（二）任务设计的原则

第一，任务的设定要具有真实性和功能性。在任务设定中所使用的教学输入材料应来源于真实的生活。但“真实”是一个相对的概念，它可以是来源于课堂的教材，但同时教师要创造一个新的语言环境，并根据学生在该任务中所学到的知识点提出一个需要解决的（交际）问题，选择真实性事件或情景作为驱动学生学习的动力性任务，它可使学生在完成任务过程中运用刚学过的语言知识解决某一情境下的交际问题，也可使学生运用已有的语言知识、策略及技能来探索运用英语的规律。学习者在学习英语的过程中普遍存在着语言脱离语境、脱离功能的现象，即学习者可能掌握了语言不同的拼写形式和相应的含义，但不能以适当的形式得体地表达意义和功能。而任务设计的原则是在真实性原则的基础上，将语言形式和功能的关系明确化，让学习者在任务履行中充分感受语言形式和功能的关系，以及语言与语境的关系，从而增强了学习者对语言得体性的理解[①]。

第二，任务的设定要具有连贯性。纽南曾提出过“任务依属原则”，即课堂上的任务应呈现“任务链”或“任务系列”的形式，每一任务都以前面的任务为基础或出发点，后面的任务依属于前面的任务，换言之，一堂课的若干任务或一个任务的若干子任务应是相互关联的，具有统一的教学目的或目标指向，同时在内容上相互衔接。因此，这样的任务系列就构成一列教学阶梯，使学习者能一步一步达到预期的教学目的。

第三，教学任务的设定要具有实用性、可操作性和趣味性。英语课程不仅应打好语言基础，更要注重培养学生实际使用语言的能力，特别是使用英语处理日常和涉外业务活动的能力。因此，在任务设计中要避免为任务而设计任务，任务设计者要根据学习者的专业特点和他们将来就业方向的特点来设计教学任务，并尽可能为学习者的个体活动创造条件，利用有限的时间和空间最大限度地为他们提供互动和交流的机会，从而达到预期的教学目的。在英语教学中普遍存在着教学任务多，但课堂时间少的现象，因此在任务设计中要尽量避免环节过多、程序过于复杂的课堂任务，必要时可为学习者提供任务履行或操作的模式。任务型

①韩俊秀，吴英华，贾世娇.任务型学习法与高校英语教学[M].广州：广东旅游出版社，2019：211.

教学法的优点之一就是通过有趣的课堂交际活动有效地激发学习者的学习动机，使他们主动参与学习。因此，要尽量避免机械的、反复重复的任务类型，取而代之的是形式多样化的、趣味性的课堂教学任务。

二、任务型教学模式的基本原则与教学过程

任务型教学模式是指“将任务置于教学法焦点的中心，它视学习过程为一系列直接与课程目标联系并为课程目标服务的任务，其目的超越了为语言而练习语言”，即一种将任务作为核心单位来计划、组织语言教学的途径。纽南提出了任务型教学模式的五条原则：真实性原则；形式—功能性原则；任务相依性原则；做中学原则；脚手架原则——给学生足够的关注和支持，让他们在学习时感到成功和安全。

任务型教学过程分任务前阶段、任务完成阶段和语言焦点阶段。

任务前阶段包括介绍话题和任务。在这一阶段，教师和学生一起探讨话题，着重介绍有用的词汇和短语，帮助学生理解任务指令和准备任务。这个阶段主要为学习者提供有意义的输入，帮助他们熟悉话题、认识新词和短语，其目的在于突出任务主题，激活相关背景知识，减少认知负担。

任务完成阶段包括任务、计划和报告。学生以结对子或者小组活动的形式完成任务，教师不直接指导。学生以口语或者书面的形式在全班汇报他们是怎样完成任务的，他们决定了或发现了什么，最后通过小组向全班汇报或者小组之间交换书面报告的形式比较任务的结果。这个阶段为学习者提供了充分的语言表达机会，强调语言的流利性，交谈中语言的使用应该是自然发生的，不要求语言的准确性。

语言焦点阶段包括分析和操练。在这一阶段着重分析课文出现的语言特点和难点。在分析中或者分析后教师引导学生练习新的词汇、语法并指出语法系统是极其有价值的。这个阶段的目的在于帮助学生探索语言系统知识，观察语言特征并将它们系统化，从而清晰、明了地掌握这些语言规则。

任务型教学的倡导者认为，掌握语言的最佳途径是让学生做事情，即完成各种任务。当学习者积极参与目标语的练习时，语言也被掌握了。学生注意力集中在语言所表达的意义上，努力用自己掌握的语言结构和词汇来表达自己的意思，交换信息。任务型教学追求的是给学生提

供大量的、尽可能丰富的内容，让学生明确自己的学习目标，并在交际过程中，合理分配注意力，从而使语言得到持续、平衡的发展。

第四节　内容型教学模式

一、内容型教学模式的特点

内容型教学模式旨在将学生尽可能地暴露于与他们直接相关或者他们感兴趣的内容之中。从这个简单的定义可知，与学生直接相关和他们感兴趣的内容不但包括学生日常生活中会共同面对的问题，而且包括他们学习的其他科目的内容。事实上，学生学习的学科内容更应该合理地整合于外语教学，以促进学生的思维和语言能力的整体发展①。那么，内容型教学模式具有哪些主要特征呢?

第一，内容型外语教学模式的主要特点在于对“内容”的强调和利用。“内容”可以满足语言教学多方面的需求。一方面，它为外语课堂教学提供了极其丰富的教学情境，教师可以利用这些内容呈现，解释语言的具体特征；另一方面，实验证明，富有挑战性的“内容”是语言习得成功的基础。无论是克拉申的“可理解性输入”理论，还是维果斯基的“最近发展区”理论，都强调综合的、富有挑战性的、略高于学习者当前语言水平的内容输入。因此，把内容输入置于特殊的地位是当前内容型教学法普遍实践或实验的趋势。

第二，内容型教学模式的内容选择不以教学课时为基本单位。通常一个单元的内容都会超出单个课时。事实上，内容型语言教学的教学内容单元往往长达几周课时，甚至更长。

二、内容型教学模式的分类

(一)主题模式

主题模式通过主题形式来组织教学。这些主题内容主要来自学生学习的其他科目，或者与他们的兴趣和生活密切相关的内容，主题教学是

①李晓玲.大学英语教学方法研究[M].西安:陕西科学技术出版社,2019:76.

为了实现教学内容、教学方法的突破，解决外语教学中长期难以解决的矛盾。

主题教学模式强调学习语言所表达的意义，但并不忽视对于语言形式的学习。学生通过主题的建构，学习有关社会生活的知识，通过细节环节，学习词、短语、句型和语法知识，从而把意义与形式有机结合起来。

实现教师引导与学生自主学习的统一。教师的职责在于创造学习的语境，并给予正确的引导与示范。教师把以主题为主的认知结构的建构、拓展和深化的任务交给学生，这样就从真正意义上培养了学生的自主性。

实现学生跨文化交际能力的全面发展。在以主题为中心的外语学习中，学生获得了丰富的有关社会、文化和交际方面的知识；在完成围绕主题、话题的交际任务中，学生提高了以听、读、写为基础的跨文化交际能力，培养了自身的素质，发展了个性；在自主性的学习中，学生找到了自我价值，实现了自我的超越。外语教学以主题为线索，按主题—话题—细节的步骤，使学生逐步建立较为完整的反映主观与客观世界及社会交际需求的知识系统。

(二)附加模式

附加模式是指语言教师和学科内容教师同步教授相同的内容教学，但是他们的教学重点和教学目的不同。语言教师的教学重点在于语言知识，完成语言教学目标，而负责学科内容的教师的教学重点在于学科内容的理解上。例如，英语教师和心理学教师都应对心理学内容进行教学。其中，英语教师将心理学材料作为英语语言课程的内容，其教学目的是提高学生的英语使用能力，而心理学教师的教学目标是完成心理学学科内容的教学。因此，在英语教师的课上，学生的主要任务是通过对富有挑战性的内容的理解和吸收，从而较快地理解难度较大的内容，并在语言教师的指导下，快速学会语言。

第五节　高校英语教学模式创新对学生跨文化交际能力的培养

一、高校英语教学模式中文化导入的重要性

谈及英语教学，我国英语教师往往只想到语言知识的传授和听、读、说、写、译几项基本技能的培养和训练，在这样一种外语教学观念的指导下，语言教学往往忽视与之相关的文化内容来孤立地教授抽象的语言系统本身。诚然，掌握这些技能对学生造出正确的句子是必要的，但远没有达到外语学习的最终目的。学习和运用语言，除了正确，还要得体，也就是说语言的使用还要符合其社会文化标准①。语言是文化的重要载体之一，教授语言将不可避免地接触该语言所处的文化，要成功地教授一门外语就必须重视外语教学中的文化导入问题。近年来，我国外语学界日益意识到文化因素在外语教学中的重要性，逐步引导学生在外语学习中认真对待文化问题。在外语教学过程中教授与之相关的文化内容，这在外语学界已达成共识。文化教学不能独立于语言教学之外，应做到两者的有机结合。在日常的教学中，教师不仅要重视语言知识的传授，还要挖掘与教材有关的文化内容并给予适当导入。

二、高校英语教学模式中跨文化交际能力的培养原则

(一)文化导入的基本原则

1. 实用性原则

实用性原则要求导入的文化内容与学生所学的语言内容密切相关。文化教学紧密结合语言交际实践，要使学生对语言与文化关系的认知更具体、更实际，更能激发学生学习语言和文化的兴趣，产生较好的良性循环。正如英语应用语言学家斯温纳所说的那样，在外语教学中应先清楚“哪些是外语学习者已经知道的，哪些是不知道的，然后再确定教学内容和重点”。语言教学也是文化教学，清楚文化在语言各个层面上的不同映射，可在教学实践中做到目标明确、重点突出。

①沈菲菲.跨文化交际能力培养导向下高校英语课程教学改革策略研究[J].文教资料，2022(21):172-175.

2. 适合性原则

适合性原则指所有文化学习项目都应和教材有关，主要指在教学内容、教学方法上的适度。教学内容的适度指应考虑该文化项目的代表性，主流文化和广泛性内容的导入，重点应放在当代文化内容的引入上。教学方法的适度就是要协调教师讲解和学生自学的关系。鼓励学生进行大量的课外阅读和实践，增加文化知识积累。

3. 持久性原则

在千变万化、日新月异的国际形势下，与不同文化的人交往已成了新的生活方式。人们面临新的选择，那就是应该设法成为具有跨文化交际能力的现代人。因此，在外语教学中目标语文化应持久、系统和循序渐进地导入。通过对比学生母语和目标语语言结构与文化的异同，从而获得一种跨文化交际的文化敏感性。再则，通过介绍目标语的文化习俗、词语典故、历史事实等引起学生对所讲解材料本身的极大兴趣，达到潜移默化地学习文化知识和语言知识的目的。

(二)外语教学中跨文化交际能力的培养原则和方法

学生学习外语的目的是获得交际能力，而交际能力的提高依赖于语言知识和各种非语言知识的逐步积累。教学中，在强调语言知识讲练的同时，应向学生传授与语言知识有关的各种其他知识，包括语境知识、语用知识、文化知识，并特别注意培养学生的跨文化意识。

1. 英语教学的普通原则与特殊原则的关系

培养学生的跨文化交际能力不仅要遵循外语教学的普遍原则，还应当始终贯彻一些特殊的原则。特殊原则与外语教学的普通原则相辅相成、互为促进。所谓的特殊原则可综合为三点：

(1)语法原则

把语法知识的讲、练放在一定的地位，并突出不同于学生母语语法的难点。

(2)交际原则

把语言结构与语境和功能结合起来，使学生了解语言结构和语言功能表达的多样性，并得体地运用语言进行交际。

（3）文化原则

采用对比分析方式使学生了解不同民族语言的文化差异，学会不同文化交际模式，增强语言交际的跨文化意识。

2. 跨文化交际能力的培养原则在教学中的具体体现

（1）正确处理语言能力和交际能力的关系

只有了解并掌握不同文化背景，人们才能够在各种交际活动中识别目标语文化所特有的言语和非言语行为，并且能够理解和解释其社会功能，从而在交际中有意识地注意语言的使用环境和场合，自觉地遵守目标语的使用规则，达到有效交际的目的。由此可见，掌握一定的语言知识并不意味着能讲合乎规范的得体的语言。语言能力的提高是交际能力培养的基础，交际能力的具备是语言学习的最终目标和任务。在外语教学中，教师既要注意给学生打下扎实的语言知识基础，使学生掌握正确的语言形式，又要重视学生交际能力的培养，做到两者兼顾，并行不悖，使学生既是语言知识的掌握者，又是语言知识的运用者，能够恰当、得体地运用英语进行交际。

（2）注重中西文化异同比较，培养学生对跨文化交际的意识和敏感性

语言能力的获得主要在于语言知识的掌握，而语用能力的获得关键是要具有跨文化交际的意识和敏感性。文化差异的敏感性可以分为四个阶段：第一阶段是对于表面的明显的文化特征的识别，人们的反应通常是认为新奇，富有异国情调；第二阶段是对于细微而有意义的，与自己文化迥异的文化特征的识别，反应通常是认为不可置信或难以接受；第三阶段与第二阶段近似，但区别在于通过道理上的分析可以接受；第四阶段是能够从对方的立场出发来感受文化。这四个阶段是循序渐进、不断提高的过程。教师应根据学生的具体情况以及教学内容，有所选择、有所侧重地对中西文化的异同进行比较和分析，如西方文化推崇个人自由，中国文化强调集体利益；西方人怕老、忌老，中国人认为“老”是资历、尊严和权威的象征等。有比较才有鉴别，通过这些对比和分析，学生能从表面不同的语言现象中找到文化的共性，从表面相似的语言现象之间发现文化的差异，拓宽自己的文化视野，强烈感受外语语言规则的异同，加深对文化交际的体性原则的认识，从而获得一种跨文化交际

的意识和敏感性。

(3)模拟真情实景,加强文化背景知识的教学

在学习过程中，绝大多数学生不可能到访目标语国家，不能直接沉浸于其文化，直接观察使用语言的各种场合，感受目标语在实际运用过程中的各种使用规则和文化背景。但是，教师可以针对具体的教学内容，通过各种手段来模拟和展示交际的真实情境。把孤立、静止的语言材料或话语材料变成具体可感知的、活的语言，使学生从言语信息的接受进入言语社会功能的了解，从语言形式的掌握到语言在真情实景中的应用。教师可以充分利用现代教学手段，如多媒体、电影、录像等，根据教学要求，有针对性地加入文化内容，展示英语国家的交际场景和过程，让学生间接感受语言在具体环境中的实际使用，增强对跨文化交际的感悟能力。

同时，教师还应以学生为中心，以教学内容为基础，开展形式多样、生动活泼的课堂教学活动。有效形式之一是角色扮演，模拟真实的交际活动。在具体的义务和角色扮演中，学生可以通过交际活动，提高实际运用语言的能力和发挥自己的创造性。教师对学生的角色表演或对话应及时进行讲评、总结，指出存在的问题，或者就某些具有代表性的问题引导学生开展讨论，让学生发表自己的看法，在争论中明辨正误、加深理解、增加印象。通过这样有针对性的语言实践活动，学生能在不自觉中习得文化背景知识，获得社会语言学方面的感受。

(4)利用文化教学,直观感受文化差异,培养跨文化交际意识

教师可充分利用一切可利用的教学手段，创造一种文化语言环境，使学生自觉或不自觉地体验异国的文化氛围。可以通过收集和利用一些有关英语国家的物品和图片，让学生获得较为直观的文化知识，了解外国艺术、雕刻、建筑风格和风土人情。利用电影和电视引导学生注意观察英语国家的社会文化等各方面的情况。还可以组织英语角、英语知识讲座、英语晚会等。这些做法无疑会给学生提供很大的帮助，增强学生的跨文化交际意识。

3. 处理交际能力培养中各种关系的方法

第一，语言交际能力培养中的“教”与“学”。在培养语言交际能力的教学活动中，必须认识到学生是学习活动的主体，“教”通过“学”

才能起到作用，“教”必须为“学”服务。因此，在培养语言交际能力的教学中，应该贯彻“以学生为中心，以教师为主导”的原则，避免只强调以教师为中心而忽视学生的作用，或只强调以学生为中心而忽视教师作用的两种倾向。教师的主导作用表现在组织、激励、示范、参与和指导方面。教师要了解学生的特点，不断排除学生的心理障碍，激励学生的学习主动性和积极性。总之，课堂是舞台，教师是导演，学生是演员，应该充分发挥学生的主观能动性。

第二，语言能力向语言交际能力的转化。必须把语言当作交际“工具”来教和学，尽可能做到“教学过程交际化”，鼓励学生创造性地运用语言表达自己的思想。为了让学生掌握语言形式并养成习惯，在初级阶段要适当采取听说法所强调的句型操练等机械训练方式，必须重视语言知识的教学。但是，语言知识的教学要为培养语言交际能力服务，通过各种语言的训练把语言知识转化为语言技能和语言交际能力。

第三，语言交际能力培养中的交际功能、语言结构、交际文化相结合。在交际功能、语言结构、交际文化这三者的关系中，语言结构是基础，交际功能是目的，交际文化教学则是重要内容。学生掌握语言，先要掌握语言结构（包括语法结构和语义结构）。掌握语言结构是获得语言能力的基础。学习语言结构是为了语言交际，因而结构是为交际功能服务的。结构教学必须与功能教学紧密结合，这表现在结构教学不能把重点放在结构的分析上，而是为了解决表达问题。按照人类言语活动从意念到言语形式的顺序，必须从交际功能出发进行语言结构教学，而不是按照传统的从形式到意念的顺序，以教授结构为出发点。突出交际功能的教学既要考虑语言结构的系统性，也要注意交际功能的系统性。交际文化教学要为语言交际服务，文化教学是语言教学不可缺少的一部分。交际文化教学要紧密结合语言教学，从交际功能出发揭示语言交际中的文化因素，介绍目标语国家的基本国情和文化背景知识。交际功能、语言结构、交际文化的结合应贯穿语言交际能力培养的全过程。

第四，语言交际能力培养中的语言知识和技能。第二语言的获得是“规则的学习”与“习惯的养成”两方面的结合，反映在教学中需要正确处理语言知识与技能的关系。适当的语言理论和语言规则介绍必不可少，因为它是语言技能的基础。但是，必须认识到语言课首先是语言技能课，不仅要进行听、说、读、写等语言技能训练，而且为了培养语言交际能力，还需要进行有关的语用规则、话语规则和交际策略的语言交际技能训练。

第五，听、说、读、写的关系与口语和书面语的关系。语言交际要求各方面协调发展。听、说、读、写四项基本技能与口语和书面语互相促进、互相制约，都是语言交际中不可缺少的。但不同的学习阶段侧重点又有所不同。初级阶段应该突出听、说，或者适当的听、说领先，特别是强调听力理解，是符合语言学习规律的，但也不能放松读、写，而要紧紧跟上。中级阶段听、说、读、写并重。高级阶段侧重读、写，但听、说训练仍要紧抓不放。在语体上，初级阶段侧重于口语。中级阶段适当从口语转向书面语，从中级阶段后期开始，加强两种语体的区分和转换。高级阶段要特别加强书面语的教学。

第六，课堂的“内”与“外”的关系。语言交际能力不是仅仅靠课堂教学就能培养成的，还要重视学生的语言社会实践，提高社会文化的运用能力，以促进学生语言的自然习得。为此，必须让学生走出课堂，到社会文化的大课堂中去操练、去领会，加大语言输入，提高社会交际能力。加强课外活动和社会语言实践，并把它与课堂教学结合起来，更多地给学生提供运用外语的机会，形成课上、课下、校内、校外语言习得活动相结合的教学体系。

第六节 高校英语教学模式创新对学生自主学习能力的培养

一、网络环境下对自主学习能力的要求

在基于网络计算机和多媒体的自主学习模式中，学生除了要具备日常生活中的各种能力外，还要具备一定的学习能力。

（一）自我管理学习和自我评价能力

自我管理学习是一种学习书本和学习实践技能的能力，包括自我筛选、设定目标、自己寻找学习内容、自己确定学习方法与途径以及自我管理学习过程等。第一，学习者必须知己，即注意并了解自己的水平；第二，判断和反馈，判断自己所做事情的对错，并产生一定的反馈信息

和一定的奖惩行为，这种能力对学习的成功起着决定性的作用。习惯于在课堂学习中被教师鼓励、鞭策的学生必须具备这种能力才能更好地进入网络教育的学习者角色。也就是说，学生必须具备从传统课堂中“学习者”的角色转向网络开放式教学中“自学者”角色的能力。

（二）获取、评价及管理信息的能力

网络所提供的大信息量是传统课堂无法比拟的，这就要求学生不但要有获取信息的能力，还要有评价信息，即筛选有用信息的能力。这种能力主要包括信息查询检索、信息浏览、下载、整合使用等。信息从存储的介质上看有书本（包括教材、参考书等）、光盘、网页等，从存储的媒体上看有文本、图像、动画、声音、视频等，这些以不同媒体形式表现并存储在不同的介质上的信息的分类、储存、调用、重用需要较强的信息管理能力，通过自己对信息的组织和管理，提高认知能力[①]。

（三）信息的加工处理能力

基于网络的自主学习模式要求学习者的作业、练习及论文报告等以电子文档或其他多媒体文件的形式交予教师。这就要求学生有加工处理信息的能力、应用计算机软件的能力，即能够利用多媒体软件制作幻灯片，处理声音、图像等。

（四）交流和协作能力

网上学习更加强调协作式学习，实现协作式学习的一个基本的要求是具备交流能力，除了自身的素质外，能够使用电子邮件、QQ、网上电话等现代化的交流工具。此外，协作式学习模式要求学习者通过学习小组研讨的形式共同完成学习任务，这就要求学生有与人沟通的能力和与人合作的精神。

二、影响自主学习的主要因素

（一）观念和心理因素

中国传统的“传道授业解惑”的教学模式和崇尚“师道尊严”的观念使以教师为中心的课堂模式深入人心，从教师到学生都倾向于这种师

①张显枝.新建本科高校大学生英语自主学习能力现状研究[D].漳州：闽南师范大学，2019：28.

生关系和课堂模式。自主学习是一种能力，也是一种心态，要求学生有自主意识和主动探索的精神，从主动搜集整理信息的过程中获取知识，这要求学生在心理上摆脱传统的学习观念和对教师的依赖。

(二)环境与支持因素

网络环境下的教学模式和学习模式是以学生为中心的自主学习模式，但不是孤立的、自发的、放任的自我学习模式，而是在各种配套设施齐全条件下的参与式、合作式的受控学习模式。在此种模式下，教师为学生的学习提供各种直接或间接的指导与帮助。

1.教学支持

提供教学辅导、答疑，进行作业布置与批阅，组织小组讨论，提供学习方法等。

2.服务支持

提供实验实习、自学、小组活动所需的场所，必要的多媒体设施，丰富的材料等。

三、学生角色转换机制的建立

“以学生为中心”的教学理念已经对现代教育产生了巨大的影响，教师越来越多地尝试利用各种手段提高学生在课堂中的参与程度。在基于网络计算机和多媒体的自主学习模式下，学生已不可能是传统课堂中被动的接受者了。如何让学生适应新的学习环境和学习模式，接受自身在课堂中的角色，是自主学习模式亟待解决的问题。完成学生课堂角色转变应遵循的原则：

(一)作为学习内容的决定者

在传统课堂中，教师一直是学习内容的决定者。教师根据精心准备的教案结合课外材料来控制教材内容的传递。虽然在新模式下，学生还是以教材内容为依据，但是每课所学的内容完全可以根据他们自身的需要来决定。这样，学生可以多花些时间和精力去提高薄弱的技能和拓展新的知识，而不是被动地听教师讲他们已经熟练掌握的内容。

(二)作为学习的组织者

在传统课堂中，即使是将师生互动放在第一位的教师，也是预先设计好一些活动和题目来调动学生的参与性。学生的参与程度虽然得到了提高，但是他们无法选择自己喜欢的模式。如有些学生喜欢和其他同学一起讨论问题，而有些却愿意独立思考。但在新模式下，学生变成了学习的组织者，他们会根据自身的学习风格来决定用什么方式完成学习活动。这样更能增强课堂学习效果。

（三）作为信息资源的搜寻者

长期以来，教学内容信息的搜集任务主要由教师来承担，教师为了准备好一节课，可能会花上7—8个小时，其中包括搜集大量信息的时间。在新模式下，并非所有信息的搜集都由学生来负责，只是学生将会充当另一个主要的信息搜索人。教师会给学生布置一个话题，让他们从网络或图书馆去搜集有关这一话题的信息。

（四）作为信息资源的提供者

在传统模式下，学生间相互交流学习心得及与教学内容有关的信息的机会有限，在新学习模式下，教师鼓励学生把他们搜集到的信息拿出来与大家一起分享，这样集思广益，课堂容量增大。

（五）作为群体的协作者

新的教学模式强调合作式学习，以此提高学习效率，激发学生的积极性，但有相当一部分学生不善于与他人合作，而是喜欢独自思考问题、解决问题。这就要求教师采取一定的教学策略培养学生的合作能力。

（六）作为课程设计的参与者

在传统课堂中，教师是课堂的设计者、组织者，学生是参与者，而新的课堂模式要求学生参与课堂设计。学生根据自己的亲身体会设计适合自身学习特点的学习方式，不但提高了其学习兴趣，也提高了学习效率。

（七）作为学习效果的评价者

学生的学习效果一向由教师做出评价，一般通过课上观察、测验、考试等给学生打出分数或给出一个等级。新教学模式要求学生进行自我评价或互相评价，随时意识到自身的不足并加以改进，这将极大降低因为教师评价不准确而对学生造成消极影响的可能性。

第七节　基于ESP框架的高校英语教学模式

一、ESP的内涵

ESP是“English for Specific Purposes”的缩写，即“专门用途英语”或“特殊用途英语”，如旅游英语、外贸英语、财经英语、商务英语、工程英语等ESP教学理论是由英美等国的应用语言学者在20世纪60年代提出的。在当时，世界各国已逐步从第二次世界大战的创伤中恢复过来，全球经济迅猛发展，科学技术日新月异，国际贸易、金融保险、邮电通信、国际旅游、科技交流等全球范围内的交往日益频繁，英语作为国际语言的地位也日益得到加强，成为一种世界性的语言。但因为学习者具有不同的学习目的，这就要求采用不同的教学内容和不同的教学方法，改革传统的概念，确立新的概念，即把英语当作交际工具来教，培养学生在不同的实际环境运用英语的能力。而随着语言学领域的革命及教育心理学的发展，人们开始强调学习者个人的需求和兴趣，认为学习态度和学习动机对于学习效果有着重要的影响，因而教学的重心应由传统的“教师中心”转向“学生中心”，并最终转向“学习中心”，这些领域的研究成果都为ESP的形成奠定了理论基础。为了满足各类人员学习英语的需要，ESP便应运而生了，而学英语热的持续升温又导致了ESP的迅速发展①。

二、专门用途英语的特点

通过对专门用途英语概念的阐述以及分类，我们可以总结出专门用途英语的特点：

第一，专门用途英语是一种教学途径，不是特殊的语言种类，也不是一种产品。它与教学方法、教学技术有本质上的区别，专门用途英语通常是指语言本质和如何进行语言学习的研究。同时，根据特定学习者群体的需求来制定教学教材、教学内容、教学方法和教学技术等。专门用途英语的语言无论是在形式上还是在种类上，教学方法并没有与其他

①刘媛.新时代高校英语教学研究[M].北京：北京工业大学出版社，2019：91.

形式截然不同，各个领域之间的语言差异不能否定语言的根本共性。

第二，专门用途英语教学是英语语言教学的一个分支学科，并不是有别于常规语言教学的特殊存在，相反的，专门用途英语教学恰恰正是英语语言教学的一个分支。专门用途英语通常与特定学科领域或者职业有紧密的关系，是根据学习者的学科需求或者职业需求所设置的英语课程，实用性和针对性较强。

第三，专门用途英语教学在原则和教学方式上与一般用途英语教学基本统一，并没有独特的教学方法。专门用途英语与普通英语教学的不同之处就是其根据学习者学习需求的不同，进行教学方法和教学内容的转换。由此可见，对学习者的需求分析是专门用途英语教学活动开展的重要部分。

第四，专门用途英语是一个特定的语言范围。部分学者曾统计得出，专门用途英语与常规英语的词汇超过半数是重叠的，而且很多科技词汇都是由常规词汇通过构词法派生的，专门用途英语与常规英语的语法结构基本保持一致。因此，专门用途英语与常规英语是紧密相连的，专门用途英语不能作为独立于英语语言之外的专门语言，它只是一个特定的语言范围。

第五，专门用途英语是一种多元化的教学理念。由于学习者需求的不同，专门用途英语的教学内容、教学方法也呈现多样性。由于专门用途英语与特定的学科领域、职业领域具有很大的相关性，因此要求专门用途英语的语言知识要涉及大量的专业知识，学习者的需求也表现出不同的特点。在不同国家和不同地区，专门用途英语教学的政策支持、教学重点存在很大差别，这也会导致专门用途英语教学内容、教学方法呈现多元化的趋势。

三、专门用途英语理论对高校英语教学的启示

(一)转变高校英语教学观念

高校英语教学要转变教学观念，明确“英语是解决问题的工具”这一理念，使教学更加实效化和多样化。可以借鉴和引进国内外行之有效的ESP教学理论和方法，将ESP与我国高校英语教学相融合。围绕培养目标，按照循序渐进的教学规律和高校英语“实用为主，够用为度，应用为目的”的教学原则，将整个教学活动从以往的单一“公共基础课”，

逐步划分为基础英语、实用英语、专业英语三个阶段进行。在教学中要将学习者看成目标情境中的语言用户，而不是课堂上单纯的语言学习者。高校英语教学内容与教学活动要与学生未来的目标岗位群相关，为职业服务，让学生体会到英语学习不再是语言知识的积累，而是为今后从事专业领域工作服务，使其成为解决问题的工具，从而激发学生的学习兴趣和学习动力。

（二）高校师资建设要引起政府和高校的重视

高校教师队伍应具备跨学科的知识，对高校教学目标有全面、深刻的认识，从而为高校英语教学改革的顺利进行提供有力保障。合格ESP教师的培养和培训至关重要，然而我国ESP教师教育专业目前存在很大空白，缺乏教师重新进行培训的成熟体系。要想使ESP教学获得可持续性发展，政府和主管部门应该把ESP当作一个新的行业重点投入，根据市场的需求对师资培训结构进行整合，尽快建立相关体系或模式来培养ESP教师。学生的培养和能力建设需要外语和专业学科的共同参与，因此，各高校和研究机构也必须注重加强外语和各学科间的学习与合作。只有先使教师成为复合型的创新人才，才能培养创新型的学生。

（三）形成独立的高校英语教学评估标准

目前，我国高校英语教学没有自己独立的评价标准及评价模式，社会对学生英语水平的评估主要以四、六级考试为标准，这样会导致学生对ESP课程不感兴趣。ESP教学最终的目的是要使学生在英语语言方面的能力得到社会的认可，因此要确保ESP在高校英语教学中的应用，科学的ESP教学评估体系的确立要和ESP教学同时进行。加强对ESP的宣传，特别是加深社会、政府、企业对ESP的了解，增加认同感，逐步扩大ESP在社会上的影响力，在高校英语教学体系中建立ESP主导的职业类别的英语水平考试，以取代目前纯属形式主义的职称外语考试。让ESP教学在社会上有相当的影响，形成社会对高校英语教学独立的评价标准。

ESP教学是市场需求与高校英语教学的结合点和切入点，高校英语教学要以学生为中心，提高学生的英语应用能力，使学生从为文凭而学习转变成为提高就业能力而学习。努力把英语学习、信息技术、专业知识三位一体地结合起来，并进行互动式的职业训练，有效地培养高校学生的英语应用能力，从而增强学生的就业竞争力。基于专门用途英语理论的高校英语教学改革是一个浩大的工程，需要各方面的大力扶持、合理规划和制度上的保证，以及政府部门、高校院校和高校英语教师的共同努力。

四、基于专门用途英语理论的高校英语教学模式改革实践

（一）以“需求分析”为基础确定高校英语教学目标

根据ESP的以学习为中心的需求分析理论，高校英语课程的开设和教学实施，皆先必须对目标需求和学习需求进行分析，确定高校英语教学目标、内容重点，为学生在目标情境中进行职业交流做准备。目标情境需求的分析本质上就是针对目标情境问题，挖掘学习过程中不同学习者对目标情境的态度。主要从三个方面入手：

第一，目标情境中必需的知识与技能。它是学生将来用英语进行活动的目标情景的客观需求，也就是学生要想成功地在目标情境中运用语言所必须获得的知识和技能。以商务英语专业为例，要能有效地在商务领域工作，要求学生掌握英语语言基础知识和运用英语进行商务洽谈、书写商务函电与合同所需的相关的词汇以及在这种情境中常用的语体、语篇结构等，具有电子制单、互联网上交易的能力，能进行国际商务谈判，从事涉外商务管理与服务、对外贸易、市场营销等。

第二，学习者在目标情境中用语言工作存在的差距。指学习者当前的语言知识和技能与目标情境中所需的语言知识与技能相比，学习者还缺乏哪些知识与技能，这些缺乏的知识就是学生要学习的主要内容。根据学生的原有水平和课程对学生的要求来设计课程，有利于把握学习材料的难易程度，开发出适合学生的教材。

第三，学习者自身的需要。学习者对自身需求的看法也不容忽视，学习者的学习目的、学习经历、对英语的态度和文化信息等主观因素是课程设计中一个重要的部分。学习者自身的学习需要有时会与目标情境的需要有冲突，也有可能目标情境的需要并不足以满足学生的需要。在设计课程中始终要以学生为中心，重视学习者自身的需要，提高学习者的动机。

高校英语的教学必须考虑学生的需要，摸清学生的语言基础和知识水平，熟悉学生的兴趣爱好和愿望。同时，还要了解市场需要，以及学

习者将来在目标岗位必然遇到的交际情景、岗位环境和应具备的知识与技能。高校英语的教学目标可以定位为：贯彻实用为主、够用为度的原则。重视学生基础薄弱的现状，教学中贯穿必要的语言基础知识，将培养目标具体化。以岗位所需英语为基本目标，培养学生在涉外相关工作中的英语听、说、读、写、译综合技能，以及借助英语完成目标岗位工作的能力。

（二）针对学生专业选择和编写高校英语教材

教材与教育思想、教学原则、教学方法、学习理论和实践有着直接的关联，是各种教学理论、方法和手段的体现。它也是教与学的重要资源和依托，决定了教与学的基本方法，是教学的关键。随着现代科技的飞速发展，学生对学习材料的需求呈现多样性，职业教育教材的形式也变得丰富多彩起来。为了满足学生的多元需求，进一步激发学生的学习热情，职业教育的教材应当根据岗位对学生英语能力水平提出的要求，强化听力和口语教学训练，增强其作为交流工具的实用性。同时，应协调好基础英语教材和专业英语教材之间在内容上的对应关系，强调英语“听、说、读、写、译”五大技能和专业英语能力的培养，增强英语的实用性，还可以根据实际情况自主开发教材。

英语与专业相结合是指把英语语言知识，如词汇、语法、听说训练和学生所学的专业结合起来，运用英语这一语言工具来为专业服务。高校英语教材应该以实用为原则，把真正反映岗位需求的英语知识传授给学生，为学生进入工作岗位做准备。

第一，按学生专业选择英语教材。教材作为学习输入的主要信息源，对ESP教学的成功与否起着决定性的作用。以“需求分析”为基础来选择教材可以减少ESP教材选用中存在的随意性和盲目性。对符合需求的教材，我们还应进一步分析其“真实性”的含量，确定其是否在目标方面迎合真实的交际需求，在选材方面具有真实的交际内容，在练习方面提供真实的交际环境和真实的交际任务。根据需求分析理论和真实性的原则，高校英语必须服从各个专业不同的教学培养目标和教学要求，围绕高校生在未来实际工作中面临的英语涉外业务和活动进行教学，教材应当结合学生专业进行选择，考虑不同专业的特色和岗位的特点，侧重从各自的职业岗位中选取教学内容。杜威提倡：“把学习的对象和课题与推动一个有目的的活动联系起来，乃是教育上真正的兴趣理论的最重要定论。”根据专业选择高校英语教材，能避免教学资源的浪费，提高教学效率，保障以“实用为主”的教学原则的实施。同时，按专业选择教材充分体现了高校公共英语教学对个性的重视和关怀，让学生感到英语学习与岗位就业的相关性，激发了学生学习英语的兴趣。

第二，依据职业岗位能力的要求，设立课程模块选择教材。高校学生英语应用能力是专业导向要求的重点。高校英语教师要认识到高校人才培养上的职业性，根据社会对所教专业学生的英语运用能力的实际需求，有选择地使用英语教材，强化学生的英语职业技能。如，文秘专业的学生在将来的职业岗位中，主要是与客户在电话、网络、商务会谈中用口语进行直接交流，因此要侧重其英语听、说能力的训练；而模具专业的学生，更多的是接触有关产品说明书、技术指导、维修指南等书面文字，因此要求着重培养学生业务资料阅读和翻译的能力。

课程内容的更新整合与新课程的开发，需要紧密结合社会经济技术的发展，必须对应不同教育对象的教学目标进行。课程结构就是课程的组织与流程，反映教学的框架与进程。例如，旅游英语教学工作，根据培养目标与基本要求设置课程，力求从旅游英语方面来提高学生的英语水平，并根据旅游专业实践性强的特点，将旅游英语课程设计为两个模块：基础英语模块和旅游英语模块。基础英语模块以必需和够用为度，突出内容的针对性和应用性，注重探索以能力为基础构成的知识体系。国内外旅游英语教材都存在一定的局限性，在教材选择上采取以一本权威教材为主，几本有特色的教材为辅，同时充分利用专业网站资源的方法。CCTV9 播出的*Travelogue*、*Around China*、*Chinese Civilization*，网络上很多视听材料如普特英语学习网等都是很好的教学资料，同时，在授课过程中插入中国传统文化的介绍。旅游本身就是最重要的跨文化交流活动，应该充分重视通过多种教学手段，锻炼学生用英语向国外游客介绍中国古老的历史文化和美丽的自然风光的能力。拓宽学生的知识面，培养学生的应用能力、实践能力和创新能力，突出人才培养的实用性、即时性和时代性，适应日益与国际接轨的中国经济发展的要求。

第三，师生、企业共同参与编写教材。为了突出高校教育人才培养的针对性和实用性的特点，高校英语教师可以根据专业课程的特点，用社会调查和职业岗位分析的形式，获取专业岗位所需要的英语知识结构和应用能力要求，有针对性地编写具有本校特色的英语教材和配套辅助教材，自编校本教材应力求适合学生的英语水平和真实需求。在征询专业课教师、资深行业从业人员和已毕业学生意见的基础上，综合考虑职场需要，确定有关专业英语的内容、深度、范围等，剔除高深的理论教学，包含专业目标岗位群中常用的英语知识，增加贴近生活实际的或最新实用的辅助教材，把教学内容延伸到课外。

（1）教师根据专业课程的特点编写教材。教师要阅读一些普及性的专业书籍，并借阅学生的专业教材与笔记，对学生的专业学习有个框架性的了解。向专业教师和相关行业从业人员咨询，了解从事相关行业必须掌握的知识。同时，征求他们对学生ESP学习的目标、内容等方面的意见。与已毕业的往届学生沟通，了解工作中最实用的英语知识。关注职场信息，用相关人才招聘在外语素质上的要求来指导ESP教学的内容与方向。专业要紧密结合市场最新走向，需要教师深入实践一线，收集教学素材，编写切合市场实际的实用性讲义。现在高等院校普遍开始实行“教师下企业”制度，无形当中促进了企业和学校的进一步融合，也促进了教材的完善和发展。

（2）企业专业人才参与编写教材。在教材编制的过程中最好能与专业领域的人士合作，可以聘请企业专业人才参与编写英语教材，选择与专业相关的各种题材的语篇，包括目标岗位常用的一些说明书、技术合同、技术图纸，还有企业自编的一些专业词汇表等，都可以用来作为教材。根据企业的实际情况、产业结构和产品结构的调整对教学内容进行增补、更新和完善。提出合理的修改意见和建议，确定学生必须掌握的英语技能，去掉与生产实际不相符合的内容，增补紧密联系实际的先进的知识和技术，使教学内容能灵活地适应新理念，以保证学生学到实用的知识和技能，使培养的学生更具岗位适用性。

（3）学生参与校本教材的开发与应用。学生参与ESP校本素材的开发与应用能充分调动学生的自主性，激发学生的责任心，促使学生全程全力地参与，从而使ESP的学习更具针对性和实用性。教师带领学生进行社会需求和职业岗位调研，分析从事岗位（群）工作所必需的专项能力；同时，鼓励学生参与ESP校本教材大纲的确定、教学内容的筛选、校本素材的搜集整理与加工、校本教材的应用与考核等。教师、学生群体、学校资源与校外行业资源之间进行全方位的合作。让学生搜集有关

ESP方面的材料，尤其是已毕业学生在工作中应用到的产品及技术方面的英语素材。讨论并汇总本专业ESP学习涉及的范围与内容。在综合多方信息的基础上，师生共同讨论、确定教材的内容范围，并依据学生专业学习的顺序划出内容章节。同时，发挥现代信息技术的强大功能，建立公共网页平台，开设电子公告栏，方便其他专业教师、往届毕业生、行业从业人员参与编写教材。

带领学生搜集、整理、编辑ESP教材的过程是提高英语教师“专业”业务能力的有效途径。另外，对ESP教材的试用过程，也是对其不断进行完善的过程。实际教学中，还需将更新、更实用的素材随时补充进来留有空间，以替换某些相对落后的内容，使教材的建设处于动态的完善过程中。

(三)校内校外实训结合，提高学生的英语实践运用能力

语言学的研究表明，人的语言能力如果停留在认知的水平上是很容易遗忘的，因为语言能力必须通过语言行为才能得到不断的强化和保持。学习者要能使用他学过的语言，并拓展到新的语境，还要作为一名语言使用者，根据他的需要创造新的话语。这是英语实践运用能力的重要表现，也是高校英语教学的最终目的。高校教育在突出“应用”教学特色的过程中，强调专业教学要进行实践训练，组织学生经常练技能，到现场实施教学，提高学生的动手能力，实现高校毕业生的高就业率。高校英语教学作为职业技能和素质培养课程，在教学改革过程中也应当改变“重理论，轻实践”的倾向，要将校内实训教学与校外实训结合起来。

(四)建立科学合理的评价与考核体系

高校英语教学的效果，以及学生在就业中的适应性，不仅体现在考试分数的高低上，更重要的是体现在学生对实际操作技能的掌握和社会对高校毕业生应用能力的认可程度上。因此，高校英语考核方式要特别突出学生对英语知识和技能的应用能力，对高校生学习成绩考核要从单一的卷面测试逐步转向英语应用能力的全面评价。实现多元化英语就业能力考评办法，打破传统的以笔试定成绩的局面，强调笔头功夫和嘴上功夫“齐抓共管”，听、说、读、写、译综合考评，使学生更注重语言应用能力的培养，摆脱应试学习模式。英语课程可以借

鉴其他课程的考核形式，如设计形式、实训形式、技能考核等多种考核方式，全面考核学生的综合素质，这样可以真实地反映每一名学生掌握技能的能力和学习效果，对提高教学质量起到推动作用。

1. 针对英语基础知识和应用能力进行考核

目前，高校英语学科考核的主要形式是期末闭卷考试。平时成绩包括学生平时出勤情况、课堂表现情况、单词听写情况、平时作业情况、学生语言能力等。素质教育评价的内容应包括语言知识、语言技能、学习态度、学习策略和学习习惯等方面，避免纯知识性的考核。高校英语的考核模式应更为多样，除了期末卷面成绩外，教师更应从平日多角度对学生进行考核。

除了上述提到的基础知识考核外，还应进行应用能力考核。考查学生对英语各项应用能力的学习掌握情况，根据教学进程需要不定期进行专项能力考试。采用朗读、对话、表演、口译、讨论、竞赛等形式，可以灵活地穿插在课堂教学过程中进行，随时记分。如听力的测试可以安排在每堂课的前10分钟，教师给学生播放一段事先准备好的短文或者对话，学生完成相应的填空或选择题，利用语言学习系统将成绩统计出来，期末时再计算每人的学期听力平均成绩，按一定比例纳入考核总分。高校学生最重视的口语考核可以分成两部分：课堂参与和期末口试。课堂参与的形式包括回答问题、参与课堂讨论发表自己的观点、朗诵和背诵教师精心挑选的文章段落等。阅读考核除了课本上的内容外，还可以给学生挑选一些题材广泛、知识性和趣味性兼顾的泛读文章。写作考核主要以平时作业的形式进行，教师可以根据课堂教学内容或课外精选的主题让学生进行写作练习，上交批改，还可以鼓励学生自愿写作，如上交英语周记、制作英语海报、制作广告等，根据内容和次数酌情给分。建立学生平时考核档案，由教师核查、存档，作为本门课程考核的一部分。此外，学生参加的各种校内外英语听说等技能竞赛，按成绩分档次，记入教学考评，期末时将各项应用能力综合起来，按百分比进行期末总评。

2. 结合专业特色和目标岗位需求进行考核

根据学生专业对英语听、说、读、写、译的能力侧重点不同，适当调整对各项应用能力的考核标准，重点提高该岗位群中所需的英语技能。英语教师应该经常结合专业特色和岗位需求进行一些专项训练，如选择一些产品说明书、业务信函、广告、器械操作流程说明、场景模拟角色扮演等，来引起学生的重视，更全面地考核学生的英语综合水平。可以采用与专业教师或从业行家合作的方式，让学生在为ESP教学检测而设的试题库中随机抽取一份英文材料，并依其进行模拟操作的模式进行考核，将“学、用、考”三者更紧密地结合起来，充分体现高校ESP教学的应用性原则。依据考核结果对学生进行奖惩和对英语教学进行相应调整。

在学生实训过程中，企业和学校对学生英语技能和实际操作中的表现要做出各方面的评价，教师在学期总评时，按一定比例归入学生能力考核成绩。可以根据企业岗位的英语能力要求组织考试，对学生进行考核，突出实用性，强调英语应用能力，帮助学生更好地发现自身的不足，促使学生更加努力地学习，增强在没有外部协助的情况下，通过自主学习或团队合作解决预设岗位中实际作业问题的能力，提高学生的就业竞争力。这种校企共同参与培养英语应用能力实践的考核办法，最能体现专门用途英语理论指导下高校英语教学定向性、适应性的特征。其评价结果是高校生就业、上岗前展示英语应用能力水平最有力的说明。

3.结合英语等级证书和职业英语技能证书进行考核

根据高校教育培养目标，培养学生的实际运用能力是高校英语教学的重点。因此，教师和学生必须适应市场需求，遵循就业导向，按照“实用、够用”的教学标准，处理好等级考试与英语技能学习之间的关系，丰富英语等级考试的对象。高等院校普遍把英语应用能力考试三级或B级作为主要考核标准，英语应用能力等级证是缺乏社会工作经验的学生说明自身英语技能的最好证明。但是它只能是英语学习的一种考核方式，教师可以将分数作为课程的终结性成绩记入学分。学生如能在完成该课程前取得英语等级证书，证明其英语能力符合社会要求，可以提前结束课程学习。各个行业的职业英语技能证书具有行业的独特性和适应性，是对高校生职业技能和职业能力的鉴定性考试。学生如果就业时持有一份职业英语技能证书会更有专业性和说服力。因此，高校公共英语教学中，学生根据所学专业取得相应的职业英语技能证书，比如通过剑桥商务英语等级考试（BEC）、金融专业英语证书考试（FELT）等，也可视同该课程合格。同时，积极鼓励学生继续提高英语听、说、读、写、译应用方面的技能，让英语学习向高层次的方面发展，并对取得的成绩予以奖励。这样能极大地鼓舞学生学习的动力，有助于培养更高层次的英语技能人才。

（五）联合学校与企业加强师资力量的建设

高校教育要紧贴社会的需求，因此，高校教师需要不断地学习来适应社会的迅猛发展。高校应每学年抽出一定的时间，建立个性化、终身化的培养体系，对教师进行英语教学改革、教学内容、教学方式、专业英语等方面的培训，针对各个专业，以满足个性化的培训需求，促进每位教师的专业成长，从根本上提高教师的教学水平和教学质量。只有教师的教学理念、教学方法等发生转变，才能够提高课堂的教学质量。高校英语教师既要讲授英语的基础知识、关键点、难点，还要学习专业知识，以适应英语课程改革的需要。只有一专多能的教师，才能培养通专多能的学生，才能保证教学目的的顺利实现和教学质量的不断提高。目前，高校真正的“双师型”英语专业教师非常缺乏，学历高、职称高、专业知识丰富的又很少会愿意放弃专业从事教育行业。可以采取两种办法加强高校英语师资力量：

1. 大力培养双师型教师

目标，高校英语教师必须先把自身“工学结合”起来，掌握专业知识，积累专业从业经验，才能使该专业实现工学结合，让学生领略工学结合的魅力和重要性。这就要求原来的英语教师要深入生产第一线，熟悉某一专业（如国际贸易、旅游、数控、机械等专业）的生产现场和作业流程，最大限度地提高自身的实践技能，以适应高校应用型技术人才培养目标对教师的要求。外语系要充分依靠自己的力量，利用他方的资源，建立适合本系的复合型人才培养要求的师资队伍。就地取材，创造条件对现有的教师进行培训，选拔一批语言基本功扎实、工作认真负责的英语教师，或派出进修学习，或到各个专业跟班听课，鼓励教师考取职业资格证书等，提高专业英语教师的“双师”素质，培养一批具有一定专业知识的英语教师。多层次的培训，对教师提高学历，更新知识，提高专业理论水平、业务能力起到重要作用。如经贸专业的英语教师，他们承担着外经贸英语函电、外经贸应用文写作、外经贸业务洽谈等课程，并利用网络资源，将有关学科的最新信息下载、编辑，制成讲义，丰富课程内容，呈现教学共相长、师生同进步的态势。

还可以校企联合，创建实践、实习基地。让教师有机会到企业参观、实践，参与企业的经营管理等。同时，组织有关教师下厂参观考察，到企业见习、顶岗锻炼。学校应积极鼓励教师去企业挂职锻炼，承担科研项目，参与技术革新与改造，积极鼓励教师参加教学改革和教材编写等工作，以多种形式和手段促使教师提高业务和教学水平。教师在带队实习和参与企业的科研攻关等活动中可以及时发现学校教育中的偏差，从而调整课程设置和教学安排以适应用人单位的需要。比如我们组织教师参观公司或企业，使教师能和企业管理人员交流，相互学习，了解企业实际情况，有利于进行实践教学。

2. 积极引进企业优秀人才

在招聘富有实践经验的专职英语教师的同时，从企业、涉外行业聘用兼职英语教师也是一个改善高校英语教师队伍结构的重要举措。积极引进，聘请专家、学者和具有丰富经验的企业家当兼职教师或到企业中聘请高级商务人员和管理人员担当学校的客座讲师、教授，以解决高校英语教师紧缺的问题。可以聘请知名企业高层管理人员来学院讲课。此外，由于行业竞争加剧，许多具有良好英语应用才能的企业界人士面临着重新择业的局面，高等院校对于他们来说具有很大的吸引力。高校可以从行业引进英语水平高、有工作经验的人才加入高校英语教师队伍，以改变目前教师的知识结构、学历结构，彻底纠正重理论、轻实践的错误倾向。

参考文献

一、专著

[1]单士坤，王敏. 二语习得理论视阈下的高校英语教学策略研究[M]. 长春：吉林大学出版社，2020：18.

[2]范兆雄. 课程资源概论[M]. 北京：中国社会科学出版社，2002：19.

[3]方燕芳. 英语思维与英语教学[M]. 成都：电子科技大学出版社，2017：58.

[4]韩俊秀，吴英华，贾世娇. 任务型学习法与高校英语教学[M]. 广州：广东旅游出版社，2019：211.

[5]蒋丽霞. 文化视域下的高校英语教学研究[M]. 北京：北京工业大学出版社有限责任公司，2021：15.

[6]李晓玲. 大学英语教学方法研究[M]. 西安：陕西科学技术出版社，2019：76.

[7]林新事. 英语课程与教学研究[M]. 杭州：浙江大学出版社，2008：219.

[8]刘媛. 新时代高校英语教学研究[M]. 北京：北京工业大学出版社，2019：91.

[9]马丽芬. 高校英语多模态教学理论的解构与重塑[M]. 北京：中国原子能出版社，2020：144.

[10]王健芳. 外语教学改革的探索与实践[M]. 南京：南京大学出版社，2016：7.

[11]王磊. 互联网+背景下高校英语有效教学研究[M]. 长春：吉林人民出版社，2019：192.

[12]赵荣斌，田静，魏碧波. 英语教学中的语用分析研究[M]. 北京：光明日报出版社，2016：111.

[13]赵艳芳. 基于课堂生态视角下的高校英语教学[M]. 长春：吉林人民出版社，2020：30.

[14]郑小媚. 高校英语多模态课堂教学研究[M]. 北京：国家行政学院出版社，2018：43.

[15]訾韦力. 应用语言学理论在英语教学实践中的应用研究[M]. 北京：中国轻工业出版社，2015：61.

二、期刊

[1]霍俊燕. 将人文素养教育融入高校英语教学中的探索[J]. 现代英语，2021（18）：16-18.

[2]刘梦雪. 通过自我评价训练促进自主式英语学习的实证研究[J]. 疯狂英语，

2009（4）：54-57.

[3]刘玮.大学英语任务型教学中的问题与对策[J].产业与科技论坛，2020，19（13）：161-162.

[4]马明，马亮，于乔.高校英语课堂教学评价存在的问题分析[J].校园英语，2022（35）：45-47.

[5]沈菲菲.跨文化交际能力培养导向下高校英语课程教学改革策略研究[J].文教资料，2022（21）：172-175.

[6]王亚琼.基于二语习得理论下的高校英语教学探讨[J].佳木斯职业学院学报，2016（08）：305-306.

[7]叶林雅，卜梦然.高校英语教学中跨文化交际与文化身份的交融[J].英语广场，2022（29）：71-73.

[8]张博雅.对分课堂：大学英语课堂教学改革的新思路[J].科学与财富，2015（34）：397.

[9]张宇晴.中西方文化差异与高校英语教学创新研究[J].现代职业教育，2019（19）：106-107.

三、学位论文

[1]吕婷.高中英语教师话语研究——基于二语习得的视角[D].西安：陕西师范大学，2018：24-26.

[2]汪梦甜.社会建构主义理论下的高中英语阅读教学设计研究[D].武汉：华中师范大学，2019：15-16.

[3]王永莲.跨文化交际视野下本科英语专业文化教学探究[D].太原：中北大学，2016：27-28.